高等职业教育信息化教学"十三五"规划教材

U0653170

大学体育与健康

DAXUE TIYU YU JIANKANG

主　编　李　伟

副主编　闵金婵　许　磊　田　丰

特配电子资源

微信扫码

● 拓展阅读

● 视频学习

● 互动交流

南京大学出版社

高等职业教育信息化教学"十三五"规划教材
编委会

前　言

随着我国高等教育改革的逐步深化,大学生的素质教育将成为高等教育的主旋律。《中共中央国务院关于加强青少年体育增强青少年体质的意见》对增强青少年学生体质做出了战略部署。强调指出:要认真落实健康第一的指导思想,把增强学生体质作为学校教育的基本目标之一,要充分保证学校体育课和学生体育活动,广泛开展群众性青少年体育活动和竞赛,培养青少年良好的体育锻炼习惯和健康的生活方式,形成青少年热爱体育、崇尚运动、健康向上的良好风气和全社会重视健康、重视体育的浓厚氛围。

为贯彻落实中央精神,加强体育课程建设,进一步提高教育教学质量,依据《全国普通高等学校体育教学指导纲要》的基本要求,结合学校体育工作实际和地方特色,我们广泛参考吸收众多前人的研究成果与经验,组织编写了这本《大学生体育与健康》教材。

编写本教材的指导思想:

1. 认真学习体育法律、文件,深刻领会精神实质,准确把握学校体育的目标,面对全体学生,紧扣素质教育主线和学生身心健康的全面发展,将丰富的理论知识和多种健身方法措施贯穿整个教材的始终,使之成为一个完整的教材体系。

2. 遵循教育规律和大学生的身心特点及兴趣爱好,借鉴体育学科最新研究成果,最大限度地满足当代大学生的需要,力争做到教材内容精练规范、涵盖面广、通俗易懂、指导性强。

3. 注重高等学校体育的传统,将科学性、系统性和实用性有机结合。本书内容主要包括体育与健康、体育锻炼与保健、田径、球类运动等等,详细介绍各种项目的教程。

本书共十一章,其中主编李伟负责编写第一章、第二章、第五章及第七章内容;副主编闵金婵负责编写第三章、第四章和第十一章内容;副主编许磊、田丰负责剩余章节编写及附录的整理。限于编者的水平,加之时间仓促,书中难免有不当之处,敬请专家、同仁以及广大读者批评指正。

编　者

目 录

第一章 体育与健康概述

第一节 体育的含义

体育是人类社会一种特有的文化现象,与人类社会的产生、发展相适应。体育活动已成为当今人们日常生活中不可缺少的重要组成部分。

一、体育的概念

"体育"一词是一个外来词,是目前国际通用词。其英文是 physical education,指的是以身体活动为手段的教育,直译为身体的教育,简称体育。

"体育"一词最早出现的时间大约是 19 世纪。此前的 18 世纪,在西方的教育中已把打猎、游泳、爬山、赛跑、跳跃等活动列为教育内容,只是尚无统一的名称。18 世纪末,德国人 J·古茨穆茨把这些活动分类综合,统称为"体操"。进入 19 世纪,一方面德国形成了新的体操体系,并广泛传播于欧美各国;另一方面相继出现了多种新的运动项目,在学校也逐渐开展了超出原来体操范围的更多的运动项目。从此,"体育是以身体活动为手段的教育"这一新概念逐渐建立起来。于是,在相当长的一段时间里,"体操"和"体育"两个词并存,相互混用,直到 20 世纪初才逐渐在世界范围内统一称为"体育"。

在中国古代,与"体育"相近的词是"养生""导引""角力""武术"等名词。19 世纪 60 年代以后,随着近代体育的传入而有了新的专用词汇。先是 19 世纪末到 20 世纪初这段时间,在军队训练中引进了国外的新式兵操。后来,在教育制度中纳入了兵操的某些内容,当时称之为"体操"。作为学校的一门课程则称为"体操课"。在这期间,田径、球类等运动项目也陆续传入中国,于是,"体育"一词也被启用。在一段时间里,中国也有一个"体操"与"体育"二词并用的过程,直到 1923 年,当时新学制课程标准起草委员会公布的《中小学课程纲要草案》这一官方文件中,才正式把"体操"一词改为"体育","体操课"改为"体育课"。

我国对"体育"含义的认识也有一个过程,解释也不尽相同。新中国成立后,经过多次学术讨论,对体育有了比较统一的解释。一般认为:体育(亦称体育运动)是一门以增强体质为主要目的的教育,是社会文化教育的重要组成部分。同时,它又是以身体练习为基本手段,遵循人体生长发育和机能活动规律,达到增强体质,提高运动技术水平,丰富社会文化生活,促进精神、物质文明为目的的社会实践活动,是社会文化交往的一个组成部分。它受社会政治和经济的制约,又为社会政治和经济服务。

从体育(广义)的内涵看,体育包括两个基本部分、包含两种属性:一是作为体育方式、手段和方法的人体运动部分,具有继承、交流、借鉴、吸取的自然属性;二是运用这种手段和方法,来实现社会所规定的体育的目的、法令和制度部分,即社会属性。体育的本质就是这两种属性相结合的产物。

从体育(广义)的外延看,尤其是现代体育,其范围又包括三个部分,即学校体育、群众体育、竞技体育。学校体育(亦称体育、体育教育,指狭义的):它是现代体育的基础,是与德育、智育、美育等相配合的现代教育的重要组成部分,是有目的、有计划、有组织地促进身体全面发展,增强体质、传授体育的知识、技能、技术。培养道德和意志品质的教育过程。群众体育(亦称体育锻炼):是指以健身、健美、医疗、娱乐为目的,内容丰富、形式多样、因人而异的一种群众性的健身活动。竞技体育(亦称竞技运动):是为了最大限度地发挥和提高个人和集体在体格、体能、心理及运动能力等方面的潜力,以取得优异成绩为目的而进行的科学的、系统的训练和竞赛。

学校体育、群众体育、竞技体育,各自有不同的内容和特点,又都是通过身体练习来全面发展身体、增强体质,都具有教育、教学的因素。都有学习知识、提高技术的过程,因而三者既相互区别,又互相联系、互相渗透。三者合一构成了现代体育的整体。

二、体育的产生

体育是一种社会现象,是人类有目的、有意识的社会活动。体育的产生不是一源,而是多源。生产劳动是产生体育的"主要源泉",但不是"唯一源泉";体育产生于人类社会生活的两种需要,一种是社会生产活动的需要;另一种是人类生理、心理活动的需要。原始人的身体活动可以分为三种:一种是与生产直接有关的活动,如捕鱼、狩猎、农耕等;另一种是原始武力活动所必需的技能,如攻防、格斗等,为此都必须掌握一定的生活技能,如走、跑、跳、攀、爬等;再一种是既不与生产、攻防直接有关,又非生活必需的技能,而仅仅是为了满足人的某种需要,如游戏、竞技、舞蹈、娱乐等。所以说体育在原始生活和劳动过程中萌生。在原始社会,随着生产工具不断改进,生产力不断提高,劳动技能日趋多样化、复杂化。这样,一方面对人提出了更高的社会需要,必须经过学习和培训才能学会使用和制造较为有效的劳动工具,提高劳动技能;另一方面,由于劳动产品有了剩余,这就要有专人对年轻一代实施教育,传授劳动技能,进行身体培训,这就是原始教育。而原始的生产技能多是极笨重的体力劳动,因此原始教育中体育是主要的内容和手段。原始的体育与军事、医疗卫生、宗教祭祀和娱乐活动都有密切关系。所以体育的产生不是一源,而是多源。

体育是人类社会特有的文化现象,它的产生是一个长期演变的过程,与人类社会的产生、发展相适应。生产劳动是体育产生的基本源泉。

劳动创造了人类,创造了文化,创造了人类文明,体育的产生离不开劳动,生产劳动是体育产生的基本源泉。这是历史唯物主义的基本观点。随着科学的发展,认识的深化,人们在研究其他社会现象的同时,对生产劳动产生体育学说,提出了补充论述,认为"体育的产生是多源的""需要产生体育"。

三、体育的发展

体育在其萌芽时期,是人类社会生产劳动的副产品,还不能从生产劳动中脱胎出来而成为一项独立的社会活动。随着原始社会后期生产力的发展和经济水平的提高,生活的需要逐步多样化,人们把一些祭祀活动的动作发展成为舞蹈动作;在部落之间的战争中出现了各种格斗动作;在休闲时为了精神愉快,产生了有趣的游戏;为了同疾病做斗争,产生了一定的保健活动。这些活动对体育的产生,特别是对体育的发展起了非常重要的作用。同时由于原始社会生产力发展低下,原始社会体育的发展速度是缓慢的,水平是低下的。

奴隶制经济的发展和战争的频繁发生,统治阶级文武兼备的思想逐渐确立,使这一时期的体育活动内容增多,民族传统体育初步形成,体育的社会职能开始显示。随着医学的发展,养生保健活动进一步发展。

封建社会的体育在发展速度和规模上与奴隶社会相比,都大大向前迈进了一步。这一时期,体育活动内容增多,参加体育活动的人数明显增加,学校体育得到了一定的发展,养生术和养生思想发展迅速,军事体育备受统治阶级重视。在这一历史时期,民族传统体育迅速发展,民族之间的体育交流也日益频繁。

17 世纪中叶,西方资产阶级革命胜利,人类社会步入资本主义社会。与这一历史时期相适应的体育,也随着资本主义的蓬勃兴起而迅速地发展。这一时期,体育具有了如下特点:体育开始形成独立的学科体系;体育运动具有了强烈的竞赛性和广泛的国际性;体育已成为造就全面发展人才的重要内容和手段;体育运动项目和规模迅速扩大;体育已成为学校教育的重要组成部分。

我国社会主义制度的建立,为体育运动的发展开辟了广阔的前景。在优越的社会制度环境中,体育地位大大提高,体育事业迅猛发展。无论是从它的内容、形式、深度和广度,还是从它在物质文明建设和精神文明建设中所起的作用来看,都是历史上任何一种社会形态的体育所望尘莫及的。

体育的产生与发展,与人类社会的产生与发展相适应,与人类社会的文明程度相适应。现代体育的兴起是文明社会的标志之一,它已成为一种普遍的社会现象、渗透到社会各个阶层与领域,它的科学体系有着广泛的研究范围。当今体育的发展正向着体育的国际化、社会化、科学化、商业化的方向快速发展。

四、体育的功能

体育的功能,实际上是体育本质属性的反映,它取决于体育本身的特点和社会的需要。体育的功能归纳起来有六种,即:健身功能、娱乐功能、教育功能、经济功能、社交功能、政治功能。

(一)健身功能

体育是通过身体运动的方式进行的,它要求人的身体直接参与活动,这是体育最本质的特点。这个特点决定了体育具有健身的功能。科学地参加体育锻炼可以促进人体的新陈代谢和血液循环,提高整个有机体的工作能力。体育运动的健身功能包括对人身体和心理两方面的积极作用。

1. 增强体质,促进身体健康发展

大脑是人体的指挥部,人体一切活动的指令,都是由大脑发出的。经常进行锻炼,可以

改善大脑的供血情况，加速新陈代谢，促进血液循环，改善中枢神经系统对各器官系统的调节作用，从而使有机体的生理发育更加完善，提升人体生理机能和身体素质水平，提高人体的基本活动能力和适应能力。冰冻三尺非一日之寒，锻炼身体非一朝一夕，持之以恒，体质就会增强，不仅能提高工作效率，而且能延年益寿。

2. 对人的心理、精神的积极作用

从事体育运动不仅可以使人心情舒畅，精神愉快，而且对发展人的心理过程和个性也有明显的作用。心理过程包括认识、情感、意志三个过程，而个性包括能力、性格、气质、动机、兴趣、世界观等。随着体育科学的发展，人们发现体育运动对发展人的思维力、观察力、注意力和想象力具有良好的促进作用，并能培养人的勇猛、顽强、积极向上的优良品质。

（二）娱乐功能

体育既可以观赏也可自娱，使人的生理、心理、精神在运动参与中得到满足，在欢悦中得到积极休息。

现代体育的运动技艺日益向难、新、尖、高的方向发展。一些杰出的运动员能够在一定的空间和时间内把身体控制到尽善尽美的程度，使健、力、美高度统一，再加上和谐的韵律与鲜明的节奏的巧妙配合，能表现出抒情诗般的艺术造型，使人们在观看体育比赛时，犹如欣赏优美的舞蹈、线条明快的雕塑、光线谐和的摄影艺术一样，得到美的享受。

另一方面，人们通过参加体育运动，特别是参加那些自己特别喜爱和擅长的运动项目，在完成各种复杂练习的过程中，在征服自然障碍的斗争中，能体验到一种非常美妙的愉快感受，从而极大地激发人的自尊心、自信心和自豪感。正如现代奥运会的创始人顾拜旦在他的名作《体育颂》中所写的："啊！体育，你就是乐趣！想起你，内心充满欢喜，血液循环加剧，思路更加开阔，条理更加清晰。你可以使忧伤的人散心解闷，你可以使快乐的人生活得更加甜蜜！"

（三）教育功能

体育是教育的组成部分，体育的产生与发展同各个时期的教育相适应。

原始社会，人类为了生存，必须学会准确地投掷石块、猎取食物和抵御袭击，必须发展跑、跳、爬、越等基本生活能力。原始人类是通过"身体教育"的形式，培养生存所必需的本领。这就是原始的教育和教育中的体育。

现代体育是培养全面发展人才的重要内容与手段。世界各国都把体育列为教育中的必修课。在我国的教育体系中，体育课教学是开设时间最长的一门公共课。可见体育在教育中的位置是重要的。

由于体育具有群众性、国际性、技艺性和礼仪性的特点，使它又成了有传播价值观的一种理想的载体。它能激发人们的爱国热情，振奋民族精神，教育人们保持与社会价值取向相一致的行为。

礼仪

（四）经济功能

社会生产力的提高是社会经济发展的重要标志。人是生产力中决定性的因素，体育能增强人的身体素质，提高劳动能力，促进生产力的提高。

现代体育的发展,能为一个地区或一个国家提供直接或间接的可观的经济收入。如大型体育比赛,可出售电视转播权,可出售门票、发售体育彩票、纪念币、收纳广告费等增加经济收入。同时大型体育比赛,尤其是国际比赛能促进旅游业、第三产业的发展,从而带动国民经济的发展。

(五)社交功能

体育的社交功能主要表现在人际交往和国际交往两个方面。

1.人际交往

体育运动,特别是集体项目,需要有众多人员通过默契配合、集体合作、顽强拼搏方能取胜。这种日积月累的合作,使人与人之间的情感得到了交流,加深了友谊。

2.国际交往

体育竞赛不分民族、不分地域,按照体育竞赛规则公正、公开、公平参与各种不同的竞赛活动。各国运动员通过体育竞赛,切磋技艺,彼此增加了解,加深友谊,促进各国、各民族的团结和友谊。如在日本名古屋举行的第三十一届世界乒乓球锦标赛中,中、美两国运动员在运动会上建立了友好关系,继而实现互访,为中美建交创造了良好的条件。

(六)政治功能

体育受一定社会的政治和经济的制约,也为一定社会的政治和经济服务。体育从来没脱离政治,国际体育竞赛的胜负直接关系国家的荣誉、民族的凝聚力。

体育充满政治色彩。例如,1980年美国以苏联入侵阿富汗为由,抵制了当年在莫斯科举行的奥运会。4年后,苏联和东欧国家进行报复,抵制了在美国洛杉矶举行的奥运会。再如,新中国成立后,国际奥委会某些决策人受某些大国的影响,为了制造两个中国,长期剥夺中华人民共和国在国际奥委会中的合法地位。直到1979年12月23日,才恢复了我国在国际奥委会的合法权利。这些事实无不充满政治色彩。

随着竞技体育的飞跃发展,体育竞赛场成了没有硝烟的金牌争夺战场,金牌从一个侧面标志着一个国家的经济实力和政治地位。在历史上,由于竞技体育水平低下,金牌与中国人无缘,因而中国人被侮辱为"东亚病夫",国际威望大受贬损。随着新中国的成立,我国运动员在亚运会、奥运会上逐渐夺得大量金牌,大大振奋了民族精神,提高了中华民族的威望和国际地位。

一个国家要谋求政治安定、经济繁荣、文化发达、军事强大,必须具备多种条件,而发扬民族精神,掀起爱国主义热潮,增强国民的凝聚力,是其中必不可少的条件。为了实现这一目标,体育就是十分重要的方式之一。比如,我国申办2008年奥运会获得成功,像巨石击水,在国民心中产生了巨大的冲击波,使整个中华民族热血沸腾,民族精神得到升华,爱国激情得到弘扬,民众之心连成一片。其社会效应,远远超出了体育本身的意义。

(七)社会感情功能

体育的社会感情功能是与人的社会心理稳定性直接有关的。一般情况下,个人的需要和社会的需要是基本一致的,以这些需要为原动力,可以推动人们努力工作,遵守社会准则,为社会做贡献。但是,有时会由于种种原因导致一些人心理失调,甚至连正常的个人需要和社会需要也会被窒息而产生一种变态心理。如有些人痛不欲生,或由于社会骚乱表现的暂时冷漠等。

由于体育运动的特点,能使人产生强烈的感情刺激和感情体验,调整失去平衡的心理。如我国运动员在国际比赛中取得优异成绩时,整个社会现象反映了体育感情功能,如全国掀起向女排学习的高潮,各条战线比、学、赶、超为国争光。特别是对"失足落水"的人们,它像一副清醒剂,使他们猛然清醒,决心痛改前非,重新做人。一位自称心灵麻木的大学生在给女排的来信中写道:"十年长醉,十年麻木,我已经失去了欢乐和悲哀,就连那金色的十月,也仅仅化作一丝淡淡的笑影,不曾留下太多的痕迹。而今,你们重新唤起了我心底对祖国的爱,是你们顽强的身姿、昂扬的斗志和对祖国赤诚之心点燃了即将泯灭的爱火,我惊奇地发现,在这激动的夜晚(指女排获冠军那晚)突然用欢乐和泪水与过去告别……十年来我第一次感受到自己的心脏在跳动——和着祖国脉搏的强烈节奏;十年来我第一次感到做一个人的尊严——中国人的骄傲"。体育可使人们在身体活动的实际体验中,对自己的健康、生活和未来充满信心,从而使整个民族朝气蓬勃、生机盎然,在调节社会心理平衡方面,是一个卓有成效的重要手段。

第二节　健康概述

一、现代社会与健康

健康是人类永恒的一个话题,健康长寿是人类永恒的愿望,是人生与社会最宝贵的财富。追求健康与幸福也是人类一切社会活动的原始动力和终极目的,没有健康一切等于零,生命也毫无意义。不同的历史时期对健康有着不同的理解并赋予健康不同的内涵,影响健康的因素也是不同的。现代社会在给人类带来文明的同时,也给人类带来了关于健康的新的挑战。因此,面对挑战,消除各种健康隐患,就成为一个有待解决的问题。本节主要阐述现代社会的健康隐患和维护健康的方法与途径,帮助学生提高自己的健康水平。

(一)现代社会生活中的不良生活方式与行为

人的行为与生活方式既是健康状况的反映,同时又对人的健康产生巨大的影响。不良的生活方式与行为直接或间接危害人类的健康,它具有潜袭、积累、影响广泛的特点。一方面不良生活方式与行为广泛存在于人们的日常生活中,往往不能引起人们的重视;另一方面不良生活方式与行为不容易改变,因此它比其他因素对健康的危害更大。流行病学研究证实不良生活方式与糖尿病、高血压、冠心病、骨折、癌症等非传染疾病密切相关,而且也是感染性疾病、精神性疾病、性传染疾病、意外伤害的重要危险因素。现代生活方式病的急剧增加严重威胁着人类的健康,并成为全球关注的社会性问题,集中体现在以下几个方面,一是心血管疾病的急剧增加。世界卫生组织的统计表明,发达国家的死亡人数中有一半是死于心血管疾病;加拿大人的死因构成中心血管疾病居于首位,每年夺去 7.9 万人的生命;美国的死亡人数中,有 54% 是由于心血管病症所造成的;日本人和俄罗斯人的心血管疾病的发病率明显增加。更令人担忧的是,美国 5~8 岁的儿童中,40% 存在着高血压和高胆固醇问题。二是肥胖症人数的不断增加。发达国家的肥胖症极为普遍,美国有 6 000 万人超重,占总人口的 1/3;英国有 13%的男子、16%的女子患肥胖症。三是糖尿病患者的增多。美国每年有 800 万人患糖尿病,加拿大 65 岁以上的老人有 11%是糖尿病患者。四是心理疾病的患病人数大量增加。世界卫生组织的一份报告指出,全世界有 30%～40%的求医者有心理健康问题,美国已有近 5 000 万人患有不同程度的精神健康问题,其中,神经系统疾病和心理失常症占人口的 10%,焦虑性障碍患者的终身发病率为 10%～15%,纽约市 1/4 的人患有神经官能症。美国国家健康教育和福利协会指出:"我们正用自己不良习惯杀死自己。"由此可见人类健康面临的最大挑战正是人类自身不良生活方式与行为。

不良生活方式与行为涉及的范围十分广泛,主要表现有:吸烟、酗酒、药品滥用的不良嗜好;吸毒、性乱等违反法律、道德的行为;迷恋电脑游戏、上网等成瘾行为;暴饮暴食、过多摄入脂肪和糖的不良饮食习惯与方式;缺乏体力活动特别是体育锻炼的不良行为;对人冷漠、以自我为中心、抑郁、自私等不健康的情感和不定期检查身体、不及时就诊、疑病等不良疾病行为:不规律的娱乐、熬夜、睡眠不足等生活无规律的行为方式。

(二)适应能力下降

根据进化论"自然选择"与"适者生存"是促进生物进化的基本动力。但随着人类生活条件的不断改善,高科技手段在降低体力活动强度的同时,也使人的身体适应能力越来越差,特别是先进的医疗手段大大减轻了自然选择的压力,使适者生存过程不再可能淘汰有害基因,结果使人类整个种族群体的体质,在日积月累中日趋衰弱。

(三)人体免疫系统功能下降

现代物质条件的极大丰富尽管为人类提供了卫生良好和极其舒适的生活环境,但由于对自身的过度保护反使机体接触病原体的机会相对减少。众所周知,人体两大免疫系统(体液免疫和细胞免疫)都必须通过病原体才能产生相应的抗体。如果长期生活在一尘不染的环境中,即使可以免受细菌侵害,但机体却会因缺乏相应的刺激而使免疫系统逐渐退化。近年来医学研究成果证实:由精神负担和情感危机导致的消极情感状态会影响免疫系统功能,积极情感状态能促进免疫系统的功能,为此创建了精神免疫学。如果我们长期处于紧张状态,人体内氢化可的松和肾上腺素增加,抑制了免疫功能,同时还会抑制细胞因子的释放,影响免疫球蛋白(抗体)的产生,此时一旦进入有病原微生物的环境,由于缺乏必要的抗病能力,就极容易导致疾病。

(四)生态环境失衡

生态环境包括空气、阳光、水、土壤、植物、动物和矿物质等,自然界中的生态平衡是人类生存和繁衍的重要保证,是人类健康的根本。保持自然环境与人类的和谐,对维护、促进健康有着十分重要的意义。众所皆知,有益于健康的自然环境比有效的医疗服务更能促进健康,如若破坏了人与自然的和谐,人类社会就会遭到大自然报复。当今世界,在人类改造客观世界的过程中,由于高科技导致的过度开发、环境破坏、水土流失和动物灭绝,使土地沙漠化进程加快,洪涝与旱灾频繁。同时生物多样性不断缩小的现象也日趋严重,这不仅预示着生物基因库将遭破坏,而且通过食物链进入人体的致命突变也可能增加。受全球气候变暖的影响,水源短缺,传染病传播的危险大大增加。随着工业发展和人民生活水平的提高,对大气臭氧层造成巨大的破坏。大气中的颗粒物和二氧化硫浓度增加,造成空气污浊。2007年5月国土资源部发布中国受污染耕地约15亿亩,广泛应用化肥、农药,使粮食、蔬菜及果品等食物污染严重,严重危害着人们的身体健康。面对以上威胁,如果听任这种状况不断恶化,那么人类终有一天将会濒临种族灭绝,甚至彻底毁灭自己。

(五)精神过度紧张

随着社会的进步,生产力的进一步发展,以传送带、自动化为代表的生产方式,不仅夺去了劳动者自身劳动生产的喜悦,反而增加了厌倦感。另外,由于追随机器工作,精神紧张程度越来越高,增加了精神的疲劳。由于竞争的加剧,生活节奏的加快,人际关系的复杂,人们承受的社会压力、精神压力、身体压力越来越大,各种心理疾患发病率快速增长,无情地破坏着人们的健康。还有,在社会生活中,随着城市人口的高度密集,活动空间减小,交通拥挤,噪声增加等,均使人心烦意乱、头痛失眠、全身乏力,甚至引起心理变态。

(六)身体运动不足

随着城市化和机械化以及人们休闲方式的改变,各种家庭电器的普及,使得日常生活中人们身体活动的机会越来越少。无疑,运动不足必然导致体力下降。体力下降后,日常生活和工作一般还可应付,但稍超过日常活动水平就会感到困难。例如稍走快些或赶乘汽车,心脏就像快行的钟表一样感到气喘胸闷、两腿疲倦无力;还有许多人工作之后疲劳得已无余力再料理家务。如果这样下去,很可能会陷入坐着也会感到疲劳的状态,甚至会形成运动不足病。运动不足病是指以运动不足为主要原因(或危险因素)的一种疾患。虽然没有严格的规定,一般包括肥胖症、心肌梗死、冠心病、高血压病、动脉硬化症、神经官能症及腰痛症等。

(七)营养过剩和肥胖

第二次世界大战前,日本人体格在世界各民族中属中等,而现在正接近高大民族,其主要应归功于营养。近20年来,肥胖成为社会普遍存在的问题。今天的肥胖原因不仅是因为营养摄取量过多,也是随着城市化和机械化,日常生活中运动量减少、运动不足的结果。肥胖不仅使运动能力越来越下降而且很容易引起心血管系统疾病而危及健康与生命。

(八)病毒肆虐

20世纪末,人们惊讶地发现传染病再度成为人类健康的主要危害,如肺结核、霍乱、疟疾等。据我国卫计委调查资料,我国约有3.3亿人已感染结核菌,约有600万肺结核病人。随着社会的开放,已经基本被消灭的性病又死灰复燃。20年来性病患者增加了上百倍。随着交通工具和通信传媒的发展与便利,世界也变得越来越小,这无疑促使人类频繁地接触,也为各种疾病的远程传播创造了有利条件。特别是当人类通过改变生活方式,进一步缩短了与动物的距离之后,致使一些原来只存在于动物身上的疾病开始有了向人类扩散的可能。尤其是许多病原体,在与医学的殊死对抗中,为了保存自身,也在设法进行基因突变,并以更难对付的病毒导致人类患病,这表明面对新病毒的逐渐传播,尚缺乏有效的医疗手段。在人类对新病毒还不具有免疫功能的情况下,健康遭受的威胁越来越大。以人体免疫缺陷病毒(HIV)、疯牛病毒、禽流感、非典型性肺炎(SARS)和甲型 H_1N_1 流感为代表的新的病毒不断涌现,对人类健康构成了巨大威胁,也给人类敲响了警钟。

二、健康的概念和标准

(一)健康的概念

什么是健康?从古至今,人们对其都有着不同的解释。以往,由于受传统观念和世俗文化的影响,往往将健康单纯理解为"无病、无残、无伤"。早在古希腊时代,医生就相信健康是身体的完全平衡。在我国的《辞海》中,将健康定义为"人体各器官系统发育良好,功能正常,体质健壮,精力充沛,并且具有劳动效能的状态。通常用人体测量、体格检查和各种生理指标来测量"。在美国也有类似的叙述,健康专家贝克尔认为,健康是"一个有机体或有机体的部分处于安宁状态,它的特征是机体有正常的功能,以及没有疾病"。

然而,随着社会的发展和科学技术的进步,人们完全突破了原先的思维模式,对健康的概念有了新的认识。世界卫生组织对健康提出了一个明确和全面的定义:健康是指在身体、心理和社会各方面都完美的状态,而不仅是没有疾病和虚弱。从而使对健康的评价不仅基于医学和生物学的范畴,而且扩大到心理学和社会学的领域。由此可见,一个人只有在身体和心理上保持健康的状态,并具有良好的社会适应能力,才算得上真正的健康。美国大学的国家健康中心提出了一个与健康三观相似的健康定义,即个体只有身体、情绪、智力、精神和社会等五个方面都健康(也称健康五要素),才称得上是真正的健康,或称之为完美状态。目前,也常用完美一词来替代健康。

1. 身体健康

身体健康不仅指无病,而且还包括体能,后者是一种满足生活需要和有足够的能量完成各种活动任务的能力。具备这种能力,就可以预防疾病,增进健康,提高生活质量。

2. 情绪健康

情绪涉及我们对自己的感受和对他人的感受。情绪健康的主要标志是情绪的稳定性,所谓情绪稳定性是指个体应对日常生活中人际关系和环境压力的能力。当然,生活中偶尔情绪高涨或情绪低落均属正常,关键是在生活的大部分时间里要保持情绪稳定。

3. 智力健康

智力健康指在长期的学习和生活中,你的大脑始终保持活跃状态。有许多方法可以使你的大脑活跃敏捷,如听课、与朋友讨论问题和阅读报刊书籍等。努力学习和勤于思考还能使你有一种成就感和满足感。

4. 精神健康

精神健康对于不同宗教、文化和国籍的人意味着不同的内容,主要包括理解生活基本目的的能力,以及关心和尊重所有生命体的能力。

5. 社会健康

社会健康指个体与他人及社会环境相互作用、具有和谐的人际关系和实现社会角色的能力。此能力将使你在交往中有自信感和安全感,少生烦恼,心情舒畅。健康的五个要素相互联系、相互影响。例如,身体不健康会导致情绪不健康,缺乏精神上的健康会引起身体、情绪和智力的不健康等。

在人的生命中的不同时期,健康的某一要素可能会比另一些要素起更重要的作用,但持久地忽视某一要素就可能存在损害健康的潜在危险。只有各健康要素平衡地发展,人才称得上处于完美状态,才能真正健康和幸福地生活,并享受美好人生。完美状态或健康状态是通过健康的生活方式来形成和保持的,后者包括有规律的体育锻炼、营养适宜、消除不良习惯(如抽烟、酗酒和滥用药物等)以及控制精神压力等。不管你目前的健康状况如何,都应该树立健康的生活方式,从而达到完美状态。怎样才能形成健康的生活方式呢? 首先,应该清楚自己目前的生活方式,然后再通过自己的努力去改变生活方式中的不良之处。

(二)健康标准

不同时期,不同的健康定义,健康标准也是各有不同,这里我们根据上面对健康的释义,对健康的标准概括如下:

有充沛的精力,能从容不迫地负担日常生活和繁重的工作而不感到过分的紧张;处事乐观,态度积极,勇于承担责任,事无巨细,不挑别;应变能力强,能较快地适应外界环境的条件变化;善于休息,睡眠良好;能抵抗一般感冒和传染病;体重适当,身体匀称,站立时,头、肩、臀位置协调;头发有光泽,头皮屑少;眼睛明亮,反应敏捷,眼睑不发炎;牙齿清洁,无龋齿,无疼痛,牙龈无出血而颜色正常;肌肉丰满,皮肤富于弹性。

(三)亚健康状态

亚健康是近年来提出的新概念。亚健康状态是介于健康与疾病之间的一种状态,又叫"第三状态"或"灰色健康状态",是指机体在内外环境不良刺激下引起心理、生理异常变化,但尚未达到明显病理反应的程度。从生理学角度来讲,就是人体各器官及功能稳定性失调尚未引起器质性损伤,医学检查所得各项生理、生化指标均无明显异常,医生无法做明确诊断。其主要表现如下:易疲劳、腰酸背痛、失眠多梦、健忘、头晕、耳鸣、黄褐斑等。在此状态下如能及时调控,可恢复健康状态,否则会发生疾病。亚健康状态基本是机体组织结构的退化(老化)及生理功能减退所致,因而目前将人体衰老的表现也列入亚健康状态的一种类型。

亚健康形成的原因:过度疲劳,身心透支;不科学的生活方式引起营养不良而使机体失调;环境污染、接触过多有害物质;伴随人体生物钟周期低潮或人体自然老化也可能出现亚健康状态。

在此状态下如任其发展,最终难免导致疾病的发生,若采取科学的生活方式,通过饮食、心理的调养和环境的改善,祛除病因,通过适当的体育锻炼可改善和消除亚健康状态,恢复健康。

三、影响健康的因素

人体的健康受多种因素的影响,这些因素互相渗透、互相制约、互相作用。这些因素归纳起来主要有两方面:先天因素和后天因素。

(一)先天因素

影响人体健康的先天因素是遗传。遗传是指自然界多种生物通过一定的生殖方式,将遗传物质从上代传给下代的一种生物现象。人类遗传学告诉我们,人体细胞内含有的染色体 DNA(脱氧核糖核酸)是遗传物质的基础,有遗传意义的 DNA 称为基因。人体的遗传正是这些遗传基因不断地向后代传递的结果。目前已经发现 5 000 多种遗传病。随着科学技术的发展,各基因功能的明确,遗传病是可以治愈的。

（二）后天因素

影响人体健康的后天因素有很多,但主要是以下五种:

1. 生活方式。生活方式是指人们的"衣、食、住、行",以及工作、生活、娱乐、社交等活动方式。生活方式对健康影响很大,并具有潜袭性、累积性和广泛性的特点。良好的生活方式是健康人体与延年益寿的保证;不良的生活方式会导致各种疾病,严重地损害人体的健康与寿命。如经常暴饮暴食、营养不合理,容易造成营养过度导致肥胖,使血液中胆固醇含量过高,诱发心脑血管疾病和糖尿病;若经常饮浓茶、抽烟、酗酒,甚至吸毒,就会严重损害神经系统的正常功能;若沉迷于色情场所或打牌赌博寻求"刺激",就会损害人的身心健康;若养成纵欲行为,甚至嫖娼、卖淫,就会染上各种性病,并败坏人格和社会精神文明。据世界卫生组织的报道,全球人类死因中,不良生活方式所引起的疾病占 60%,其中发达国家高达 70%～80%,发展中国家也达到 50%～60%。世界卫生组织总干事中岛宏严肃地告诫人们,大约到 2015 年,发达国家和发展中国家的死亡原因大致相同,而不良的生活方式所致的疾病将成为世界头号杀手。人们如果想在文明的社会中保障身心健康,首先要解除"自我制造的危险"的威胁,即改变引起疾病的不良行为与生活方式,养成健康的行为和生活方式。

2. 环境。人类的健康状况离不开存在的环境,自然环境与社会环境对健康产生直接或间接的影响。

（1）自然环境是指天然形成的水、空气、土壤、阳光等生存系统,它们是人体生存的物质基础。良好的自然环境与人体保持着一种平衡关系——生态平衡,对人体健康有促进作用。但由于地理或地质等原因,有些地区的土壤或水中存在过多或缺少某种元素,可使当地居民体内某种微量元素过多或过少,造成地方病。

由于工农业生产的发展或某些人为的因素,也会造成对自然环境的污染(如森林被乱砍滥伐,造成水土流失;城市植被面积大幅度减少;大工厂的烟囱喷吐污浊浓烟;汽车废气及噪音隆隆等等),从而破坏了大自然与人体之间的生态平衡,使人体健康和寿命受到威胁,甚至引发疾病和死亡。不过可喜的是,如何处理好环境保护与防止污染的问题已成为当今世界各国政府和人们关注的重要问题,并已采取了有关措施,如保护臭氧层、重视净化自然环境设施的建设、保护生物维持生态平衡等等。作为大学生更应加强环保意识,爱护一草一木,注意环境卫生,为营造良好的生态环境做出积极贡献。

（2）社会环境是指由政治、经济、文化、教育、卫生服务等因素构成的社会系统。随着经济的发展和科学技术水平的提高,人们工作和劳动的条件不断改善,受教育的面积与程度不断扩展,物质文化生活越来越丰富,公共性服务与医疗服务也在不断改革、完善,人们的健康水平大大提高。据报道,我国 1949 年人均寿命是 35 岁,现在是 71 岁。

3. 心理因素。人的心理活动对人体健康的影响越来越引起人们的重视。人的心理活动是客观存在的,是人的大脑对社会客观现实的反映。积极的情绪对健康有良好的促进作用,大脑功能得以改善,增强机体免疫功能,提高了机体防病和治病的能力,使人感到精力充沛。而消极的情绪则与疾病的发生和发展有密切关系。常常处于闷闷不乐、忧虑、紧张压抑的精神状态,会导致躯体生命系统整体功能的失调而引起各种疾病损害健康。

4. 营养。营养与健康有着密切的关系。一方面合理的营养是正常生长发育的基础,也是增进健康、防治疾病的有效手段之一。另一方面由于营养摄入不足或不全面,会导致各种营养缺乏病,如缺铁性贫血、维生素 A 或维生素 B 缺乏症等。如果营养摄入量过度或失调又会导致"现代文明病",如心血管疾病、糖尿病、肥胖症等。因此我们必须重视科学而合理营养,使日常饮食尽量符合营养科学、合理的要求,保证身体健康的需要。

5. 运动(体育锻炼)。"运动运动,百病难碰","跑跑跑,再过十年不嫌老;跳跳跳,年过花甲也显少"。这些来自民间的格言民谚是人类在历史发展进程中,对健康追求的真实体验,道出了体育运动对强身健体、防病治病、延年益寿的重要作用。人体在适宜的运动过程中,机体将产生一系列适应性的良性变化而达到健身防病的目的。而运动量过大,则可能因身体承受不了导致伤害;运动量过小,又达不到刺激体内各组织器官从而提高生理功能的目的。因此,体育锻炼要想获得健身效果,必须注意科学性。

第三节　体育与健康的关系

健康受多种因素的影响,但体育锻炼对健康的影响最大。体育锻炼不仅具有完善身体、发展身体、健康心灵、健全人格、提高社会适应能力等功能,其重要价值还在于改善人们的生活方式,培养人们的生命活力、心理品质和实现人的现代化,使人的体质力量得到体现,不仅从身体上,也从精神上、社会适应上达到人的健全状态。体育与健康,并不是指体育与健康内容简单相加,而是要在体育教育和健康教育这两个相关学科之间建立起一个整体观念。即在充分发挥体育多功能的同时,通过揭示体育与健康的内在联系,加深对体育与健康的认识,并懂得如何运用体育的手段去解决与之有关的健康问题。

俗话说:生命在于运动。体育运动对身体健康有着积极作用,这已经是不争的事实。体育是以身体运动为基本的表现形式,通过身体锻炼过程给予人体各器官系统一定运动强度和量的刺激,从而使人体的形态结构、生理机能和生物化学等方面在其作用下获得良好的综合效应。通过体育锻炼可以改善大脑供血、供氧情况,可以促使大脑皮层兴奋性增强,提高大脑皮层反应的灵活性和工作能力,具有激活脑细胞的功能,能消除脑力疲劳;体育运动能促进有机体的生长发育,促进身高的增长;体育运动还能提高人体的适应能力,控制体重和保持形体健美,防止疾病、推迟衰老、增强人体免疫力。科学合理的体育运动对学生身体健康起着积极的促进作用。

一、体育锻炼对身体素质的影响

(一) 力量素质

力量是肌肉在紧张或收缩时克服内外阻力的能力。人们所有身体活动几乎都是抗阻力活动,都必须克服一定的阻力。身体各部分都必须表现出一定的力量才能完成动作。力量是各项身体素质的基础,是构成其他几项身体素质的前提,如缺乏力量,要提高其他素质是不可能的,肌肉力量不仅是耐力增长的因素,还有助于灵敏性的发展。因此有力量的人,可以更好地控制身体克服重力和更灵活地操纵身躯,使人体运动达到保持较高的速度和更准确地完成各种动作。

（二）速度素质

速度素质是人体对各种刺激发生反应，并以最短的时间完成动作的能力。它的表现形式有：反应速度、动作速度和位移速度。经常参加体育运动特别是田径运动中的短跑、各种球类运动、体操健美操、武术、速度滑冰等运动和各种快速反应的游戏都能有效地改善和提高大脑皮层兴奋和抑制过程的速度，缩短神经系统的反应时间，并提高机体的供能条件和无氧代谢能力。因此，长期适量的体育运动能够有效地提高大学生的速度素质。

（三）耐力素质

耐力素质是指人体长时间地进行肌肉活动的能力。也是在一定的时间或距离内，用最大的强度进行工作的能力，也可以看作抗疲劳的能力。常常被人们视为身体是否健康的重要标志。耐力的表现形式可分为一般耐力、速度耐力、静力性耐力和动力性耐力等。通常所指的耐力就是一般耐力，它的特点是持续时间长，运动强度小，在单位时间内能量消耗不大，但总消耗较大。故运动过程中能量消耗来源大部分或者全部都是由有氧代谢供应的。长期的体育运动特别是耐力练习，可以使大脑皮层长时间保持兴奋与抑制有节律地转换，使大脑皮层神经过程的均衡性得到改善，神经细胞的工作能力和支配筋肉活动的各运动中枢之间的协调也能得到改善。特别对心血管系统和呼吸系统的机能具有良好的效果。

（四）灵敏素质

灵敏素质是指人在变化条件下表现出对动作的准确、协调、机敏、易变和有高度的操纵的能力，以及迅速改变身体运动方向的能力。灵敏素质只有在动作机能掌握之后才能表现出来。"熟能生巧"就是这个道理。就是说只有经常坚持锻炼，使动作机能达到"运用自如"的程度，灵敏素质才能更加充分地表现出来。同时掌握的动作越多，在运动中身体的灵敏性就越高。

（五）柔韧素质

柔韧素质是指人体某一环节在肌肉拉力或外力作用下使其依关节运动轴产生转动所获得的运动幅度与范围，通常是以关节活动的角度来表示。在体育运动中它的含义只是人体某个关节或数个关节联合运动的动作幅度。经常参加体育运动能促进新陈代谢，防止关节病变和软组织萎缩、粘连等。

二、体育运动对大学生生理机能的影响

（一）体育运动对人体神经系统的影响

体育运动能够提高大脑皮层兴奋和抑制过程的强度、灵活性、均衡性和综合分析的能力。神经传导过程的强度是指细胞的工作能力和这种能力的极限，例如经过训练的举重运动员比体质相同的普通人能举起更重的物体，这是举重运动员神经冲动的强度、同步性比没有训练的人高的表现，也就是由于举重训练提高了大脑皮层细胞兴奋强度。

神经传导过程的灵活性，一般是指一个神经传导过程变为另一个神经传导过程的快速程度，转变快，说明灵活性高。反之，说明灵活性差。如参加体育比赛时由于运动场上瞬息

万变的情况,必须使中枢神经系统迅速做出分析判断,并要求快速协调身体各器官、各系统的机能及时完成复杂而多变的动作。这些快速变化的情况所形成的各种条件反射不断刺激中枢神经系统,并在中枢神经系统中加以巩固,使中枢神经系统对刺激的反应能力提高。通过对反应时的测验,运动员和非运动员之间,不同运动项目之间都有明显的区别。如乒乓球运动员反应时只有120毫秒,一般运动员为200毫秒,非运动员为400毫秒。这就说明运动训练大大降低了神经传导在细胞质间所延误的时间,加快了传递速度,也就是提高了神经活动的灵活性。

神经传导过程的均衡性是指大脑皮质兴奋和抑制过程强度的对比关系。一般说来,兴奋过程强,抑制过程也相应强。这两个过程是均衡的,如果两个过程中的一个特别强,而另一个相对弱,那么两个过程就是不均衡的。如失眠就是兴奋过程强于抑制过程,是均衡性差的一个表现。由于体育运动具有较高的技巧性,就要求各部位肌肉和有关器官能协调配合。经常参加体育运动能使神经传导的准确性和协调性受到良好锻炼,从而提高神经过程的均衡性。

体育运动能够丰富神经传递介质,缩短对刺激的反应时间。体育运动能丰富神经细胞突触中传递神经冲动的介质,并在传递神经冲动时引起较多的神经介质释放,缩短神经冲动在突触延搁的时间,加快了突触传递过程。科学家做过试验,以看见灯亮后按电钮测定不同人的反应时,一般人的反应时为0.4秒,运动员的反应时为0.332秒。

体育运动能够改善脑血液循环与供能条件。人的一切活动和思维,都离不开大脑工作,这个工作量是很大的。大脑一天的能量消耗占整个人体一天消耗量的1/6到1/8。体育运动能够提高循环系统机能,加速血液循环,促使脑部毛细血管的增生,从而提高流经脑部的血液量,为脑神经细胞提供充分的能量和氧,保证人体在从事复杂的脑力劳动和体力劳动所需的能量供应。此外,体育锻炼还能提高对中枢神经的供氧量。一般人的脑重仅占体重的1/47,但它的实际耗氧量却占人体吸氧量的1/4,比肌肉的需氧量大15~20倍,占人体需氧量的第一位。在人体各器官和组织中,大脑对氧需求最为敏感,肌肉在短暂缺氧的情况下,尚能工作一定时间,而大脑缺氧六秒钟就要"死亡"。体育运动能提高循环系统和呼吸系统的机能,给大脑运送充足的氧气和养料,以满足大脑细胞紧张工作时的消耗,为脑神经的活动提供良好的条件。因此,经常参加体育运动的人,能持续较长时间地工作和学习,并保持头脑清醒,思维敏捷。另外体育运动还能促进大脑释放脑啡肽和内啡肽等特殊生化物质,这些物质有促进智力发展和帮助记忆的作用。

体育运动能够消除大脑疲劳,起到积极性休息的作用。大脑皮层是由许多不同形态和不同功能的神经细胞组成,大脑皮层的活动基本过程就是兴奋和抑制的过程。体育运动使大脑皮层神经细胞的兴奋和抑制着两种功能不断地相互转化,因为在体育活动时,有关大脑皮层运动区域的神经细胞兴奋,由于"负诱导"的作用,加强已经疲劳的神经细胞的抑制活动,使疲劳尽快消除。另外由于运动静脉血液回流增多,心跳加强,血压循环加快,在单位时间内脑血流量增多,使脑细胞得到更多的养料和氧气供应;并能促进新陈代谢,使代谢物迅速运出,加速了神经细胞疲劳的消除。

(二)体育运动对运动系统的作用

体育运动对骨骼的影响。体育运动能使骨骼承受较大的负荷,增加关节的活动幅度,这种机械性的刺激加剧了骨的代谢过程,因而引起了管状骨变粗,骨密质增厚,骨表面的肌肉、韧带附着处增大,骨小梁的排列更加整齐而有规律。加强骨节周围肌肉的力量提高关节周围韧带、肌肉的伸展性,使关节囊和韧带增厚、增粗,更有弹性,从而扩大关节的活动幅度和提高关节的灵活性,同时关节的稳定性也得到加强。骨骼这些形态、结构和机能上的变化,提高了骨骼的抗压、抗扭和抗折性能。身材的高矮是由骨骼发育生长决定的(骨骼到成年后停止生长)。由于体育运动加速了血液循环,使得骺软骨的增生和骨化所需要的营养物质得到改善,有利于骨的生长。同时,体育运动可刺激生长激素的分泌,经常参加体育运动的青少年比不经常参加体育运动的同年龄的青少年要高出4~8厘米。因此,体育运动能使青少年长得更高、更健美。如果青少年时期长期伏案学习而又缺乏运动,则会影响骨骼的正常发育,甚至可导致骨骼的畸形发展。

体育运动对肌肉的影响。体育运动能使肌肉的横截面增大,收缩力增强。这是由于在体育运动过程中,机体内产生一系列的生化反应,肌肉中的水分减少,蛋白质和糖原等物质增多,这就使肌肉得到更多更充分的营养物质供应,使得肌纤维变粗,肌肉体积和横断面增大,从而增大肌肉的收缩力量。而且体育运动能使肌肉中蛋白质和肌红蛋白的含量增加,肌红蛋白结合氧的能力比血红蛋白强12倍,提高肌肉中的贮氧能力。此外,体育运动能提高神经系统对肌肉活动的控制能力。体育运动形式多样,动作复杂多变,技巧性强,经常从事体育运动一方面能够提高神经系统对肌肉的控制能力,另一方面又能密切神经和肌肉的联系,使肌肉对神经冲动反应的速度、准确性和动作过程中的主动肌、对抗肌、协同肌之间互相协同配合的能力得到改进和提高。"熟能生巧"就是这个道理。总之,健美的体形,健康的身体离不开体育运动。

(三)体育运动对呼吸系统的影响

体育运动能够很好地提高呼吸系统的功能,增强呼吸肌的力量,增大肺活量,提高肺通气量,改善人的呼吸频率,有利于预防和治疗呼吸系统疾病。一般人呼吸差只有5~7 cm,而经常运动的人则为5~11 cm,运动员多达9~16 cm。一般人在运动时每分钟最大通气量为80 L左右,最大吸氧量为2.5~3.5 L,只比安静时大10倍。而经常参加体育运动的人在运动时,每分通气量可达100~120 L,最大吸氧量可达4.5~5.5 L,比安静时大20倍。这就使更多的肺泡得到活动从而提高肺的功能,能使肺部上皮细胞的纤毛活动和肺内的吞噬能力得到加强从而能及时消除进入呼吸道的病毒,减少感染发病的机会。经常从事运动的人呼吸深而缓慢,安静时每分钟约8~12次,甚至更少,这样能使呼吸肌有较长的休息时间,不易疲劳。而一般人的呼吸快而浅表,每分钟约12~18次。

(四)体育运动对心血管系统的影响

体育运动能促使心肌发达和增大心脏容量,经常进行体育运动能使心肌中的毛细血管大量增生,心肌纤维变粗,使心肌肥大,这种增大称为运动性心脏或心肌营养性肥大。运动性心脏的重量、容量以及心脏的直径增大,使心脏对剧烈的血液循环与大量输氧的形体性与功能性的适应。原因是在经常的体育运动中心肌经常进行强烈的收缩,同时由于血压升高,冠状动脉舒张,增加了冠状循环的血流量,使心脏的氧气和营养物质得到了充分供应。

体育运动能提高心脏的功能,增强对紧张工作的适应能力,使心肌细胞内的蛋白质增多,肌红蛋白质约增 35%,心肌糖原约增 30%,糖激酶约增 80%,这些营养物质储备的增多大大提高了心肌的活动能力。此外,体育运动还能提高心输出量和降低安静时心率。心脏每次搏动,心室输出的血量称为每搏输出量,每分钟心室输出的血量称为心输出量。一般人在安静状态下每搏输出量为 50~70 ml,长期参加体育锻炼的人为 80~100 ml,一般人安静时心率为 70~80 次/分,而经常参加体育锻炼的人安静时心率为 50~60 次/分,优秀的长跑运动员则更低,每分钟只有 40 次左右。

体育运动可以提高身体对疾病的防御能力,对很多心血管疾病都有防治作用,例如冠心病、心肌梗死、高血压、低血压、动脉硬化等。这是因为体育运动能使心肌兴奋性提高,收缩力增强,冠状动脉扩张,改善心肌代谢。同时亦可减少脂肪在血管壁的沉积,保持和增加血管壁的弹性,增大管径,提高高密度脂蛋白胆固醇的含量,缓解动脉硬化,使血液中纤维溶解蛋白酶的活性增强,减少血小板的黏结能力,因而能减少冠状动脉血栓的形成等。

(五)体育运动对消化系统的影响

体育运动对消化系统有着良好的促进作用,长期适量的体育锻炼可以促使消化系统功能更加完善,体育运动能够使食欲增加,消化能力提高;体育运动还能使腹肌和横膈肌的活动范围增大,可使腹腔内的消化器官保持在正常位置;适量的体育运动对胃肠也可起到按摩和刺激作用,刺激消化腺的分泌,改善消化条件,对食物的消化能力增强;增强消化道的平滑肌并能使小肠毛细血管及绒毛发达,提高小肠对营养的吸收能力。

长期适量的体育运动还能防止和治疗消化系统的疾病,由于长期的体育运动使膈肌和腹肌以及盆腔肌肌力增强,活动幅度增大,由于运动对肝脏和肠胃等内脏器官起到一种类似按摩的作用,使盆腔内的消化器官保持在正常位置,并强化消化道的平滑肌功能,这些都有效地防止内脏下垂和便秘等疾病的发生。另外,长期运动也能促进和改善这些脏器自身的血液循环,促进新陈代谢,从而有利于病变部位的康复。

但是如果空腹和饱腹进行大强度体育运动的话也会增加消化道疾病的产生可能性。饭前饭后如果进行大强度的体育运动,有可能引起胃肠部痉挛等,长期不注意可引发胃下垂等疾病。

第二章 高校体育教学

第一节 体育教学概述

第二节 体育教学方法概述

第三节 我国高校的体育教学改革

体育教学活动是随着体育教学学科的建立而出现的,像其他的学科一样,也是由很多因素组成的复杂现象。大学教育是基础教育的高级化和继续化阶段,学生的生理、心理发展特点和知识、技能的逻辑系统等决定了大、中、小学教育是一个多层次的有机系统。大学体育是大学教育的重要组成部分,因而其课程目标与体育课程目标相互衔接。我们今天所研究的无论是体育教学方法还是体育教学原则,都是建立在体育教学的基础上,本章将对体育教学、体育教学方法与我国高校的体育教学改革做简要的介绍,帮助人们认识和了解体育教学,从而有利于对体育教学更好地掌握和研究。

高校体育教学 进入阅读

第三章 体育卫生保健

第一节 体育与卫生保健

体育锻炼必须遵循人体生理变化的规律,符合体育锻炼、运动训练的卫生要求,才能有效地锻炼身体,增进健康,增强体质,才能有效地防止身体的损伤和疾病的产生。

一、人体卫生

(一)生活制度卫生

生活制度是指对一天内的睡眠、饮食、学习、休息和体育锻炼等各项运动做出基本固定的时间安排。它有利于机体内的各种生理活动,有利于身体健康。养成有规律的生活习惯,有助于学生完成学习任务,提高学习效率,也有助于学生身心健康。

人的一切活动都是在大脑皮层支配下来完成的。每天在相对固定的时间起床、吃饭、休息、工作、睡眠和进行体育锻炼,养成有规律的学习、生活习惯,大脑皮层有关区域的兴奋和抑制的转换也建立起相应的顺序,形成了大脑皮层活动的"动力定型"。神经系统和组织器官的活动有了一定的规律,就可以使机体在一定时间内对某种活动有所准备。如果生活安排不合理,经常打乱作息规律,会使大脑皮层中建立起来的"动力定型"遭到破坏。神经系统的机能减弱时,各器官系统的机能也相应受到影响,这样就会降低机体的机能,影响学习和工作效率,有损身体健康。

但是,大脑皮层中的"动力定型"的建立不是一成不变的,由于大脑皮层功能的可塑性,对于新的环境,只要逐步适应,还是可以改变的。

(二)饮食卫生

1. 合理营养

在校大学生脑力劳动紧张,体育锻炼、文化娱乐、社交活动形式较多,能量消耗较大,这些都需要食物营养来补充,同时为了有助于人体消化吸收和利用,还要注意保持各种营养之间数量的平衡。

2. 合理的饮食制度

饮食制度应包括每日进餐时间和食物量的分配等内容。一般认为早餐热量占全天热量的 30% 左右,午餐占 40%,晚餐占 30% 左右较为适宜。每日三餐的时间应基本稳定,并力求做到与体育锻炼有一定的时间间隔。

(1) 饮食习惯

运动后不宜立即进餐。人在剧烈运动之后,往往会产生饥饿感。为了补充失去的能量,很多人会大吃一顿,或者进食的量比平时多,以为这样就会将运动时消耗的东西全部补回来。据研究,人们在运动中消耗的主要是矿物质、水和脂肪。运动后产生的饥饿感,不一定是真正的饥饿,而常常是口渴,这时正确的做法应该是先补充液体,喝些水或果汁。这样补充了失去的矿物质和水。半小时以后再进食,可以吃些平时爱吃的低热量食品,以不感到饱胀为原则。这样,既能补充运动中消耗的东西,又不会使失去的多余脂肪很快回到体内,从而保持健美的身材。

饭后不宜立即进行剧烈运动。运动前1小时进食,这样是为了避免因为体力活动而导致消化功能紊乱;同样要避免食用难以消化的食物,如油炸食品等,这些食品可引起腹痛、恶心等症状,也可造成胃下垂。

合理安排一日三餐。"一日三餐"是人类古已有之的饮食制度,然而从目前的实际情况来看,大学生不吃早餐的现象有增无减。他们宁可把吃早餐的时间用来睡觉,也不重视早餐,起床后即匆忙赶去教室上课,致使上课时血糖浓度降低,疲劳很快出现,使得学习效率降低,身体也受到损害。不吃早餐的学生自以为可以利用第二节课后去补充能量,殊不知这样正好打乱了自己生物钟的节奏,其结果是午餐没了食欲,不能好好地进食,导致下午不是饥饿就是腹胀,肠胃功能出现紊乱。有的同学在夜间临睡前还饱餐一顿,这些都是十分不好的饮食习惯。医学研究表明,无规则的进食很容易引起胃病,其中以胃溃疡最为普遍,这就是许多大学生肠胃功能不好、胃病发病率高的重要原因。因此,注重正常的饮食制度,吃好三餐,对保持身体健康有良好的功效。

(2) 饮食量

饮食量不单指饮食的数量,更重要的是指饮食中所含身体必需的能量。大学生一天的学习、锻炼和日常生活需消耗较多的能量,一般而言,平均一天约需从食物中摄取 11 715~12 552 千焦热量来补充身体的需要。由于个体差异较大,每个人的饮食量可能不同。所以饮食量以主观感受为前提,以主食为基础,副食不宜过饱。常言说得好:一日三餐七分饱,身体健康精神好。

(3)饮食成分

饮食成分是指饮食中所含的营养成分。现代医学、营养学研究表明,蛋白质、糖类、脂类、维生素、各种矿物盐及微量元素是人类保持健康必需的营养成分。早餐应吃含有丰富蛋白质和维生素的食物,不宜吃脂肪和热量过多以及有刺激性的食物,

(三)睡眠卫生

午餐一定要吃饱;晚餐吃的不宜过多,以免影响睡眠。每天的睡眠时间应占一天的1/3左右。一般来说,学龄前儿童应睡10小时以上,青少年应睡8~9小时,成人每天一般应保持约8小时的睡眠。因为睡眠时,中枢神经系统,特别是大脑皮质的抑制过程占优势,能量物质的合成过程也占优势,体内的一些代谢产物被利用或排除,疲劳得到消除。因此,必须有足够的睡眠时间来解除一天的疲劳。又由于人的24小时节奏是比较固定的,因此,要注意每天尽可能按时睡觉。保持充足的睡眠时间,不仅有利于工作与学习,而且还能使身体健康成长。

为了保证良好的睡眠,睡前 1 小时不宜进行剧烈运动,以免引起神经细胞的过度兴奋,影响睡眠。但是睡前做些适度运动,能对人体起到良好的调节作用,降低大脑的兴奋性,有助于睡眠。

睡前不宜吃得过饱,以免增加肠胃负担,刺激消化液的增加,这样就会打乱消化液的正常分泌。胃不停地蠕动,管胃肠的神经也会受到刺激,人就会感到胃不舒服,"撑"得难受,而睡不踏实。临睡前也不宜过多喝水,这除导致胃液稀释、夜间多尿外,还会诱发眼睑水肿和眼袋。睡前用温水洗脚,漱口刷牙,以及保持室内通风和卧具的清洁卫生,都对睡眠有益。

(四)戒除不良嗜好

世界卫生组织决定每年 5 月 31 日为"世界无烟日",促使全世界人民行动起来,减少烟草对健康的危害。吸烟可诱发和形成某些严重疾病,导致许多不良后果。长期大量吸烟引发的常见病有肺癌、呼吸道疾病、心血管疾病、中枢神经系统病症、消化系统病症及其他疾病;吸烟同时污染环境,也会使被动吸烟者致病。

长期大量饮酒,也会损害人体健康。长期大量吸烟引发的常见病有神经系统并发症、消化系统并发症、心血管系统并发症和其他并发症。吸烟、酗酒等不良嗜好,对人体健康有很大危害,也会影响体育锻炼的正常进行。如果已经染上了这些不良嗜好,一定要坚决戒除。

二、运动卫生

(一)运动前卫生

1. 准备活动

准备活动是指体育锻炼前进行的有目的和指向性的身体练习,它包括一般性准备活动和专项性准备活动。运动前做好充分的准备活动,其目的是通过各种练习提高中枢神经系统的兴奋性,使兴奋达到适宜的水平;预先加强各器官系统的活动,克服各器官机能活动的惰性;加强心血管和呼吸器官的活动能力,使人体从相对静止的状态过渡到紧张活动的状态,预防心血管意外的发生,减少肌肉、关节和韧带的损伤。

准备活动的内容和时间的长短,应根据锻炼的项目、内容、季节变化和身体条件来安排,一般使身体稍微发热,心率上升到 130~160 次/min 为宜,使内脏器官、肢体的活动幅度和肌肉力量等方面达到适宜的工作状态。

2. 运动前饮水

在运动前应适当补充水,但不宜一次性大量饮水。饮水过多,会使胃膨胀,影响膈肌运动和呼吸从而影响运动能力。

(二)运动中卫生

1. 选择好运动着装

运动时衣着以轻松为好,大小适宜,有一定的通气性和吸水性,并经常保持清洁卫生。鞋子大小要合适,应尽可能穿运动鞋。夏季应以浅色薄运动衣裤为好,冬季应注意保暖,但不能妨碍运动。锻炼时身上不能佩戴尖锐物件。

2. 选择良好的运动环境

选择在空气清新、流通性较好、温度比较适宜、场地整洁的运动场所进行锻炼，这样有利于体育活动的开展，也有利于锻炼者的身体健康。

3. 合理安排运动量

合理安排运动量是指在进行体育锻炼时应根据其年龄、性别、体质、健康水平和技术的熟练程度合理安排练习的强度、密度、时间和数量。一般学生在一堂课上平均心率达 130～170 次/min 为宜。运动量适宜时睡眠良好、食欲增加、精力充沛。如果超过了锻炼者的生理负荷量，反而会伤害身体健康，影响正常的学习生活。

4. 运动中饮水

在运动中应少量、多次的饮水。水占了人体的 65%，而在血液中高达 90%，在运动时，机体需要保持充分的血容量，一是为了加强肌肉组织的血液供应，以保证肌肉中物质代谢过程的进行；二是运动中体内产生大量的热量，需要血液将其带到体表，以维持正常体温。而在进行体育锻炼时，身体会大量出汗，导致机体出现脱水症状，使机体机能下降，因此及时补充水分十分重要。

（三）运动后卫生

1. 整理活动

整理活动是指在正式运动后，做一些加速机体机能恢复的较轻松的身体练习，目的在于使人体由紧张激烈的肌肉运动阶段逐渐过渡到相对安静的阶段，是消除疲劳，促进体力恢复的良好措施。整理活动应着重于全身性放松，尽量采用轻松、活泼、柔和的练习，活动量减少，节奏逐步减慢，使呼吸频率和心率下降。

2. 注意保暖

运动后应注意身体的保暖。有些人运动后马上洗冷水澡，吹电扇，冬天运动后到室外吹风凉快等，这些都会对关节造成伤害。因为运动后全身的毛细血管都是张开的，热量大量散发，如用冷水刺激，容易引起感冒。经常受冷刺激，会导致关节炎的发生。

3. 不宜立即洗热水澡

运动后也不宜立即洗热水澡。因为运动时流向肌肉的血液增加，心跳也增加以适应运动所需；运动结束后，加快了的心跳和血液流动仍会持续一段时间，才会冷却下来。如果在没有冷却以前立刻洗热水澡，会使血液往肌肉和皮肤的流量继续大量增加，结果可能使剩余的血液不足以供应身体其他器官的需要，尤其是心脏和脑部，导致心脏病突发或脑部缺氧。

4. 运动服装

运动后汗湿的衣物要及时换洗，鞋要放在通风的地方去味，保持干净。

5. 运动后饮水

运动后应适当补充水分，但不宜一次性大量饮水，否则会使尿量和汗水增加，加重体内电解质的进一步流失，还会增加人体心肾的负担。大量饮水还会造成胃液稀释，影响食欲和消化，易导致胃病。

三、锻炼环境卫生

体育锻炼过程中,环境卫生对锻炼者的运动情绪和锻炼效率有相当的影响,环境好可激发锻炼者的情绪;反之,可抑制其情绪。

(一)体育锻炼与空气卫生

空气是人类赖以生存的重要外界环境因素之一,氧是人体生命活动中的重要物质,人们通过呼吸机能与外界环境随时进行气体交换,这是机体获取足够氧气以供代谢所需的唯一天然途径。新鲜空气中有大量的负离子,它能调节大脑中枢神经系统的功能,增强心肺功能,促进血液循环,提高机体的免疫力,使人精力充沛,消除疲劳,提高学习和工作效率,改善睡眠和呼吸机能,提高基础代谢;增强人体抵抗力。在体育锻炼时,由于气体交换充分,特别要摄取更多的氧分,以供给运动中的能量消耗,因此,要注意在空气新鲜的环境下进行锻炼。

(二)体育锻炼与气温

在天气极热或极冷时,运动不宜进行到精疲力竭的程度,锻炼的理想天气是:气温介于$1\sim30℃$,湿度在60%以下,风速不超过6.7 m/s。气候条件不在这个范围时,应缩短锻炼的时间或减少运动强度。

(三)体育锻炼与噪声

噪声是指在一定环境中不应有而有的声音,一般指嘈杂刺耳的声音。它是一种环境污染的因素,主要来自交通运输工具、工业机器、公共场所的高音喇叭和人群喧闹等。噪声对人体健康十分有害,它会严重干扰中枢神经系统的正常功能,使人头痛、失眠、恶心、呕吐、脾气暴躁、心跳加快、肌肉紧张等,因此,为了使运动技术和锻炼效果不受影响,应保持在相对安静的环境中锻炼,理想的声强级不超过35 dB。

(四)运动场地卫生

1. 室外运动场的卫生

在室外运动场周围应种一些花草树木,这不仅能美化运动环境,而且能改善空气和温度。田径赛场的跑道必须平坦、结实而富有弹性,并保持一定的干湿度;田赛场的助跑道应与径赛跑道一样,跳远的踏跳板应与地面持平齐,沙坑要掘松耙平没有杂物,沙坑与地面持平。足球场地最好铺有草皮,场地要平坦,没有坑洼。室外篮球、排球、网球场地要平坦坚实,没有浮土,球场周围应留有余地。

2. 室内运动场馆卫生

室内运动场馆地面最好铺木制地板,要求平整、结实、不滑、没有裂缝,场馆力求光线充足,并应有完整的通风设备,保持整洁卫生。

3. 游泳池卫生

游泳池水源要清洁,水中游离性余氯为$0.3\sim0.4$ mg/L,尿素$\leqslant3.5$ mg,细菌总数$\leqslant$ $1\ 000$ 个/mL,大肠菌群$\leqslant18$ 个/L,浑浊度$\leqslant5$,pH 为 $6.5\sim8.5$,水透明度的要求为水在静止时,在任何地方均能看到水底。必须经常换水,做好水池的清洗和池水的净化消毒工作。为了保证池水清洁,游泳前必须全身淋浴,并通过消毒脚池后方能入池。

第二节　运动损伤的预防及处置

一、运动损伤的分类

（一）运动损伤的分类

人体在体育运动过程中所发生的损伤,称为运动损伤。运动损伤的分类方法很多,概括起来有以下几种。

按损伤组织的种类分类:可分为皮肤损伤,肌肉、肌腱、韧带损伤,关节软骨损伤,骨及骨骺损伤,骨囊损伤,神经损伤,血管损伤,内脏损伤等。

按运动创伤的轻重分类:(1) 不损失工作能力的轻伤;(2) 失掉工作能力 24 h 以上,并需要在门诊治疗的中等伤;(3) 需要长期住院治疗的重伤。这种分类法有助于了解工矿、农村、机关和学校等开展群众体育活动中的损伤情况。

按运动能力丧失的程度分类:(1) 受伤后能按锻炼计划进行练习的"轻度伤";(2) 受伤后不能按锻炼计划进行练习,需停止患部练习或减少患部活动的"中度伤";(3) 完全不能锻炼的"重度伤"。

按损伤组织是否有创口与外界相通的分类:可分为开放性损伤与闭合性损伤。

此外,根据发病的缓急,还可分为急性损伤和慢性损伤;根据病因,又可分为原发性损伤和继发性损伤等。

（二）运动损伤发生的原因

造成运动损伤的原因是多方面的,可分为直接原因和诱因。直接原因又分为内部原因和外部原因;诱因可分为各项技术特点和解剖生理学特点。

1. 直接原因

(1) 身体条件

年龄:青少年骨骼发育尚未成熟,因此对外力的抵抗防御能力较弱。发育中的骨和软骨与成人相比也显得软弱。骨的长径生长与骨周围肌腱发育相比,前者显得较慢,所以在骨的突起部、肌肉肌腱附着部都容易发生损伤。在韧带受暴力损伤时,骨和软骨往往先出现损伤。

性别:黄种男性身体内脂肪含量平均是体重的 13%,而女性高达 23%。肌肉含量女性相对少于男性。此外,女性激素呈周期性分泌,若月经紊乱,会造成雌激素分泌低下,这是造成疲劳骨折的已知原因之一。

体格、技能:体内脂肪多、体重大的人会使肌肉发达度减小,故身体的灵活性、耐久力相应也较差,更易造成损伤,尤其在抵御造成创伤的暴力时,体重大的人处于不利地位。屈肌群与伸肌群肌力之比是一个很重要的因素,很多情况下会造成肌肉撕裂伤。技术不熟练的锻炼者也更易发生损伤。

其他:在身体状况不良(慢性疲劳、贫血、感冒、痛经、睡眠不足等)的情况下,对意外事件缺乏敏锐的判断和快速准确的保护反应，就可能导致运动损伤。

（2）心理素质

从事冲撞性较强的运动时，如果注意力不集中或集中持续时间不长，发生损伤的危险性增加。情绪不稳定、易急躁、急于求成，或在运动中因畏难、恐慌或害羞而犹豫不决的人，容易造成运动损伤。

（3）方法因素

质的因素：有些体育锻炼者由于不顾自身的条件而选择不适宜的运动项目，结果损伤的发生率提高。例如，年龄偏大的人进行足球运动，或试图采用蛙跳增强腰腿部肌肉力量，就会出现膝关节损伤；柔韧性练习时，韧带肌肉被动训练过度会造成肌肉撕脱。所以体育锻炼要科学，并选择适合于自己身体条件的运动项目。

量的因素：运动时间过长、运动量过大、运动频率过高等极易导致过度训练，过度训练是运动损伤的主要原因之一。过度训练是由于锻炼者接受的负荷量太大，使机体未得到充分恢复所致，其症状表现为：静息心率加快、血压升高、睡眠不佳（失眠、多梦、易惊醒等）、食欲下降、体重减轻、无训练欲望、心情烦躁、易激怒、记忆力下降等。如过度训练不及时纠正，就会使人体免疫机能下降，这样增加了感染和慢性疲劳的发生率。

（4）环境因素

自然环境：雨后路滑、光线不足、气温过高、过低或过于潮湿等，也能引起运动损伤。

人工环境：锻炼者使用劣质器械，锻炼服装和鞋子不合适，缺乏必要的防护器具（如护膝、护踝、护腿等），运动场地不平坦或有小碎石或杂物，器械安装不牢固，器械的高低、大小与轻重不符合锻炼者的年龄、性别和训练水平的特点等，所有这些都能成为受伤的原因。

2. 诱因

诱因即为诱发因素，它必须在直接原因（如局部负担量过大，技术动作发生错误等）的同时作用下可成为致伤的因素。

各项运动技术的特点：由于各项运动项目都有自己的技术特点，人体各部位的负担量不尽相同，因此，各运动项目都有会导致人体的易伤部位。例如网球运动易使锻炼者造成"网球肘"，长跑运动会导致锻炼者膝外侧疼痛症候群，等等。

解剖生理学特点：某些组织所处的特殊解剖位置在运动中易与周围组织发生摩擦和挤压，如肩袖。运动中由于相互间力学关系的改变，可导致负荷最大的组织发生损伤，如踝背伸 60 度～70 度时发力，跖屈时跟腱处于极度紧张状态，但胫后肌及腓骨肌则比较松弛，若突然用力踏跳，可能发生跟腱断裂等。

综上所述，由于各项运动都有其自身的特殊的技术要求，加之解剖生理学的特点，在直接原因的作用下，各项运动中所发生的运动损伤都具有一定的特点和规律。了解这些特点和规律，对于预防、诊断和治疗运动损伤有着重要的意义。

二、运动损伤的预防

参加体育锻炼的目的是为了增强体能，促进身心健康，而运动损伤的发生往往会使锻炼者的身心都受到一定的损害，因此，防患于未然就显得特别重要。锻炼者应采取一些运动损伤的预防措施，从而使体育锻炼健康安全而富有成效。

（一）运动损伤的预防重点

运动损伤的种类很多,各个运动项目对人体各部位的运动伤害不同。国内有关资料显示,运动员总的来说是小损伤多、慢性多、严重及急性者少。这些慢性的小损伤者中,有的是一次急性损伤后尚未完全康复就投入训练而变成慢性损伤,但更多的运动员是由于运动量安排不当造成局部过劳,最终导致过劳伤。因此,应注意对急性损伤作及时而正确地处理,并科学地安排运动量,以防各种组织劳损的发生。

在一般的学校体育运动中,锻炼者运动损伤的发生情况与运动员有相似之处,但也有较大差异。在体育课和课外活动中,学生急性损伤者相对较多,而劳损者较少。因此,要特别注意急性损伤的预防。但学生锻炼时也要注意合理安排运动量,以防发生劳损,其中尤以肌腱部分的劳损和骨组织的劳损(如胫腓骨疲劳性骨膜炎、软骨炎等)较为多见。此外,学生锻炼时关节扭伤的发生率也较高,尤其以掌指关节及踝关节扭伤最为多见。因此,在从事球类和跑步运动项目时应注意手指及足踝关节的扭伤。

（二）运动损伤的预防原则及基本方法

一般来说,在体育锻炼中运动损伤的预防应做好以下几个方面的工作:

1. 要从思想上对运动损伤的预防给予重视,并遵守体育锻炼的一般原则,同时,要加强身体的全面锻炼,提高机体对运动的适应能力

2. 调节身体处于良好的运动状态

（1）锻炼前应做好充分的准备活动

准备活动不但能使基础体温升高、肌肉深部的血液循环增加、肌肉的应激性提高和关节柔软性增强等,也能减少锻炼前的紧张感和压力感,这在很大程度上可以预防损伤的发生。

（2）锻炼后应注意放松活动

放松活动是指在锻炼后通过放松方法使体温、心率、呼吸、肌肉的应激反应回复到锻炼前的正常水平。从预防损伤的角度来看,这同锻炼前的准备活动一样重要。根据不同的运动项目进行针对性的放松,可以防止锻炼后出现的肌肉酸痛,这有助于解除精神压力。

（3）自我保护

锻炼者除了认真做好准备活动和放松活动外,也应了解和懂得初步处理锻炼后肌肉酸痛、关节不适的方法。肌肉酸痛的早期可做温水浴、物理疗法或自我按摩。如果疼痛继续或者加重,应去医疗机构进行诊断治疗。同时锻炼中应密切注意自己的身体反应,及早发现运动损伤的早期症状,以便于早发现、早治疗、早康复。

3. 创造锻炼的安全环境

体育器具、设备、场地等在锻炼前都应进行严格的安全检查。例如,参加网球锻炼时球拍的重量、捏柄的粗细、网拍绳子的弹力应该适合锻炼者个人的情况;女性的手链、耳环等锋利物品在锻炼时应暂时不佩戴;锻炼者应根据运动的项目、脚的大小、足弓的高低选一双弹性好的鞋子。

4. 注意科学锻炼

科学锻炼包括五大要素即全面性、渐进性、个别性、反复性、意识性,前三个要素对预防

损伤较为重要。全面性是指锻炼者应对体能进行全面训练,而不是单纯针对某一特定动作的反复练习。渐进性是指锻炼者应逐步提高运动负荷和增加锻炼时间,以防机体一时不能适应而导致运动损伤。

个别性是指锻炼必须因人而异。性别、年龄、体力、技术熟练程度不同,活动量和方法也应不同。

5. 加强易伤部位训练

加强易伤部位和相对较弱部位的训练,提高它们的功能,是预防运动损伤的一种积极手段。例如,为了预防腰部损伤,应加强腰腹肌的训练,提高腰腹肌的力量并增强其协调性和拮抗的平衡性。

三、运动损伤的治疗和预防原则

(一)运动损伤的治疗必须遵循的原则

治疗运动损伤时应遵循以下原则:

合理安排运动量和运动强度。

使用支持带及支具。其目的是止痛,预防再伤及保持关节的稳定。在防治运动外伤中应用广泛,而且常常与外伤的局部治疗同时使用。

局部治疗。如按摩、理疗、中药或西药涂敷,以及各种消炎止痛和抗免疫反应药物的局部封闭与关节内注射等等。近年来局部用冰敷已被广泛应用于防止过劳损伤及治疗急性或慢性外伤。我国的中草药、针灸及穴位按摩在治疗运动外伤中有独特疗效,已受到国际运动医学界的重视。

注意全身治疗。运动外伤的发生常常与全身状态不良密切相关,因此治疗时不应忘记全身状态的改善,如服用维生素类药物等。

(二)运动损伤的预防必须遵循的原则

为预防运动损伤,应遵循以下原则:

提高运动水平,可以在一定程度上减少伤害的发生。

严格遵守运动原则,如循序渐进。

加强保护与帮助。场馆的管理必须有严格的制度及卫生要求。

加强医务监督。

对运动水平较低者,特别是老年人,也应参照上述原则执行。

(三)运动损伤的急救原则

在运动现场一旦发生运动损伤,应正确而迅速地处理,这对救护伤者生命、减轻痛苦和防治并发症非常重要。如果伤者自身能多一些运动损伤的知识,则可减轻自身的痛苦。

如果身边发生运动损伤的情况,应按下面的步骤进行急救:第一,做出初步诊断。了解伤害是如何发生的,包括受伤经过、受伤时间、受伤动作。第二,就地检查伤者情况,如果比较严重就寻求帮助,拨打急救电话。

第三节　心理健康

一、心理健康的标准

（一）关于心理健康的界定

什么是心理健康，专家们就这个问题已经议论了半个多世纪，至今还没有取得一致意见。我国心理学者陈家麟、叶一舵等就国外学者对心理健康概念的界定进行了探讨，主要观点综述如下。

根据联合国世界卫生组织（WHO）的定义，心理健康不仅指没有心理疾病或变态，个体社会生活适应良好，还指人格的完善和心理潜能的充分发挥，即在一定的客观条件下发挥个人心境的最佳状态。第三届世界国际卫生大会认为，所谓心理健康，是指在身体、智能及情感上与他人的心理健康不相矛盾的范围内，将人的心境发挥成最佳状态。

《简明大不列颠百科全书》认为，心理健康是指个体心理在本身及环境条件许可范围内所达到的最佳功能状态，但不是十全十美的绝对状态。日本学者松田岩男认为，所谓心理健康，是指人对内部环境具有安定感，对外部环境具有能以社会认可的形式适应这样一种心理状态。有心理学家指出，心理健康是一种持续的心理状况，当事者在那种情况下能有良好适应，具有生命的活力，并能充分发挥其身心的潜能，这是一种积极的、丰富的状况，不仅仅是免于心理疾病而已。社会学家波孟（Boehm）认为，心理健康就是合乎某一水准的社会行为：一方面能为社会所接受；另一方面能为本身带来快乐。精神病学家麦灵格（Karl. Menninger）认为，心理健康是指人们对于环境及相互间具有最高效益及快乐的适应情况。心理健康的人能适应外部世界，保持平稳的情绪，在各种心理品质中具有愉快的性情。

美国学者马斯洛（A. H. Maslow）将理想的心理健康状态称为自我实现（selfactualization），即人的所有潜能的充分发挥与人的不断成长，这样的人具有如下临床观察特征：（1）对现实更有效的洞察力和更加适意的关系；（2）更能接受自我、他人与自然；（3）自发性（即很少做作），坦率，自然；（4）以问题为中心（即把注意力集中在自身以外的问题上，以身外问题为中心，而不是以自我为中心）；（5）超然独立的需要，离群独处的需要，对文化与环境的独立性；（6）自主性，意志自由，积极的行动者；（7）更新颖的欣赏，情绪反应的丰富性；（8）高峰体验（peak‑experiences）；（9）社会感情（一种与人类一体的感情，对人类怀有很深的认同、同情与爱，真诚地愿意帮助他们，就像帮助自己的兄弟一样）；（10）更深刻和深厚的人际关系；（11）更民主的性格结构；（12）区分手段与目的、善与恶；（13）富于哲理的、善意的幽默感；（14）创造力；（15）对文化适应的抵抗；（16）自我实现者也有缺陷。

国内学者对心理健康的论述也有自己的见解。车文博等认为，心理健康指个体在一般活动能力、自我满足、人际各种角色的扮演、智慧能力、对他人的积极态度、创造性、自主性、成熟性、对自己有利的态度、情绪与动机的自我控制等方面达到正常或良好水平。张玲等认为，心理健康可以有三个不同的层次。最低层次：克服心理疾病；中间层次：超越"第三状态"；理想层次：自我实现。冯忠良等认为，心理健康是人类个体对其生存的社会环境的一种高级适应状态。俞国良等认为,心理健康是指一种生活适应良好的状态,包括两方面的含义:一是指心理健康状态,个体处于这种状态时,不仅自我情况良好,而且与社会和谐;二是指维持心理健康、减少行为问题和精神疾病。

我国心理学者叶一舵认为,心理健康是指个体在与各种环境的相互作用中,在内外条件许可范围内,主体能不断调整自身心理结构,自觉保持心理上、社会上的正常或良好适应的一种持续而积极的心理功能状态。这个定义包含着对心理健康内涵的以下四点认识:

首先,心理健康是心理的一种状态。心理健康是相对于生理健康提出来的,两者均从属于"健康"这一上层概念,而健康即是指有机体的一种机能状态。为此,心理健康及其矛盾概念心理疾病,它们的共同点最临近的属概念自然便是心理状态。因此,心理健康的最重要的规定性不仅在于健康,而且在于它是一种心理状态。心理健康状态反映的就是个体心理在环境的活动过程中所表现出来的一种良好的关系态势。

其次,心理健康是心理的一种功能状态。如同身体健康是有机体的一种生理功能(机能)状态,心理健康也是个体的一种心理功能(机能)状态。心理健康作为一种功能状态,必然有其相对稳定的一面,也有其运动变化的一面。这种变化与稳定的统一所构成的心理状态,正如苏联心理学家列维托夫所指出的,"是心理活动在某一时间内的完整特征"。也就是说,心理健康状态本身是一个完整的结构,它具有自己的功能,这种功能便是个体心理的自我调节功能。正是这种自觉的调节功能,才使个体在各种环境中能保持一种持续而良好的心理效能状态。如果心理健康不是一种功能状态,个体就无法与环境保持一种持续的动态平衡。因此,心理健康绝不是一般的和平面意义上的心理状态,它是一种自觉的功能状态,功能(机能)的自觉发挥才是这种状态的内在规定性。

第三,心理健康是一种个体适应正常或良好的状态。从"健康"的定义出发,心理健康是一种心理机能正常或良好的状态。那么,依据生态学观点,心理机能正常或良好指的就是个体心理与其环境能保持正常或良好的适应。这一认识实际上意味着心理健康作为一种功能状态,最终应表现为个体的适应状况,而只有个体适应正常或良好方能体现个体心理健康的正常功能或最佳功能。因此,个体的适应状况便成为个体心理健康状态的最终的规定性。

最后,心理健康的功能发挥受内外条件的制约。心理健康作为一种心理功能状态,其功能的产生、维持与发展受诸多因素的影响与制约。就内部而言,主要受制于个体心理活动过程的内容完整、协调一致,个体的知识、经验,个体的心理认知能力等等。就外部而言,主要受制于群体的心理健康状况、社会意识形态、社会文化特质以及环境的心理氛围等等。因此,心理健康是个体心理在本身及环境条件许可范围内所能达到的最佳状态,它具有动态性、时代性、个体差异性、年龄差异性和文化相对性等特征。

从以上对国内外学者心理健康定义的考察中,不难获得一些有关心理健康定义的有价值的线索。综合起来看,大多强调了充分发挥个体的心理潜能以及个体内部心理协调与外部行为适应这两个方面。同时,基本上都承认心理健康是一种心理状态。因此,我们可以对已有的定义进行整合并重新做出这样的界定:心理健康是指旨在充分发挥个体潜能的内部心理协调与外部行为适应相统一的良好状态。这一定义表明,心理健康是指在一定社会环境中的个体,在神经功能正常的情况下,能充分发挥个体的心理潜能,其智力正常,情绪稳定,行为适度,人格完整与协调,能顺应社会,并主动与社会发展保持同步,是一种生活适应良好而积极的心理功能状态。

（二）关于心理健康的标准

心理健康标准问题既是心理健康研究领域中一个重要的基本理论问题,也是心理健康教育实践中急需解决的理论问题之一。目前尚未有权威的定论。关于心理健康标准,国内外理论研究方面的学者从自己不同的社会文化背景、研究立场、观点和方法出发,做出了不尽相同的表述与界定。

1946 年,第三届国际心理卫生大会曾具体地指明心理健康的标志是:(1) 身体、智力、情绪十分调和;(2) 适应环境,人际关系中彼此能谦让;(3) 有幸福感;(4) 在工作和职业中,能充分发挥自己的能力,过有效率的生活。

《简明大不列颠百科全书》认为,心理健康的具体标准是:(1) 认知过程正常,智力正常;(2) 情绪稳定乐观,心情舒畅;(3) 意志坚定,做事有目的;(4) 人格健全,性格、能力、价值观等均正常;(5) 养成健康习惯与行为,无不良行为;(6) 精力充沛地适应社会,人际关系良好。

美国人格心理学家奥尔波特(G. W. A. port)提出了心理健康的六条标准:(1) 力争自我成长;(2) 能客观地看待自己;(3) 人生观的统一;(4) 有与他人建立亲睦关系的能力;(5) 人生所需要的能力、知识和技能的获得;(6) 具有同情心,对生命充满爱。

美国人本主义心理学家马斯洛和密特尔曼(A. H. Maslow&Miel. man)列出了心理健康的 10 条标准:(1) 充分的安全感;(2) 充分了解自己,并对自己的能力做适当的评价;(3) 生活目标能切合实际;(4) 与现实环境能保持接触;(5) 能保持人格的完整与和谐;(6) 具有从经验中学习的能力;(7) 能保持良好的人际关系;(8) 适度的情绪表达及控制;(9) 在不违背团体要求的情况下,能有限度地发挥个性;(10) 在不违背社会规范的前提下,能适当地满足个人的基本需求。

我国医学专家付连膊把心理健康的标准规定为:精力充沛,能经常保持清醒的头脑;全神贯注,思想集中,对工作、学习都能保持较高的效率;意志坚强,情绪正常,精神愉快。

我国心理学者陈家麟认为,心理健康标准体现在以下几个方面:智力发展正常;情绪稳定乐观;意志品质健全;行为适度协调;人际关系和谐;人格完整独立。

我国心理学者叶一舵认为,心理健康的标准就是个体适应正常或良好。具体地说,从个体横向适应的角度看,心理健康标准应分为心理适应(自我适应)标准和社会适应标准;从个体纵向适应的角度看,心理健康标准应分为生存适应标准和发展适应标准,其二者共同形成一个心理健康标准的二维结构。

国内外研究者在心理健康标准问题上之所以存在分歧,既有客观原因,也有主观原因。

就客观原因而言,衡量人心理健康与否,迄今为止远不如衡量人的生理健康与否时所采用的身体各项形态、生理和功能指标那样具体而客观。心理健康与不健康是一个连续体的两端,难以划出明确的界线。

就主观原因而言,对心理健康标准的实际把握的分歧,来自不同研究者对心理健康标准理论研究的分歧,这种分歧主要表现在研究者确定心理健康标准的依据上。综合国内外有关文献,一般研究者确定心理健康标准的依据可以归类如下。

统计学标准。以统计学上的常态分布为标准。它以统计学正态分布理论为基础,以近于均值为正常,偏离正常为异常,偏离越远,异常愈烈。

社会规范标准。此标准又称社会协调性标准。它是在价值判断基础上,以个人的心理行为是否符合社会的道德、法律及风俗等规范来划分正常与异常。

主观经验标准。以个人主观经验为标准。美国心理学家斯考特认为,判别一个人是否异常,要看他是否体验到忧郁、不愉快等负性情绪,或是自己不能自我控制某些行为,从而寻找帮助;同时要考察别人是否认为他正常。

生活适应标准。以社会生活适应状况为标准。美国学者柯尔曼(J. C. Cole-man)认为,判定一个人心理是否健康,要看他的行为是否与所处的环境相协调,或者说他的人际关系是否恰当,他对社会事件和社会关系的态度是否符合社会要求。

心理成熟标准。以心理成熟与发展水平为标准。个体身心两方面成熟和发展相当者为正常,心理发展水平较同龄人明显低者为异常。

生理学标准。该标准又称病因或症状存在与否标准。德国学者克雷佩林(E. Kraepelin)坚持认为,判断一个人心理是否正常要看有没有导致异常的原因和是否存在异常症状。

正是由于上述心理健康判别标准的迥异,导致了不同研究者划分心理健康标准的不同。

那么,究竟应该怎样合理地确定心理健康的标准呢?为了解决这一问题,有必要反思一下此前的研究者关于心理健康标准研究的方法论。

我国心理学者江光荣认为,在心理健康标准研究的方法论层面,存在两大倾向:其一,遵循"众数原则";其二,遵循"精英思路"(如马斯洛)。

所谓"众数原则",是假定社会成员中绝大多数人心理行为是正常的,偏离这一正常范围的心理行为可视为异常。前述学者们确定心理健康标准的六种依据中,前五种都是符合这一原则的。

对"众数原则",研究者历来都存在争议,其中马斯洛可作代表。马斯洛认为,人生而就有天性,天性本善,至少是中性的。但人的天性需在环境条件(尤其是一定的社会环境)下才能发展成现实的人格或心理品质。如果环境适宜,人就能顺其天性发展出良好的人格或心理品质,反之,就可能压抑、扭曲人的天性,发展出不良的人格或心理品质。在极端情况下,可能一个社会中占主导地位的文化条件本身就是异常的、压抑人性的,大多数人在此条件下都可能不能顺其本性发展,结果出现多数人心理不健全的情况,亦即出现大量"适应良好的奴隶"。这样,"众数"所代表的人格就不是什么健全人格。显然,以"众数"作为衡量心理健康的标准是荒谬之举。在否定"众数原则"之后,马斯洛提出了一条与众不同的研究心理健康标准的思路,并将之称为"尖端样本统计学"。马斯洛认为,那些人类的"精英"即自我实现的人是其内在本性发展得最为充分的人,这样的人才代表着真正的心理健康。因此,心理健康的标准应根据心理健康者的心理品质来确定,既以自我实现者共同具有的那些心理特点作为心理健康的标准。由于自我实现者在全部人口中只占少数,他们在常态分布中处在一侧的尖端,故称为"尖端样本统计学",这就是我们常说的"精英思路"。

在研究心理健康标准方法论上的两种不同思路导致了两种不同的心理健康标准:根据"众数原则"研究所得出的心理健康标准称为适应标准或生存标准,根据"精英思路"研究所得出的心理健康标准称为发展标准。生存标准立足于个人生命存在,目标是最有利于保存与延长生物寿命,故强调无条件适应环境,绝对顺从社会世态(主流文化);发展标准着眼于个人与社会的发展,追求最有价值地创造生活,强调能动地适应和改造环境,通过开掘个人身心最大潜力满足个体发展的需要,成为崇高、有尊严、自豪的人。

不同的研究者,由于他们的社会文化背景不同,研究问题的立场、观点与方法不尽一致,对上述心理健康标准的选择会有不同的偏好。"众数原则"提出的是一种相对标准,只具相对性;而"精英思路"提出的是一种绝对标准,又过于绝对化。这两种"研究标准"都不能完整地反映人类心理健康的全貌,因此,单一的"众数原则"或单一的"精英思路"都有局限,两者的兼容并蓄才是可取的。也就是说,生存与发展两大标准应当协调。换一句话来说,完美的心理健康标准应该是生存标准与发展标准的有机结合。

基于以上认识,综合国内外学者的观点,整合我国心理健康教育工作者的实证研究成果,笔者将心理健康的标准界定如下。

正常的智力发展水平。智力正常是一个人学习、生活、工作最基本的心理条件,是适应周围环境、谋求自我发展的心理保障,因而是心理健康的首要标准。

情绪稳定,心境乐观。这是心理健康的重要标志。在心理健康者身上,积极的情绪多于消极的情绪,乐观情绪占主导地位。同时,心理健康者一般都能协调与控制自己的情绪,并能保持良好的心境。

意志健全,行为协调适度。意志的健全在于行动上的自觉性、果断性、顽强性和自制力。人的意志通过行动表现出来,而行动又受意志的支配,心理健康的人意志与行为是统一、协调的。行为协调适度,是指在正常情况下,对一个有自我意识的人来说,他总是知道自己在做什么,也知道自己为什么做,并能预见行为的过程与结果,使自己的行为服从于一定的目的和要求。一个心理健康者,其行为应有如下特点:① 行为方式须与年龄特点相一致;② 行为方式须与社会角色相一致;③ 行为反应强度须与刺激强度相一致;④ 行为的一贯和统一。

能保持完整统一的人格。心理健康教育的最终目标是使人保持人格的独立完整性,培养健全的人格。人格健全的标志是:① 人格结构的各个要素都不存在明显缺陷与偏差;② 具有正确的自我意识,能了解自己、接受自己以及正确地评价自己;③ 以积极进取的、符合社会进步方向的人生观、价值观作为人格的核心,并具有高度的社会义务感和责任感。

有良好的社会环境适应能力。这是国际公认的心理健康的重要标准。具体说来,表现在三个方面:① 适应各种环境的能力;② 人际关系的适应能力;③ 处理家庭和社会生活的能力。

能保持和谐的人际关系。和谐的人际关系既是心理健康不可或缺的条件,也是增进心理健康的重要途径。人际关系和谐的表现是:① 乐于与人交往,既有广泛而稳定的人际关系,又有知己朋友;② 在交往中能保持独立而稳定的人格,知人知己,不卑不亢;③ 能客观地评价别人,取人之长,补己之短,严于律己,宽以待人;④ 在交往中能用尊重、信任、友爱、宽容和理解的态度与人友好相处;⑤ 与集体能保持协调的关系,能与他人同心协力、合作共事,并乐于助人。

心理特点与实际年龄相符。一个心理健康的人,其一般心理特点与所属年龄阶段的共同心理特征是大致相符的。这可从三个方面加以判断:① 看心理活动与外界环境之间是否统一,他的言行有没有过于离奇和出格的地方;② 看心理活动过程是否完整和协调,他的认识过程、情感体验、意志行为是否一致;③ 看心理活动本身是否统一,他的个性心理特征是否具有相对的稳定性。

二、运动对心理健康的影响

体育运动对心理健康的作用,人们可能认识并不太多。1992 年,国际运动心理学会发表了名为《身体锻炼与心理效应》的声明,充分肯定了体育运动对健康心理的积极作用,这种积极作用是多方面且明显的。

(一)体育运动对智力发展的影响

智力是人认识客观事物并运用知识解决实际问题的能力,也是人在心理过程中所体现出来的注意力、观察力、记忆力、想象力、思维力和分析判断能力等构成的统一体。这些能力在体育运动中都有鲜明的表现和实际内容。智力是在掌握人类知识经验和从事时间活动中发展起来的,它是先天素质、社会历史遗产和教育影响以及个人努力等因素互相作用的产物。体育是智力发展不可缺少的重要因素,体育运动是身体的实践活动,如果缺乏或者没有这种活动,智力的发展会受到阻碍。体育运动可促使大脑功能加强,脑的潜在智力得以更好地开发,人的思维能力和创造力得到提高。体育运动既给智力开发提供了有利条件,同时本身也是对智力的一种开发。体育运动过程中技术、战术的运用,高难度动作的表现等正是逻辑思维和创造思维的体现。

(二)体育运动对个性发展的影响

个性是一个人兴趣、能力、气质、性格等各种心理特征的综合表现,它的形成一方面受遗传因素的影响,另一方面更受社会环境的影响。发展个性有利于培养人的创新、开拓、进取精神和公平竞争意识。

一是在体育运动中,学生拥有一个广阔的空间领域,可以尽情游戏、运动和竞赛,他们的身体直接参与活动,其思维活动与机体活动紧密结合,因而个性也就在其中得到充分展示与发展。

二是在体育运动过程中,身体运动施加给机体感受器的刺激会在大脑中引起主观意识感受,即心理感受。如果在一段时间里,机体反复多次地感受某种运动形式,就会在个性上形成一种相关稳定的心理特征。

三是在体育运动过程中学生们不仅可以广泛地参加社会交往活动,提高对社会的适应性,得到他人的尊重,还可以从体育运动中体验到成功的喜悦,满足自我实现的需要,从而证明自己的能力,增强其自信与自尊,使个性得到充分地调整和发展。

(三)体育运动调节改善情绪

情绪是人对客观事物的一种态度。人生活在错综复杂的社会中,经常会因工作、学习、人际关系等产生紧张、忧愁、压抑、悲欢等不良情绪反应。体育活动则是改善不良情绪的一种非常适当的方法。体育锻炼过程中由于大脑处于较强的活动状态,体温升高以及脑内啡肽释放等原因,可以转移个体不愉快的意识、情绪和行为,摆脱痛苦和烦恼,振作精神。现代大学生将面临学业考试、求职就业、专业选择等多方面竞争,很容易产生沮丧、抑郁、焦虑、紧张等不良情绪,经常参加体育锻炼可使紧张情绪得到缓解,焦虑反应降低,改善不良的情绪状态。

(四)体育运动有助于人格的完善

体育运动是一种身体活动,在这一进程中人体会碰到各种困难:如生理惰性、气候变化、动作难度、畏惧心理、疲劳以及损伤等等,在克服这些困难的同时,也培养了坚忍顽强的意志品质,增强了承受挫折的能力,有助于个体形成积极进取、乐观向上的生活态度。

(五)体育运动确立良好的自我概念

自我概念是个体主观上对自己的身体、思想和感情的整体评价,它是由许许多多的自我认识所组成的,如"我是什么人""我喜欢什么""我不喜欢什么"等。自我概念与身体表象(指头脑中形成的身体图像)和身体自尊(个体对自己运动能力及身体外貌、身体抵抗力和健康状况的评价)有关。无论男性还是女性,对身体表象的不满意会使个体自尊变低,并产生不安全感和抑郁症状。研究表明,肌肉力量与身体自尊、情绪稳定、外向性格和自信心呈正相关,并且加强力量训练会使个体的自我概念显著增强。坚持体育运动可使人体格强壮,精力充沛,有效地改善人的身体表象和身体自尊,有助确立良好的自我概念。

(六)体育运动增强社会交往能力

现代社会社会化的进程愈演愈烈,一方面在工作中的团队精神及协同合作要求越来越高;另一方面社会的发展、生活节奏的加快,特别是网络时代的来临,又使许多生活在大城市的人越来越缺乏直接的社会交往的机会。体育活动就是一个增加人与人接触的最好形式,特别是一些集体项目的运动,更是个人与他人紧密协作和配合的过程。通过这些运动,可使个体忘却烦恼痛苦,消除孤独感;同时能有效地促进与他人协作能力的养成,提高心理素质,提高对现代社会发展的适应性。

(七)体育运动对情绪、情感的影响

情绪和情感是从不同的角度来表示感情这种复杂的心理现象的。要想对它们做严格地区分是困难的,可以从不同的侧面对二者加以说明。

情绪通常是在有机体的天然生物需要是否获得满足的情况下产生的。由于情感大都与人的社会需要相联系,情感的性质常常与稳定的社会事件的内容方面密切相关。因此,情感这一概念较多地用于表达情感的内容,它一般具有较大的稳定性和深刻性。而情绪,则常用于感情的表现形式方面,它具有较大的情景性、激动性和短暂性。

情绪活动可分为愉快的或积极的情绪、不愉快的或消极情绪两大类:积极情绪对人体的生命活动能起良好的作用,可充分发挥集体的潜在能力,提高体力和脑力劳动效率,使人保持健康;消极情绪的产生是不适应环境的一种反应,可促使人的心理活动失去平衡,导致神经活动机能的失调,对身心健康会产生不利影响。

体育运动可以转移大脑皮层的兴奋中心,对情绪能起到积极调节作用;同时体育运动能起到心理宣泄作用,把被压抑的情绪和思想从苦闷中解放出来。通过体育运动可以增加人际交往,改变孤独、抑郁、自卑等心态,使整个神经系统得到调解,从而维护心理健康。人们在参加体育运动时将产生各种各样的情感体验,而且要求其在危急和困难中善于克服情感、

情绪上的冲动性和易变性,保持足够的镇定,并采取积极态度做出准确的应答反应,从而培养自己的情绪、情感,提高适应性,使感情状态向成熟发展。

(八) 影响体育运动产生良好心理效应的因素

体育运动要达到产生良好心理效应的目的,还应注意以下因素。

喜爱体育运动并从中获得乐趣。这是体育锻炼产生良好心理效应的基础。如果对体育运动没兴趣就很难从中获得乐趣,就不可能产生满足感和良好的情绪体验。

体育运动代谢方式。研究表明,体育锻炼时以有氧活动为主,采用有重复性与有节律的身体活动(如慢跑、游泳、骑自行车、跳绳、健美操等等),可以取得很好的效果。

运动项目。有研究报道,不同的运动项目或不同的运动形式所获得的心理效应是不同的。避免那些激烈竞争的项目,可多选择以个人进行的项目,这样无论是运动时间、空间、动作节奏等都更易于个人控制,锻炼者可更随意、更自由地进行,更容易获得良好的情绪体验。

运动强度及时间。要想获得好的健身效果,运动强度应以中等最佳,即心率控制在最高心率的 60%～80%,运动强度过强易产生紧张感和疲劳感,一次锻炼的持续时间应至少 20～30 分钟;而每次少于 20 分钟的运动,很可能心理效应尚未出现,身体活动就停止了;而时间过长又可能造成厌倦、疲劳,引起不良情绪。

体育运动应持之以恒。有研究报道,身体练习的系统性越强,体育锻炼所产生的良好效应就越明显。这表明只有长期坚持体育锻炼,养成习惯,才可获得良好的健身效果。

三、运动对心理疾病的治疗

(一) 常见的心理疾病

1. 神经症

神经症是一种精神障碍,主要表现为持久的心理冲突,病人觉察到或体验到这种冲突并因之而深感痛苦且妨碍心理功能或社会功能,但没有任何可证实的器质性病理基础。根据以上定义,神经症具有以下五个特点:① 意识的心理冲突:神经症病人意识到他处于一种无力自拔的自相矛盾的心理状态,通俗地讲就是自己总是跟自己过不去,自己折磨自己,病人知道这种心理是不正常的或病态的,但是不能解脱;② 精神痛苦:神经症是一种痛苦的精神障碍,喜欢诉苦是神经症病人普通而突出的表现之一;③ 持久性:神经症是一种持久性的精神障碍,不同于各种短暂的精神障碍;④ 妨碍病人的心理功能或社会功能:神经症心理冲突中的两个对立面互相强化,形成恶性循环,日益严重地妨碍着病人的心理功能或社会功能;⑤ 没有任何躯体疾病作基础:患者虽然身体症状很多,但却没有相应的躯体疾病与之相联系。典型的神经症有神经衰弱、强迫症、焦虑症、恐怖症、抑郁症等。

2. 性格障碍

狭隘与妒忌。狭隘与妒忌是影响心理健康的主要性格障碍。具有狭隘性格的学生表现为:心胸狭窄、感情脆弱、意志薄弱、做事呆板、谨小慎微、过分关心自己,斤斤计较,在学习和生活中不能受到一点委屈、吃一点亏,否则便耿耿于怀,不能自解等等。狭隘妒忌是紧密相连的,往往具有狭隘性格的人,也最易于妒忌别人。看见别人在某些方面高于自己就感到难受、不舒服等。严重时不仅会造成同学之间关系紧张,影响同学之间关系,而且对于本人的身心健康会产生不良的影响。

猜疑与忧郁。猜疑与忧郁同属于不太健康的性格特征,严重时影响人格的健全和完美的个性特征。猜疑表现为极度的神经过敏,对任何事都疑神疑鬼,如怀疑别人设圈套陷害自己,怀疑别人不信任自己,议论自己,甚至怀疑自己患有某种疾病等等。由此则表现为少言寡语、孤独寂寞、心情沉重、无精打采、郁郁寡欢、心灰意冷、对任何事物都没有兴趣,不愿参加集体活动,自我封闭、不愿与他人交往等等。猜疑和忧郁两者往往相互作用,使人越陷越深,严重影响个人的身心健康。

怯懦与自卑。过度的怯懦与自卑也是典型的性格障碍。怯懦与自卑是由于患者对于自己的能力和品质做出偏低的评价,而产生的一种负面的情绪体验。几乎所有严重的怯懦者、自卑者都是性格内向的人。他们感情脆弱,多愁善感,常常自惭形秽,自愧无能,觉得处处不如别人。总是不相信自己的能力,办事胆怯,踌躇不前,或者稍遇困难挫折就逃避退缩。当一个人被自卑和怯懦笼罩和统治时,他的精神活动就会受到严重地束缚,从而使聪明才智和创造能力被压抑而不得发挥,最终无所追求,一事无成。

3. 网络综合征

网络综合征是人们由于沉迷于网络而引发的各种生理心理障碍的总称。这是新近出现的疾病之一,目前各国正开展对它的研究,台湾发表第一份网络成瘾现象研究报告,国内中学生及大学生的确存在部分网络成瘾或沉迷现象。被判定为成瘾的学生,每周平均上网时数约在 20 小时以上,比未上瘾者多很多时间上网,而且每周上网时间越长,网络沉迷的倾向越高。这些沉迷于网络的学生经常无法有效控制管理上网时间与金钱,也容易与父母、师长等关系破裂,甚至因为上网太长而赔上健康。这项对"网络成瘾"现象所进行的研究报告显示,对网络上瘾者通常会出现"耐受性"和"强迫性上网与戒断反应",也就是说,上网时间愈来愈长,就会情不自禁想再上网,一旦不能上网便十分痛苦;而每周上网时间愈多,所出现的人际关系问题也会更加严重。

(二)体育运动对心理疾病的治疗

人们往往一提到心理疾病,总认为是精神病。其实有些轻微的心理不适现象或心理障碍都难免会导致一些不同程度的心理疾病,如一个人因焦急而头痛,因生气而失眠,因过度忧郁而肠胃功能紊乱,这些都是一些心理性的生理疾患,治愈的方法首先是从心理治疗开始。据世界卫生组织最新统计,全球目前至少有 5 亿人存在各种心理问题,占全世界总人口的 10%,其中 2 亿人患有忧郁症,忧郁症是当前最常见的心理疾病。

参加体育运动,可以使思考注意力转移,把一些淤积的情绪通过另一种方式和另一种情绪宣泄出来,使紧张得到放松,使某些消极的情绪暂时遗忘并开始淡化,用不同的运动形式,用运动中强度、速度、方向的变化以及和谐的韵律、鲜明的节奏、默契的配合干扰、破坏患者暂时的心理导向,消耗患者因心理疾患所积聚的大量的负作用心理能量,从而疏导和转移患者的情绪,使其心情变得愉悦起来。

另外,体育运动中产生的自我效能和控制感等心理机制都十分有利于对人心理疾病治疗的效应。当体育运动作为弥补心理缺陷、塑造健全人格的训练形式时,不能等同于一般体育活动和娱乐游戏活动。要想达到心理转变的目的,运动必须有一定强度、质量和时间要求,每月 3～4 次,每次锻炼时间至少 30 分钟;运动量从小到大,循序渐进,3 个月为一个周期,一般进行两个周期。每次锻炼后有微汗,有轻松舒畅感,脉搏 10 分钟恢复到安静状态,饮食、睡眠没有受到不良影响,次日体力无异常,说明运动量适当。如果锻炼后大汗淋漓、头昏眼花、胸闷胸痛、心悸气短、食欲不佳,脉搏 15 分钟内恢复不到安静状态,甚至比前一天快,次日周身乏力,不想继续运动,则表明运动量过大。要想使运动达到治疗心理疾病的目的,活动时不可急于求成,要科学地安排锻炼内容,持之以恒,以达到治疗目的。

第四章　体育锻炼

第一节　体育锻炼的作用与原则

一、体育锻炼的作用

（一）体育锻炼的作用

1. 对人体新陈代谢的作用

（1）体育锻炼能促进体内组织细胞对糖的摄取和利用能力，增加肝糖原和肌糖原储存。体育锻炼还能改善机体对糖代谢的调节能力。如在长期体育锻炼的影响下，胰高血糖素分泌表现对运动的适应，即在同样强度的运动情况下，胰高血糖素分泌量减少，其意义是推迟肝糖原的排空，从而推迟衰竭的到来，增加人体持续运动的时间。

（2）脂肪是在人体中含量较多的能量物质，它在体内氧化分解时放出能量，约为等量的糖或蛋白质的两倍，长期坚持体育锻炼能提高机体对脂肪的动用能力，为人体从事各项活动提供更多的能量来源。

2. 对人体运动系统的作用

坚持体育锻炼，对骨骼、肌肉、关节和韧带都会产生良好的影响，经常运动可使肌肉保持正常的张力，并通过肌肉活动给骨组织以刺激，促进骨骼中钙的储存，预防骨质疏松，同时使关节保持较好的灵活性，韧带保持较佳的弹性，锻炼可以增强运动系统的准确性和协调性，保持手脚的灵便，使人可以轻松自如，有条不紊地完成各种复杂的动作。

3. 对人体心血管系统的作用

适当的运动是心脏健康的必由之路，有规律的运动锻炼，可以减慢静待时和锻炼时的心率，这就大大减少了心脏的工作时间，增加了心脏功能，保持了冠状动脉血流畅通，可更好地供给心肌所需要的营养，使心脏病的危险率减少。

（1）经常参加体育锻炼可使心肌细胞内的蛋白质合成增加，心肌纤维增粗，使得心肌收缩力量增加，这样可使心脏在每次收缩时将更多的血液射入血管，使得心脏的每搏输出量增加，长时间地体育锻炼可使心室容量增大。

（2）体育锻炼可以增加血管壁的弹性。人随着年龄的增加，血管壁的弹性逐渐下降，可诱发高血压等退行性疾病。通过体育锻炼，可增加血管壁的弹性，可以预防或缓解退行性高血压症状。

（3）体育锻炼可以促使大量毛细血管开放，加快血液与组织液的交换，加快新陈代谢的水平，增强机体能量物质的供应和代谢物质的排出能力。

（4）体育锻炼可以显著降低血脂含量（胆固醇、b-蛋白质、三酰甘油等），改变血脂质量，有效地防治冠心病、高血压和动脉粥样硬化等疾病。

（5）体育锻炼可以使安静时脉搏徐缓和血压降低。

4. 对人体呼吸系统的作用

（1）经常参加体育锻炼，特别是做一些伸展扩胸运动，可以使呼吸肌力量加强，胸廓扩大，有利于肺组织的生长发育和肺的扩张，使肺活量增加。经常性的深呼吸运动，也可以促使肺活量的增长。大量实验表明，经常参加体育锻炼的人，肺活量值高于一般人。

（2）体育锻炼由于加强了呼吸力量，可使呼吸深度增加，有效地增加肺的通气效率。研究表明，一般人在运动时肺通气量能增加到 60 升/分左右，有体育锻炼习惯的人运动时肺通气量可达 100 升/分以上。

（3）一般人在进行体育活动时只能利用其氧气最大摄入值的 60% 左右，而经过体育锻炼后可以使这种能力大大提高。体育活动时，即使氧气的需要量增加，也能满足机体的需要，而不致使机体缺氧。

5. 对人体消化系统的作用

体育锻炼能加速机体能量的消耗，能量物质的最终来源是通过摄取食物获得，因此，运动后会促进消化系统的功能变化，饭量增多，消化功能增强。

6. 对人体中枢神经系统的作用

体育锻炼能改善神经系统的调节功能，提高神经系统对人体活动时错综复杂的变化的判断能力，并及时做出协调、准确、迅速地反映。研究表明，经常参加体育锻炼，能明显提高脑神经细胞的工作能力。反之，如缺乏必要的体育活动，大脑皮层的调节能力将相应地下降，造成平衡失调，甚至引起某些疾病。

7. 对人体心理方面的作用

体育锻炼对心理的发展（如增强信心，建立良好的环境，培养稳定的情绪，培养独立和处事果断的能力，提高智力发展等）有巨大的推动作用；反之，对心理健康有负面影响。

（二）体育的意义

体育是社会发展与人类文明进步的一个标志，体育事业发展水平是一个国家综合国力和社会文明程度的重要体现。在现代化建设的进程中，体育伴随着经济、社会的发展而发展。体育能在人类社会连绵不断地存在和发展，得到了不同民族和国家的人们的喜爱和广泛的认同，而且发展的活力越来越大，影响和作用也越来越大。这充分说明体育对人类社会有着重要的功能和作用，而且经济越发展，社会越进步，人们强身健体的意识就越强烈，体育地位就越重要，作用就越显著。

1. 增强体质，强国强种

这是体育的本质功能，也是体育能在人类社会中长盛不衰和持续不断存在的原因。通过体育手段来实现增强人的体质的目的，促进人自由、全面地发展，这正是体育的独特之处，也是体育区别于其他社会活动和事物对人和社会作用的根本点，并且具有不可替代的基本特征。人的身体素质是思想道德素质和科学文化素质的物质基础，也是一个民族和国家强盛的基础。毛泽东在《体育之研究》一文中指出："体育一道，配德育与智育，而德智皆寄于体。无体是无德智也。"还指出："体者，载知识之车而寓道德之舍也。"体育最基本的作用和本质功能恰恰是作用于一个人、一个民族的身体素质，对人民的健康和身体素质提高以及民族的强盛具有独特作用。通过体育达到增强体质、强国强种的目的，已经成为人类社会一种普遍的做法。这也是当今世界各国普遍重视体育运动的根本原因。

2. 培养人们勇敢顽强、克服困难、超越自我的意志品质

人们在进行体育运动时，特别是在运动训练过程中，要克服许多因体育运动产生的特有的身体困难，体验到很多在正常条件下不可能获得的身体感受。这也是人们在从事其他活动过程中很难体会到的身体感受。它对一个人的内在意志品质具有特殊的培养和陶冶作用。强筋骨、强意志、调感情是体育的特殊功效，可以起到"文明其精神，野蛮其体魄"的作用。体育的这些功能对青少年的意志品质的培养作用尤为重要。

3. 培养人们竞争、团结、协作的社会意识

体育有利于人的"社会化"。竞赛是体育运动一个最显著的特征。体育竞赛能有效地培养人们的竞争意识和团结协作精神。没有强烈的取胜欲望和良好的团结协作精神，在体育竞赛中不可能取得胜利。人类现实社会是一个充满激烈竞争的场所，需要团结和协作精神。体育竞赛，特别是在集体项目的竞赛过程中，要想取得胜利，既要有力争胜利的顽强竞争意识，又要懂得与同伴和队友的团结协作，才可能达到目的。而这种"模拟社会"的功能，是体育运动的独特之处。

4. 丰富个人和社会的文化生活，提高人们的生活质量

人们通过参加和欣赏体育运动不仅能增强体质还能够愉悦身心，丰富文化生活。世界上还没有其他任何一种活动能像体育竞赛那样有规律地举行，特别是以奥运会为最高层次的国际体育竞赛已经成为现代人们关注的焦点和欣赏的热点。各种不同形式和类型的体育竞赛，以其独有的形式和方式为人类社会生产出丰富多彩的文化精神食粮，提高人类的生存和生活质量。

5. 为社会提供和构建公平、公开、公正的价值体系和价值标准

公平是人类社会所共同追求的一种理想社会状态。竞赛是体育最鲜明的特点，通过竞赛，优胜劣汰，决出名次，可以激发荣誉感，鼓舞上进心。这是其他任何形式的社会活动和手段不能代替的。在一定意义上说，没有竞赛，就没有体育运动。体育竞赛就是在公平的规则下，在公开场合中，通过最大限度地发挥个人和集体的体力和智力，优胜者得到奖励和人们的尊重。体育运动向人们和社会所展示的，以公平、公开、公正为核心的价值体系和价值标准得到了不同民族和国家的普遍尊重和推崇。"阳光下的公平竞争"正是现代人类社会所需要重新构建的价值体系和价值标准的道德核心。

二、体育锻炼的原则

体育锻炼的基本原则，是指在进行体育锻炼的过程中必须遵守的行为准则，它既是人们

长期身体锻炼经验的概括与总结，又是身体锻炼客观规律的反映。为了使身体锻炼达到最佳的效果，在进行体育锻炼的时候都应遵循这些原则。

（一）自觉性原则

自觉性原则是体育锻炼者应有明确的锻炼目的，自觉积极地进行体育锻炼。在体育锻炼基本原则中，自觉性原则非常重要。影响自觉性原则的因素较多，其一，大学生在课余或毕业步入社会后，就不会有固定的组织、时间、地点和明确的要求，更没有体育教师给予专门的指点和监督；其二，锻炼身体是个很辛苦的事，要坚持系统地进行身体锻炼，就要起早贪黑，风雨无阻，还要忍受肌肉做功而产生的酸痛和身体的疲劳，克服自身的惰性，一些人往往会因此而产生畏难情绪；其三，对于那些学习负担很重的青少年和工作繁忙的人来说，在时间上就存在许多困难；其四，体育锻炼对体质的增强是一个长期积累的过程，它的效果不是立竿见影，容易被人们忽视，认为可有可无，三天打鱼、两天晒网也无所谓；其五，有的学生为了应付学业，到了运动场上也不认真学习，应付了事。上述5个因素，如果没有自觉性就难以克服，更难取得锻炼的实际效果。由此不难看出，自觉性原则是体育锻炼的前提，有了这个前提，体育锻炼才会积极，因此它是非常重要的。

贯彻自觉性原则，应注意以下几点：

要做到自觉锻炼，首先必须明确锻炼目的。学校是培养人才的地方，应努力把自己锻炼成为一个有理想、有道德、有文化、有纪律的人，将来更好地为国家的建设和人类的进步事业多做贡献。一个人只有树立起这一远大目标，才能使体育锻炼更具有长久的动力和自觉性。另外，参加体育锻炼更多的是带有直接目的和动机的。例如为了丰富文化生活、调节情绪、活泼身心、陶冶情操、锻炼意志等，或是为增进健康、促进身体的正常发育和造就一个健美的形体，以及防病治病等。不论带着哪种目的和需求，主要是有目的地去锻炼，这种锻炼就更具主动性和自觉性。

应充分认识体育锻炼的特点和作用。体育锻炼的内容与形式是多种多样的，每个人都可以选择自己较喜爱的运动项目和形式，并有意识地培养锻炼的兴趣。当一个人对体育锻炼产生兴趣之后，他进行锻炼的情绪才是高涨的，感受才是积极的。但是，仅仅停留在兴趣阶段是不够的，而是应从兴趣入门，逐渐形成一种自觉行动和良好的体育锻炼习惯。

要使锻炼更具自觉性，还应经常检验锻炼的效果。如定期测试一下身体素质、形态，某些生理机能指标和运动成绩等方面的增长、变化及提高情况，也可用饮食、睡眠、精神状态以及学习时的注意力等情况的对比来检验锻炼的效果。这样不仅可以检查锻炼方法是否得当有效，而且还可以看到锻炼的成效，从而使体育锻炼的兴趣与信心进一步提升，自觉性提高。

（二）全面性原则

全面性原则是指在锻炼中统筹兼顾，使身体各部位、各器官、各系统的机能及各种身体素质和活动能力都得到均衡的发展。人体是一个复杂的生命有机体，各个方面的锻炼是相互影响与制约的，只有全面锻炼，才能互相促进，共同提高；否则，就容易出现畸形，有损健康。正处在生长发育阶段的大学生，贯彻全面锻炼的原则更为重要。

1. 锻炼形式多样化，全面提高身体机能

体育运动的项目非常多，经常锻炼对人体都有良好的作用。人体是一个互相联系、互相制约的有机体，各器官、系统的功能受体内其他器官和外界环境的影响而发生变化。任何局部功能的提高，必定促进机体其他部位机能的发展；如果没有机体各部位机能的普遍改善，就不能有局部机能的大幅度提高。如进行经常性的长跑锻炼，腿部力量得到发展，呼吸和血液循环系统的功能也会显著提高。只有心肺功能得到相应提高，下肢活动才能顺利完成，也才能获得较好的运动成绩。

2. 锻炼项目多样化，全面发展身体素质

全面发展身体素质，对提高身体的基本活动能力和运动技术水平起着重要的作用。全面发展各项身体素质，必须根据自身特点、专业特征和兴趣爱好，选择一两个能弥补和发展自身所需素质的项目，作为每天进行锻炼的主要内容。青年学生多选择一些能促进全身血液循环、提高心肺功能、调节中枢神经系统的运动项目，如长跑、球类、游泳、体操、武术等，以达到全面提高身体素质的目的。

3. 锻炼条件勤变化，提高人体的适应能力

人体对外界环境的适应能力，是人体健康状况、体质好坏的重要标志之一。因此，作为学生，应注意加强对外界环境适应能力的锻炼。在校学习期间，多学习一些锻炼身体的原理和方法，养成锻炼身体的习惯；毕业后，结合自然环境进行锻炼，积极适应大自然的变化。通过锻炼，使自己精力充沛，意志坚强，从而提高工作效率，愉悦生活。

（三）循序渐进原则

循序渐进原则是指在进行体育锻炼时，必须遵循人体活动的规律，科学地安排锻炼的内容、方法、负荷、难度等，有计划、有步骤地提高要求，使人体在不断适应的同时，体质逐步得到增强。由于体育锻炼的过程是人体对内外环境变化适应的过程，这个过程不能急于求成，必须逐步提高才能获得良好的效果。

1. 运动负荷的循序渐进

进行体育锻炼时，当机体对一定运动负荷产生适应之后，这种负荷对机体的刺激会变小，此时，可以适当增加练习时间和练习次数，让机体产生新的适应。但运动负荷的增加要由小到大，逐步提高。体育锻炼的开始阶段或中断锻炼后恢复锻炼时，强度宜小，时间宜短，不要急于求成。

2. 练习内容上的循序渐进

练习内容要由简到繁，在动作要求上应由易到难，逐步加大难度。应首先考虑简单易行，容易收到锻炼效果的项目和内容。在每次练习时，也应先从动作简单、强度不大的内容开始练习，然后逐渐增加动作难度和运动负荷。体育锻炼只有遵循人体生理、心理发展的基本规律，根据自己身体健康状况，科学地安排适宜的运动负荷和练习内容，才能收到良好的锻炼效果。

（四）从实际出发的原则

从实际出发的原则是指锻炼身体应从个人的实际情况和外界环境条件的实际出发，确

定锻炼目的、选择适宜的运动项目、合理地安排运动时间和运动负荷。这是增强身体素质及提高运动水平必须遵循的原则。

1. 从自身的实际出发

由于性别、年龄、体质和健康状况的差异,体育锻炼要从自己的实际情况出发,有目的地选择和确定运动项目、练习方法,合理地安排锻炼的时间和运动负荷。在每次锻炼前,都要评估自己当时的健康状况,使运动项目的难度和强度不要超过自己身体的承受能力。违反人体发展这一基本规律,只能损害身体健康。

2. 从外界环境条件的实际出发

参加体育锻炼时,一方面要根据自身的实际情况,另一方面还要从季节、气候、场地、器材等外界条件的实际情况出发,按照科学锻炼的方法,合理选择运动项目、练习时间、运动负荷,这样才能收到良好的锻炼效果。如在冬季应着重发展耐力和力量素质;在春、秋季应重点进行技术性的项目;在炎热的夏天,游泳是比较理想的运动项目,但在阳光下运动的时间不要太长。

(五)经常性原则

经常性原则又叫持续性原则,是指锻炼者按预定的锻炼计划,持之以恒,不间断地从事身体锻炼,使之成为日常生活中的重要内容。

坚持经常性锻炼,能使人的新陈代谢功能增强,促进体内异化作用,继而达到同化作用的加强,加快体内物质合成,使人体功能得到提高,使骨骼坚硬、韧带牢固、肌肉粗壮、肺活量增大等。这个变化的过程在于保持体育锻炼的时间、强度、次数的衔接性和连续性。假如间隔过长、中断过久,已经获得的效果就会消退以至消失。

掌握一项运动技术也需要持之以恒。人的大脑中有大量的神经突触,只有通过固定形式的重复练习对这些突触连续进行某种刺激,才能在大脑中形成整套固定形式的反应,即动力定型。动力定型建立后,运动者就能习惯性地、熟练地完成一整套练习。如果不能坚持练习,已形成的条件反射就不能及时得到强化而慢慢消退。

贯彻经常性原则,应注意以下几点:

合理安排锻炼间隔。体育锻炼的效果并非一劳永逸,不论什么年龄的人,中止锻炼一段时间,都会使前阶段的锻炼效果减退,因此每次锻炼的间隔安排要合理。

锻炼要有恒心。把坚持经常性锻炼作为一种培养毅力、锻炼意志、陶冶情操的手段和过程,排除各种外界因素的干扰。把体育锻炼作为日常生活中不可缺少的重要组成部分,养成经常锻炼的习惯。

经常参加体育锻炼,并不是说无论什么情况,都必须每天运动,而是根据自己的实际,每周锻炼 3 次或 5 次。如果工作繁忙不能按计划进行,可充分利用零散时间活动。一天进行几次短时间的活动同样会取得较好的效果。只要不长期地停止锻炼,就能保持旺盛的体力和精力。体育锻炼,贵在坚持。

第二节　体育锻炼的内容与方法

一、选择体育锻炼内容的原则

选择体育锻炼的内容是否科学,对于调动锻炼者的积极性,达到良好的锻炼效果,有着直接的影响。

目的性。选择的锻炼内容应有明确的目的性,是健身还是健美,是娱乐性还是医疗性,都要根据身体锻炼的目的性去选择合适的内容。

实效性。选择体育锻炼内容,要注意它们的健身价值,不要贪多,力求少而精,正如《体育之研究》一文中指出:应诸方之用者其法宜多,锻一己之身者其法宜少。

全面性。选择体育锻炼内容时,要考虑到全面锻炼身体的作用。这不仅对正在成长的广大青少年非常重要,对中老年人也绝不可忽视。当然,全面性并不是选择内容越多越好,而是把全面性与少而精结合起来考虑,两者不可偏废。

趣味性。锻炼内容比较有趣,不仅能调动锻炼者的积极性,而且还能调节锻炼者良好的情绪,有利于积极性休息和消除疲劳,以提高锻炼的效果。青少年选择锻炼内容更应强调这一点。

除了上述四点外,选择身体锻炼内容时还应因时、因地制宜,考虑季节气候的变化。

二、体育锻炼内容的选择

随着社会的发展和人们对生活质量的追求,体育锻炼越来越成为人们日常生活中的一种必需,其活动内容也越来越丰富多彩。传统的锻炼形式得到继承和发扬,新兴的娱乐性、竞技性的活动也层出不穷。随着人们对体育锻炼内容的认识不断深化和科学把握上的提高,人们将通常进行的锻炼内容进行归纳分类,以便能合理有效地选择适宜个人需要和兴趣、爱好的项目。目前流行和崇尚的普通体育锻炼项目主要有以下几类。

（一）跑步

跑步是最简便易行的体育锻炼项目之一,也是世界上参加人数较多的项目之一。人们选择跑步,主要是跑步对场地、器材要求不高,在自然环境中、空气新鲜的地方都可进行,对身体、特别是心血管系统有着积极的影响作用。跑步不需他人合作,可根据自己的工作和作息时间灵活地安排,是最为简便有效的体育锻炼内容。

在进行跑步锻炼时应注意以下几点:

锻炼者对自身要有一个全面了解,特别是对身体状况要做一个细致的检查,做到心中有数,避免出现一些不必要的事故。

遵照循序渐进的原则,特别是对刚开始参加锻炼的年龄较大者或身体有某些疾病的人,一定要根据循序渐进的原则,距离由短到长,速度由慢到快,在逐步适应的基础上增加运动负荷。

做好准备活动。跑步前要做好准备活动,并要了解准备活动的意义与作用,掌握自编准备活动的原则和方法。

选择好时间。跑步的时间可根据个人的情况和闲暇时间确定,但不宜选择在睡觉前。

采用适当的运动量和强度。通常采用中等负荷的运动量和强度较为适宜,一般以最大心率来控制。国际通用的最大心率为 180 次/min,跑步时一般以不超过最大心率为宜。

(二)武术

武术是我国传统的健身、防身锻炼项目之一,有着悠久的历史和广泛的群众基础。近年来,在政府的重视下,经过专家的挖掘、整理,武术已成为人们健身、防身、医疗、娱乐的重要手段,在国际上也享有盛誉。武术是人们日常体育锻炼活动中最为普及的项目之一,尤其是太极拳、太极剑、气功等更是受到中老年人的普遍欢迎,青少年则更青睐少林拳和各种器械活动。武术之所以如此普及和受人欢迎,这与它所具有的独到特点是分不开的。

1. 突出体现在健身和医疗作用上

武术是练脑、练气、练身(即意识、呼吸、动作)三者密切结合的一种健身方法,与此同时,它还作为医疗体育的一种手段,对各种病(如神经衰弱、神经痛、高血压、心脏病、肠胃病、干血痨、风湿寒腿、关节炎、糖尿病、遗精、内痔等)能起到一定的医疗作用,因而深受广大人民群众的喜爱。

2. 体现了一定的趣味性

武术,尤其是太极拳、太极剑,动作舒展优美、变化多,同时醉心于动听的音乐之中,使人们一开始就能很快进入角色,体现出了较高的趣味性。

3. 对场地、器材的要求不高

武术的练习不需要专门的场地,只要有一块稍大一点的平地就可以进行,因此,比较适合广大群众进行活动。同时,对器材要求不高,有条件的人可以准备一把剑,没有条件的也可以自己创造条件,同样能达到很好的效果。

(三)健身操

健身操可以分为广播体操、健美操、有氧操、器械操、单双人和集体健美操等。实际上有的地方将一些脍炙人口的地方文化因素与运动相结合,涌现出了许多具有民族地方色彩的健身操,如由北京秧歌、东北二人转延伸出的扇子舞、绢舞等,由于富有民族特色,又为当地人们所喜闻乐见,已成为不少地区晨练、晚练的主要锻炼内容之一。

1. 能充分调动人们的兴趣和参与感

健身操具有体育、舞蹈、音乐、美育等多种社会文化功能,一出现就深深地吸引了社会各层次人群的注意,让人们一接触就能产生浓厚兴趣,有跃跃欲试的感觉,因此受到广大人民群众的欢迎。

2. 有较强的锻炼价值

健身操除了具有较强的趣味性外,其较强的锻炼价值是人们喜爱它的又一原因,而且其动作简单易学,节奏明快,能达到自我欣赏、自我陶醉和放松身心的目的。同时,它是在有氧锻炼的状态下进行,对增强体质有较大的作用。

3. 对场地器材的要求不高

健身操的锻炼可以在室内也可以在室外,只需有一块平地和放音乐的收录机就可以了,可以一个人进行,也可以三五成群地一起练,形式灵活多样。

4. 沟通感情,协调人际关系

健身操一般在音乐的伴奏下进行,能调节人的心理,起到身心放松、消除疲劳的作用。同时,男女老少共同活动,能沟通人与人之间的感情,发展愉快而自然的人际关系,达到愉心、健心之目的。

（四）舞蹈

舞蹈(体育舞蹈、街舞、迪斯科)既是一种艺术活动,也是体育锻炼的一种手段。从目前人们所从事的体育锻炼的内容来看,有相当一部分人选择了舞蹈。舞蹈可分为表演性和自娱性两种。前者需要通过专门的训练,是少数专职演员和舞蹈家从事的一种艺术活动;后者则是人们为健身、娱乐、休闲而开展的活动。尤其像体育舞蹈、街舞、迪斯科,深受各年龄层人们的喜爱。我们几乎可以在每个城市的大街上、公园里都能看到进行体育舞蹈、街舞、迪斯科锻炼的人们的身影,在国外许多大城市,由年轻人进行的街舞、迪斯科已成为一道城市文化亮丽的风景线。体育舞蹈(社交舞、国标舞、街舞、迪斯科)如此受到不同年龄层次人们的喜爱,主要是因为以下几点。

1. 不同的需求满足感

与一般体育锻炼不同的是,进行体育舞蹈、街舞、迪斯科锻炼,除了健身以外,还有某种艺术的享受。人们常将这些锻炼内容与从事舞蹈的艺术家联系在一起并加以考虑。加之这些锻炼的内容要求有优美的音乐伴奏、特定的服装装饰,伴随着优美的舞姿,会给人一种艺术的享受。长期坚持的人会在气质上呈现出一些特质,如言谈举止得体、走路形体优美,这些对人的身心和谐发展都会带来非常积极有效的作用。许多家长送子女进行体育舞蹈的训练,其主要目的也是对孩子从小进行身心和谐发展的教育和熏陶。

2. 强烈的时代感

街舞、迪斯科在我国一经出现,立刻以其豪放、自由、节奏感强、即兴发挥并带有强烈的表现欲而受到青年人的喜爱。紧张的工作和学习之余,到迪斯科舞厅跳一场大运动量的迪斯科舞,以消除疲劳、放松身心,是现代不少年轻人的一种生活方式。近年来,随着电脑的普及和开发,跳舞机和跳舞毯吸引了广大青少年,成为市场上的一种健身消费热,同时也为一批经营者带来了丰厚的利润。

（五）球类项目

球类项目(篮球、足球、羽毛球、网球)始终是青少年喜闻乐见的锻炼项目。由于现代科学技术的发展,电视实况转播将世界上如美国NBA、英超、意甲、西甲、网球大师杯赛等同步呈现在人们的眼前,人们在惊叹专业运动员高超的运动技艺的同时,又身体力行地进行着如足球、篮球、羽毛球、网球的锻炼和娱乐。日本动画片《灌篮高手》引发青少年中的篮球热迄今令人记忆犹新。姚明加盟NBA则使国人爆发出对篮球更大的关注。目前在一些大城市,营业性的羽毛球、网球场馆一到周末不预定就没有空位。这些都表明,球类运动始终是大学生等青年人体育锻炼的至爱。

1. 具有一定的技艺和挑战性

球类项目之所以受到广大青少年的喜欢,很重要的一点是球类项目本身是需要一定技艺才能从中得到享受,相对于比较单调枯燥的跑步、缓慢的太极拳等,青年人更喜欢具有技艺、可以充分展现个性的球类项目,虽然出发点不一定是为了健身而是娱乐、休闲,但在娱乐、休闲中,身心得到放松,健康也就是水到渠成的事了。

2. 具有较强的竞争性

球类项目属于对抗性项目。隔网对抗的项目如乒乓球、羽毛球、网球、排球等,主要表现在技术、战术上的竞争,而身体接触的项目如篮球、足球等,则表现在身体、技能、战术整体上的竞争。青年人的心理特点是争强好胜,在这种竞争较为激烈的体育锻炼中,久而久之会培养出一种不畏艰难、勇于挑战的良好品质。这对于他们克服学习上的困难,适应激烈竞争的社会都有着积极的影响。

3. 培养团队协作精神

球类项目大多是一种集体项目,如篮球、排球、足球,需要参加的人员之间配合默契,任何个人行为在集体项目中都会被评价——或得到赞许或失去信任。善于将自己融入集体中的人员往往被群体所认可,反之则受到排斥。在这种群体活动中,不遵守规范行为的人将受到比较严厉的制裁,所以参加者一般都会主动地收敛自己的一些个人行为倾向,尽量使自己与群体保持一致。每一次胜利的获得都会给人以团队协作精神的教育。

(六)野外活动

野外活动就是到大自然中去,利用大自然的条件(山川、河流、森林、高空、风雨、冰雪等)进行身体活动。它包括远足、徒步旅行、自行车旅行、登山、露宿、野营、滑水、划船、滑冰滑雪等活动。这些活动旨在把人们置于自然环境和艰苦生活条件下,以弥补城市生活的种种不足。这几年,野外活动在大学生和青年人中越来越受到欢迎,究其原因,主要有以下几点。

1. 野外活动可以锻炼人的意志、丰富人的感情、积累生活经验

大自然向人们提供了灿烂的阳光、清新的空气,同时也向人们展现了其艰难峻险的一面。人们可以根据自己的体力和需要,进行各种有益于身心健康的活动和锻炼。野外活动是对人的意志、体力、精神、生存能力的一种考验,负重行走、跋山涉水能够锻炼身体、磨炼意志。在集体活动中,能培养感情,加深友谊,需要人们富于合作和有责任感。在与大自然的接触中,能培养人们理解自然、亲近自然、热爱自然的情感,进而感悟人生,热爱生命,热爱生活。

2. 野外活动可以克服现代城市生活对人体发展的不利影响

首先,生活节奏的加快给人们带来了精神不安和情绪紧张,最好的调节手段是离开工作,到野外去,到大自然的怀抱中去,进行各种身体活动——日光浴、雨浴、风浴、海水浴、爬山、远足等,这对于增强人的体质,提高身体活动能力和适应能力,激发生活热情,调节心理状态大有益处。

其次,城市生活越来越舒适方便,年轻一代生活在优裕的生活条件下,缺乏艰苦环境的

锻炼,缺乏集体生活的体验和独立生活的经历,这对他们的身体和心理品质的培养都是不利的,容易养成怯懦、依赖、无创造性等不良个性。在野外活动中,只有大自然的存在,没有衣来伸手、饭来张嘴的条件,可能会遇到现代化城市生活所意想不到的困难,有时需要忍饥挨饿,有时会遇到风雨雷电的袭击,一切都得靠自己去努力。青少年在野外活动中,可以更加真实地了解自己,看到他人和集体的力量,这有助于培养青少年的责任感、创造精神、独立生活的能力,体验生活的艰辛,认识劳动的价值,培养尊重他人劳动的品格。

近年在一些大城市如北京、上海诞生了一些旨在培养公司员工团队精神的拓展训练。这种拓展训练也是以野外为活动平台,用各种活动和运动来培养员工之间的协作精神,融旅游、休闲、运动、锻炼、教育为一体。可以预料,今后野外拓展训练和体育旅游将日益成为青年人假日生活中一项受欢迎的活动。

三、体育锻炼的方法

体育锻炼的方法是指根据人体的发展规律,运用各种身体练习和自然因素锻炼身体的途径和方式。体育锻炼方法是贯彻体育锻炼原则,达到锻炼身体目的的桥梁。不同的锻炼方法对身体素质的影响亦不同,不同的锻炼项目对身体素质的要求也不同。

体育锻炼的方法

1. 重复锻炼法

在身体锻炼过程中,一次又一次地做多次动作来增加负荷的方法叫重复锻炼法。重复的次数和时间,是决定健身效果的关键。确定和调节重复的次数和时间,应考虑项目特点和身体的承受能力。

重复次数不同,对身体的作用也不同。重复多少次以及如何重复才能取得增强体质的良好效果,这是个方法问题,也是个计量问题,应视目的而定。运用重复锻炼方法时,要注意克服厌倦情绪,防止机械呆板。

2. 间歇锻炼法

间歇锻炼法是指严格规定每次练习的距离、强度及各次练习的间歇时间。间歇锻炼由于对练习强度及间歇时间严格规定,往往不等身体器官功能有足够的恢复就又开始下一次练习。因此,对机体的要求较高,能引起机体的结构、功能及生物化学较深刻的变化,对发展心肺功能及提高抗疲劳能力效果较好。其机制主要在于:在训练及间歇期内使心脏处于最佳输出量状态,对心脏容积及射血功能有较好的锻炼作用。随着心脏功能的增强,机体吸氧水平也有明显提高。从心率和心输出量的关系看,成年人心率在 120 次/分~180 次/分为最理想,在这一幅度内的每搏输出量及氧气运载量均达最佳效果。间歇时间的长短要根据自己的身体状态和锻炼负荷而定。运动水平低、负荷大,间歇时间就长些;相反,则可缩短。一般在 40~90 秒之间为宜。间歇时间里不要使脉搏低于 120 次/分即可再次锻炼。

3. 持续锻炼法

持续锻炼法是指强度较低、持续时间较长的练习,主要用于锻炼心肺功能和有氧代谢能力,如健身走和健身跑。由于机体植物性器官功能惰性较大,约需在运动开始后 3 分钟才能发挥最高功能水平。因此,发展有氧代谢能力,练习持续时间要在 5 分钟以上,甚至可能持续到 20～30 分钟。

健身走包括普通散步法和快走法。每次步行锻炼时间应不少于 30 分钟,健身走的时间一般最好选择在清晨、傍晚,也有人利用下班或上学的时间,既锻炼了身体又合理利用了时间。健身走最好在空气新鲜的环境里。健身走不是一般的走步,一定要注意挺胸、抬头、收腹、两臂协调摆动。

健身跑一般采用均速慢跑,要尽可能在富有弹性的土地上进行,持续时间不少于 5 分钟。

适宜的锻炼负荷强度是取得锻炼效果的重要因素。经国内外不少学者研究,耐力锻炼项目用心率控制强度最为普遍。如德国的克莱斯提出的耐力负荷适宜强度公式是:

适宜强度负荷＝(本人最高心率—运动前安静心率)÷运动前心率

一般耐力锻炼,还可采用以下方法:

脉搏减算法:把脉搏 170 次/分减去本人的年龄数。比如 30 岁的人跑步,脉搏可在 170－30＝140 次/分。学生早晨跑步锻炼强度一般不宜过大,脉搏可控制在 130～150 次/分。

4. 变换锻炼法

变换锻炼法是指在变换练习环境、条件和改变练习的强度、速率、时间,以及动作组合的情况下进行练习的方法。能使有机体产生适应性变化,从而增强机体的能力和提高在不同的条件下完成动作的能力。

5. 综合锻炼法

在身体锻炼过程中,为了促进身体各部位的全面发展而把对身体各个部位有不同作用的几个或几十个动作项目搭配起来,形成一个可影响身体几个部位乃至全身所有部位进行运动的方法,叫综合锻炼法。

综合锻炼的依据是学生身体的全面发展。对大学生来说,既要发达四肢,又要发达躯干;既要运动胸背部,又要运动腰腹部。要促进身体的形态机能能力的全面发展,必须要综合锻炼。

第三节　评定体育锻炼效果的方法

一、体育锻炼效果的基本生理指标评定

(一) 心率(或脉搏)的评定

心率是指心脏每分钟跳动的次数。正常成年人心率为 60～100 次/分,心率可用听诊器在心脏表面直接测定,也可用其他仪器测定。在体育活动中心率次数也可用脉搏次数表示,脉搏可用手在桡动脉、颈动脉和足背动脉直接测定。

用心率监测运动强度是一项比较灵敏的指标,而评定体育锻炼的效果却不太敏感,短时间体育锻炼的效果不可能通过心率表现出来。只有长期从事体育锻炼取得较明显的效果

时,心率的良好变化才能显示出来,而一旦从心率表现出良好的机能变化,说明体育锻炼的效果已非常明显。

(二)血压的测定

血压是指流动的血液对血管壁的侧压力,一般常指动脉血压,血压值随心动周期的变化而有不同。动脉血压的最高值为收缩压,正常值为 110～140 毫米汞柱;最低值为舒张压,正常值为 60～90 毫米汞柱。血压可用血压计和听诊器测定。

体育锻炼时血压的变化较大。体育锻炼对血压变化的良好影响要经过长时间的锻炼才能表现出来,因此在评定锻炼效果时,要考虑血压变化的这一特点。对于高血压患者和老年人,要经常注意观察血压的变化。对于一般体育锻炼者,则多在定量负荷后测定血压,以便对心血管机能进行综合评定。

(三)肌肉力量的评定

肌肉力量是指肌肉收缩产生的张力,不同肌肉群、不同关节角度和不同收缩速度产生的肌力,也可测定身体承受一定负荷的重复次数。

肌肉力量是一项比较敏感的指标,短时间体育锻炼后,特别是有针对性的力量练习后,肌肉力量就会明显增加。因此,肌肉力量可用于短时间体育锻炼的运动效果评定指标。应用肌力指标评定锻炼效果,最好在力量练习后的几天,或一周后进行,因为在力量练习后的第二天。可能会由于身体疲劳或肌肉疼痛而影响评定效果。

(四)呼吸频率的测定

体育锻炼后呼吸频率的变化可以在很大程度上反映肺通气功能的变化,人体安静时呼吸频率为 12～16 次/分,体育锻炼时呼吸频率明显增加。呼吸频率可以通过胸廓的起伏次数测定。

呼吸频率受心理因素的影响较大,如果直接告诉受试者测定呼吸频率,往往会由于受试者注意力过于集中而有意识地控制呼吸频率。所以,在测定呼吸频率时最好通过转移注意力的方法测定。如在测量心率的同时,测定呼吸频率,或在受试者不知道的情况下测定,以免由于心理因素的干扰而影响测定结果。

(五)体育锻炼时间的评定

评定体育锻炼的运动时间一般是指在一次性体育锻炼过程中从运动开始到感到疲劳而停止运动的时间,主要是通过锻炼者的主观感觉去判断疲劳、终止运动。由于这一指标是通过锻炼者自己去感受,所以,锻炼者在应用时,应做到前后一致,以保证客观性。

用运动时间评定体育锻炼效果也是比较敏感的,一般通过短时间(两周左右)的体育锻炼,运动时间就可延长。另外。在应用这一指标时,也可用同样的锻炼时间而身体的不同感觉评定锻炼效果,如果同样的运动时间,而身体的疲劳反应程度小,说明身体机能有所提高。

二、安静状态下体育锻炼效果的生理指标评定

(一)评定锻炼效果的安静状态

用于评定体育锻炼效果的安静状态可分为两种,一种是指平时不运动的一般安静状态,

另一种是特指清晨起床前的安静状态。

1. 一般安静状态

一般安静状态是指人体相对不运动的状态,是评定运动效果常用的一种机能状态。为评定体育锻炼效果而要测定某项生理指标时,应排除运动、情绪波动、疾病等因素的影响,而且最好不在体育锻炼前后进行,以避免由于体育锻炼后恢复时间的不同对测定结果产生影响。对于一些受心理因素影响较大的指标,如呼吸频率、血压等,最好控制其影响因素。

2. 清晨安静状态

清晨安静状态是指人体在早晨清醒、空腹、起床前的安静状态,由于在这种状态下十分接近人体的基础状态,所以在测定人体的各种生理指标时,受内、外环境的影响因素较少,因而更能客观反映体育锻炼对人体生理机能的影响。

(二)安静状态下评定体育锻炼效果的生理指标

1. 心率

长期体育锻炼后安静时心率下降是身体机能的良好反应,这是由于体育锻炼增加了心脏的收缩力量,使安静时心脏每次收缩射出的血量增多,在心输出量不大的情况下,心脏每分钟收缩的次数就会减少,这种变化对心脏的工作是有利的。一些优秀的耐力性运动员安静时心率为 50~60 次/分,最低者仅为 30 次/分。在安静时心率下降的同时,表现出心脏的收缩功能强,潜力大,但应用这一指标评定锻炼效果时,仅适合于从事以有氧运动为主的人,进行力量和速度锻炼的人,身体机能提高,但安静时心跳频率并不一定下降。

2. 血压

体育锻炼对不同人血压的影响有所不同,在评定体育效果时应考虑这一特征。一般来说体育锻炼后,安静时收缩压和舒张压下降是生理机能的良好反应,血压下降说明体育锻炼提高了血管弹性,使血管缓冲血压变化的能力增强,这对于老年人来说尤为重要。同时,体育锻炼对一些低血压患者来说,却可以使血压增高,这主要是由于体育锻炼增加了心脏收缩力量的作用。所以,体育锻炼可对血压具有双向调节作用。

3. 肌肉体积

评定体育锻炼后效果的运动系统的主要指标是肌肉体积,经过体育锻炼后肌纤维增粗。肌肉体积增大,说明体育锻炼对肌肉产生良好影响。测定肌肉体积变化的简单指标是测定臂围和腿围的变化,但具体测定时可能会由于体育锻炼减少了皮下脂肪含量而使肌肉体积增加不明显。所以,使用肌肉体积评定锻炼效果时,最好同时测定体重、臂围和肌肉力量等指标的变化,进行综合评定。

4. 肺活量

肺活量是衡量肺通气功能变化的一项理想指标,对评定青少年的生长发育尤为重要,体育锻炼后肺活量增加是机体机能反应的适应性变化。同时,可测定胸围差的变化,胸围差是指吸气末胸围和呼气末胸围的差值,胸围差越大,说明呼吸功能的潜力越大,表明体育锻炼的效果越好。

三、定量负荷状态下体育锻炼效果的生理指标评定

（一）常用的定量负荷形式

在安静的状态下，体育锻炼对身体机能的影响并不能完全显示出来，无法客观、全面地评定体育锻炼效果。因此，在评定运动效果时还应施加一定的活动强度不大的定量负荷。用于评定体育锻炼效果的定量负荷形式主要有：

1. 30 秒 20 次起蹲

预备姿势时，要求锻炼者身体直立，呈立正姿势；听到开始口令时，以每 1.5 秒钟 1 次的频率做起蹲动作，下蹲时膝关节呈 90 度夹角，连续做 20 次，体育锻炼后即刻测受试者的脉搏、血压、呼吸频率等，以评定受试者的身体机能。也可在体育锻炼后 5 分钟内连续测定，根据恢复时间评定运动效果。

2. 台阶试验

受试者以一定的频率上下特制的台阶，频率和台阶高度可根据锻炼者的具体情况而定，一般台阶高度在 40～50 厘米之间比较合适，一旦确定了台阶试验的频率、高度和时间，就应该保持前后测定方法一致。这种测定方式最著名的就是评价心血管机能的哈佛台阶实验：哈佛台阶试验是一种用于测定心功能的简便易行的定量运动试验方法。试验方式如下：

（1）受试者以 30 次/min 的频率上下一定高度的台阶（男子 50 cm，女子 42 cm），持续运动 5 min。如果中途有连续 20 s 不能跟上，则令其停止运动，并记录运动时间。

（2）计算指数，哈佛指数＝$1500 \times 100/(f1＋f2＋f3)$，f1、f2、f3 为恢复期第 2、3、4 分钟每分钟前 30 秒的脉搏。

（3）评定：指数越大机能越好，指数小于 55，差；55～64，中下；65～79，中上；80～90，良；大于 90，优。

3. 习惯的体育锻炼方式

体育锻炼者也可以选择体育锻炼中常用的运动方式，如长跑者可在规定的时间内跑 2 000～3 000 米、健美爱好者以一套健美操为单位，在体育锻炼后测定受试者的各项身体技能参数。但在确定运动负荷时，强度不能过大，一般相当于自己最大能力的 60％，而且，不同时期的运动强度应该是一致的，强度过大，就失去了定量负荷的意义。

（二）定量负荷状态下体育锻炼效果的生理指标评定

1. 心脏

经常进行体育锻炼的人在完成定量负荷时，心率的增加幅度比不进行或很少进行体育锻炼的人心率增加的幅度要小。这是基于两个原因：

（1）由于经常参加体育活动，身体的机能得到提高，定量负荷对身体机能的影响相对较小，心脏本身的反应就小。

（2）经常进行体育锻炼的人在体育锻炼时主要靠增加每搏输出量适应肌肉工作，而从没有或很少进行体育锻炼的人主要靠增加心率适应肌肉工作，心率的过分增加反而会使心输出量下降。

因此,心脏功能提高的表现便是在定量负荷后心率下降。

2. 血压

定量负荷运动后血压的变化有不同的反应,其中以收缩压升高、舒张压下降、脉压差增加为锻炼效果最好。收缩压升高,表明心脏收缩力量增加;舒张压下降,说明外周阻力减少;脉压差增加则表示流向肌肉等外周组织的血流量增加。运动后收缩压、舒张压都上升,但脉压差升高,也是心血管机能提高的表现。反之则说明身体机能较差。

3. 肺通气量

通过体育锻炼,在完成同样的运动负荷时,肺通气量不变或下降,这表明身体机能提高。在进行定量负荷后,身体出现了机能节省化,即用比以前小的机能反应就能完成同样强度的工作。而且,当身体机能提高后完成运动负荷时,呼吸深度增加明显,而呼吸频率适度增加。

4. 恢复时间

体育锻炼提高人体生理机能的另一个表现是在完成定量运动负荷后,各项生理指标的恢复速度明显增加。在进行运动效果的生理评定时,可选择部分简单的指标,如心率、血压等。如果经过一段时间体育锻炼后,恢复时间缩短,则表示所进行的体育锻炼提高了人体的生理机能。

第五章　球类运动

第一节　足球运动

一、足球的魅力与奥妙

足球这个堪称世界第一运动的"旋转的地球",以它特有的魅力牵动着亿万人的心。没有人能否认足球是人类最伟大的发明之一。足球发源于中国,早在 3 600 年前的殷代,就有了足球舞。"蹴鞠"在战国时代就盛行。现代足球发源地在英国。

当人类将自己与生俱来的攻击本能、对抗技巧与游戏冲动以如此巧妙的方式结合在一起时,小小足球就迅速渗透到政治、经济、军事、文化等人类生活之中。它如一只看不见的"上帝之手"影响着人们的生活。

足球运动是世界上开展最广泛的运动项目之一,目前,参加国际足联的国家和地区已经达到 198 个,国际足联已成为世界上规模最大的单项体育组织。足球虽小魅力大,足球虽小奥妙无穷。仅以踢球来说,就有几十种踢球方法,踢出的球方向、角度、远近、力量、旋转状况变化多端。

踢球技术动作包括助跑、支撑、摆腿、击球和踢球后的身体随前动作 5 个部分,其中技术的关键环节是击球。足球比赛中常见的击球方法有摆击(髋关节为轴,大腿带动小腿的大摆幅踢球方法。特点是出球力量大、速度快,适用于中远距离的传球和射门)(图 5-1-1)、弹击、抽击、推击、敲击等。

根据美国专家研究,用脚背踢球,脚的运行速度可达 64.2 m/s,球出脚速度可 91.7 m/s。

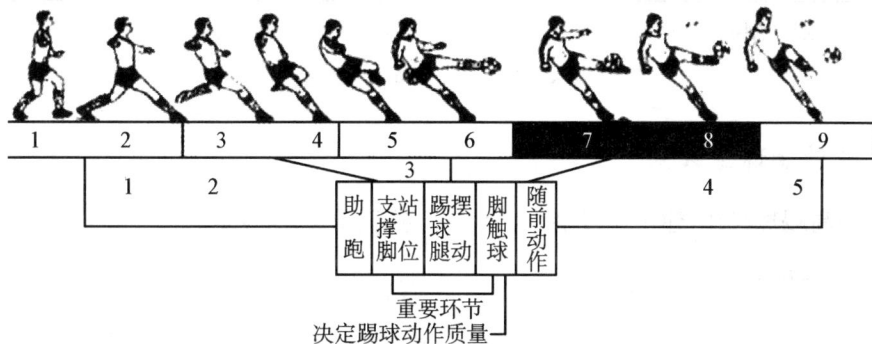

图 5-1-1

踢球准确性,主要取决于作用力方向和击球力量大小。

击球者在球的右中部,作用力通过球心,作用力方向朝正前方,踢出的球则向前平直方向运动。

击球点在球的右中部,作用力通过球心,作用力方向朝着斜前方向上方,踢出球侧偏高。

击球的作用力不通过球心时,可使球产生旋转,并且在空气阻力作用下绕自身的旋转轴呈弧线运动,这就是弧线球,球的旋转形式有多种。

弧线球也称弧圈球或"香蕉球",即球在空中的运行轨迹像香蕉那样略弯。产生弧线球的原因是球在空中旋转,带动周围空气也随着球的表面而转动,因而形成环流,对球产生一定压力。按照流体力学中"流速越快,压力越小,流速越慢,压力越大"的规律,球旋转的性质不同,引起空气压力不同,对球产生的压力也不同。脚背正面抽踢出现前旋球,脚背内侧搓踢出现回旋球,用右脚脚背内侧去踢球中心右侧,则出现向内侧旋转的弧线球,用右脚脚背外侧去踢球中心左侧,则出现向外侧旋转的弧线球(图5-1-2)。

前旋球　　　　回旋球　　　　内旋球　　　　外旋球

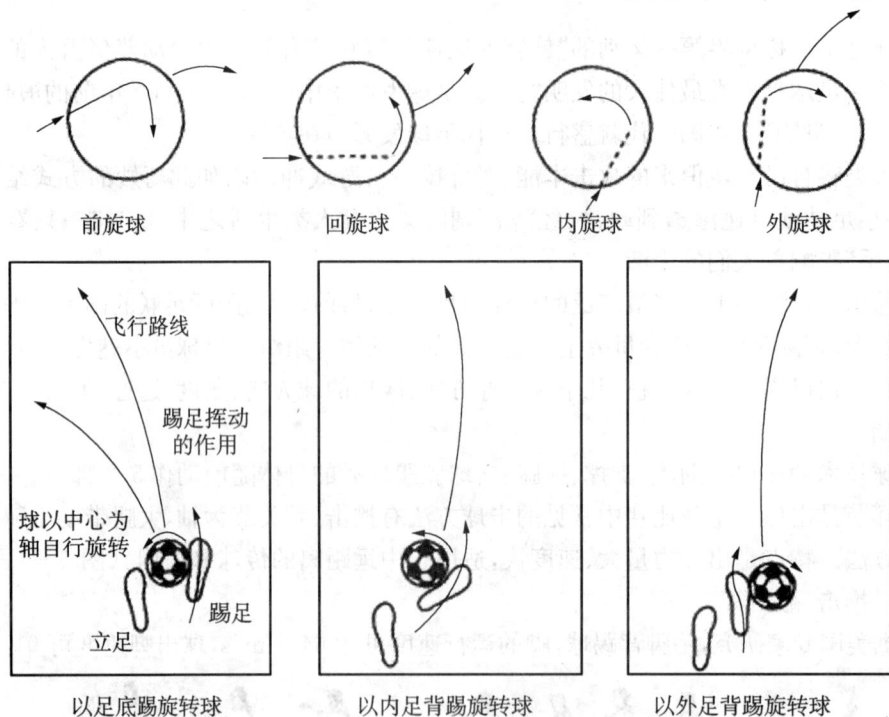

以足底踢旋转球　　　以内足背踢旋转球　　　以外足背踢旋转球

图5-1-2　弧线球原理图解

二、先让足球踢起来

为了提高踢球兴趣,建议通过游戏,学习一些简单的踢球技术。

(一)方法示例

1. 方形抢截

在方形场地上,在四角外4~5人相互踢直传、横传球,场地内有两人在移动中抢断球,凡球被触及或抢截即互换角色(图5-1-3)。

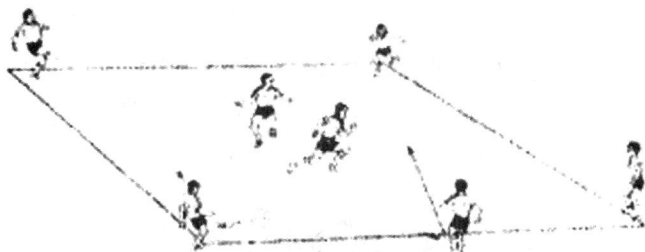

图5-1-3 方形抢截

2. 通过封锁区

人数相等的两队分别站在本方场区线外。每队在封锁区各设两根间距1m的标杆。要求直线运球接近标杆,再围绕标杆作8字运球,通过封锁区后,即用地滚球从两球杆间将球传给下一人。

3. 人盯人抢截

两队各4~5人,在规定的范围内进行抢截。获球一方可自由进行踢、传接、停动作,使对方抢截不成(图5-1-4)。

图5-1-4 人盯人抢截

4. 盘带球

用几种方法盘带球,看谁盘带时间长(见图5-1-5)。

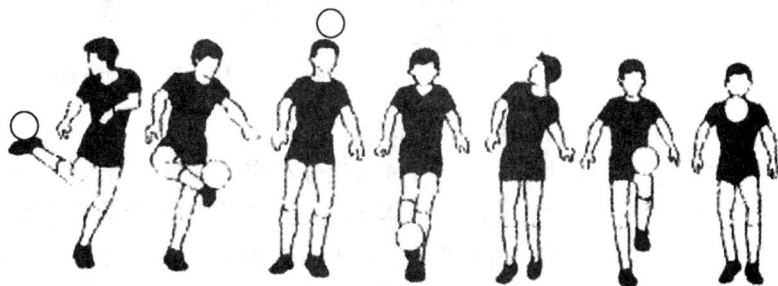

图5-1-5

(二)实践指导

按上述要求,每个参与者必须完成传、接、运和抢断球,如果做这些技术动作有困难,请接受以下指导。

1. 踢球

踢球是运动员在目的地用脚的某一部位将球击向目标的动作方法。比赛中主要用于传球和射门。踢球动作中击球时的脚部位置可分为：脚内侧、脚背正面、脚背内侧、脚背外侧、脚尖、脚跟踢等几种方法（图5-1-6）。

图5-1-6 脚背踢球

脚背正面踢定位球：踢球腿以髋关节为轴；大腿带动小腿前摆，当膝关节摆至接近球上方时，小腿加速前摆，当脚触球一刹那，脚背绷直，脚趾扣紧，以脚背正面击球后中部。特点是摆幅大、摆速快、力量大，比赛中主要用于射门。

2. 接球

接球是指运动员有目的地用身体的合理部位来接球，以便更好地处理球。接球是为传球、运球、过人和射门服务的。良好的接控球能力是成功实施进攻战术的关键。

接球的主要部位有脚部、胸部、大腿等。如脚内侧接地滚球，这一动作类似脚内侧踢球动作，接触球前，摆动腿稍前迎，在脚与球接触的刹那稍后撤，以缓冲来球（图5-1-7）。

脚内侧接地滚球还可用推压式。接球脚以脚内侧推挡球的后中上部，同时膝盖稍向前压，上体稍前倾。推挡的力量要根据来球的速度决定。

3. 运球

图5-1-7 脚内侧接地滚球

运球是指运动员在跑动中用脚推拨，使球保持在自己控制范围内的连续触球动作。利用合理的运球动作越过对手叫过人。运球及运球过人是运动员控球能力和个人进攻能力的集中体现，是为完成战术配合和个人突破服务的。

比赛中常用的运球方法有脚内侧运球（图5-1-8）、脚背正面运球、脚背内侧运球和脚背外侧运球，常用的是后两种。常用运球动作有推、拨、扣、拖、挑等。运球时要注意抬头观察场上情况；用力不宜过大，使球始终处于自己的控制范围内；跑动要自然放松，步幅小、重心低，上体稍前倾，随时准备加速和变换方向；遇对手争抢时还要注意用身体掩护球。

4. 抢断球

抢断球是在规则所允许的条件下,把对方控制的球抢夺过来或破坏掉它是球队转守为攻的积极手段,是运动员个人防守能力的综合体现。抢断球的方法包括正面抢球、侧面合理冲撞抢球、侧后铲球。正面跨步抢球:面对球,两脚前后开立,屈膝、重心下降。当对手运球脚触球后还未着地的刹那,一脚用力蹬地,另一脚屈膝以脚内侧部位对着球跨步伸出,上体前倾,身体重心迅速移至抢球脚上,支撑脚快速跟上再支撑(图5-1-9)。

图5-1-8　脚内侧运球

图5-1-9　跨步抢断球

三、在射门游戏中学会踢球

足球是一项集体性项目,其最终目标是采用不同方式,在激烈的竞争中将球踢入对方球门。

为了把球踢入球门,个人技巧是个重要条件。不妨在游戏中学习掌握一些技术。

(一)射门游戏示例

1. 接球—运球过杆—射门

练习者在距球门30 m处,排成一行,每人一球,依次运球绕杆至禁区附近时用力射门,要求准确(图5-1-10)。

图5-1-10　运球绕杆射门

2. 两人交叉跑动射门

A和B站在一条线,A将球横传给B,B运球斜着向前跑,A从B背后交叉穿过,边跑边接B传球,A接到球后,将球向底线传给B,B在快速跑动中突然射门(图5-1-11)。

3. 停球后射门

练习者在距球门约30 m处排成一行,教师站在禁区附近向练习者踢出高球,要练习者用胸或脚停住，然后起脚射门。

4. 利用篮球架射门

用篮球架两立柱充当球门，两队各 3～4 人对抗。中圈开球后只能在三分球弧线外，用脚踢或头球射门。球出边线继续比赛，如出端线由对方在端线踢定位球或掷界外球，此时可直接射门得分。

（二）实践指导

在上述射门游戏中，可遇到掷界外球、头顶球、胸停球等一些技术，请接受如下指导：

1. 跳起顶球

跳起顶球可采用双脚、单脚和转身起跳等方式，在原地或在助跑过程中进行。起跳时双腿和双脚有力蹬伸，挺胸展腹使身体成背弓，然后迎球收腹、折体、甩头，在高点用前额正面将球顶出。可以从在原地做模仿练习开始练起（图 5 - 1 - 12）。

图 5 - 1 - 11　两人交叉跑动传球射门

① ② ③ ④

图 5 - 1 - 12　跳起顶球

2. 掷界外球技术

正确的掷界外球方法是两手持球于头后，身体面向场内，两手用力，将球经头上一次掷入场内。掷球时任何一脚不能离开地面。

3. 胸停球

胸停球动作分两种，挺胸停球和收胸停球。来球较高，弧线较大的球适合用挺胸停球，来球速度较快或比较平直的球用收胸停球最好。因此，在做停球动作时，应根据来球的性质，正确选用停球方法，这样才能收到理想的效果。

4. 踢空中球

踢空中球难度较大,为了保证击球力量和稳定性,多采用脚背正面踢球。踢球时要判断好球的飞行路线。如身体侧对来球方向,摆动腿应高抬,以大腿带动小腿,用正脚背击球的后中部。

四、足球比赛的战术

足球比赛的最终目标是让每个队员在规则下采用不同踢球方式和攻防战术,将球踢入对方球门。因此,合理的布阵与战术配合是必须的。战术的运用要在比赛中体现。

(一)简单的竞赛方法

1. 半场多球门比赛

利用 1/2 足球场,摆放四个栏架当球门,不设守门员,各队由 7~9 名队员组成,最好设有明显标记,可要求各队守卫两个球门,规定双方只要将球射入任何一个球门都算得分,球出边线由对方掷界外球,出端线则由对方在端线处发定位球。

2. 小场地比赛

可在篮球场或其他不标准场地进行,一般不准踢高球、远射,界外球改用脚踢。人数可根据场地大小而定。主要是熟悉基本技术和基本规则,重点是运用足球战术。

3. 全场比赛

全场比赛与正式比赛条件基本相似。一般可将比赛分 3~4 节,每节 20~30 min,可以随时停止比赛,及时讲解战术。

(二)实践指导

在比赛中理解规则和战术出现问题时,可接受如下指导:

1. 战术

足球战术是指在比赛中,为了战胜对方,根据主客观实际情况所采取的行动。

2. 足球比赛阵型排列

是指队员位置排列,攻守力量搭配和队员分工。

(1)"四二四"式:按 4 个后卫、2 个前卫和 4 个前锋配备阵型,主要特点是既加强进攻又稳固防守,强调攻守平衡。

(2)"四三三"式:按 4 个后卫、3 个前卫、3 个前锋配备阵型,主要特点是便于在密集防守的基础上,采取以快速反击为主的进攻方式。

(3)"一三三三"式:按 1 个自由人、3 个后卫、3 个前卫、3 个前锋配备阵型,主要特点是强调全体队员配合的灵活性。

(4)"三五二"式:按 3 个后卫、5 个前卫、2 个前锋配备阵型,主要特点是有利于加强中场,5 个前卫进可攻,退可守。

3. 个人进攻战术

个人进攻战术包括跑位、传球、运球突破和射门。

（1）跑位：跑位是在比赛中有目的地进行跑动，对完成全队战术配合，起着重要作用。跑位分为切入跑位等。不论哪种跑位，都要掌握好跑位时间、方向和地点。

（2）传球：传球是组织进攻、变换战术和创造射门机会的有效手段，传球的目的有两个：一个是向同伴脚下传球，一个是向空档传球。传球要求准确。

（3）运球突破：运球突破是个人进攻战术动作，它可以在局部地区造成以多打少的人数优势，运球突破最后一道防线，既可直接破对方球门，也可为同伴制造射门得分的机会。运球过人突破防守的方法有强行突破、假动作过人突破等。

（4）射门。

4. 个人防守战术

个人防守战术包括选位与盯人、抢截战术等。

（1）选择合理的防守位置：防守选位的基本原则是进攻队员、防守队员和本方球门中点、3点成一线，并朝着本方球门退却收缩，缩小对方进攻的纵深和空当，在回防过程中要时刻观察场上情况，既要看球又要注视自己的对手，做到人球兼顾，根据进攻队员的位置变化而移动自己的防守位置，使自己始终处于对手与本方球门之间的位置上。

（2）紧逼盯人与松动盯人

在防守过程中要处理好紧逼盯人与松动盯人的关系。通常情况下，盯人时应处在对手与球门之间，且距对手2m左右，向前可截球、抢球，向后可先于进攻队员而得球或干扰对方得到球。

5. 局部进攻战术

"二过一"是简单的经常动用的局部进攻战术，它是指进攻队员利用摆脱或运球过人等动作，在短时间内造成局部地区二对一的局面，这时两个进攻队员通过两次以上的连续传球配合，越过一个防守队员。

"二过一"战术配合的形式主要有以下几种：斜传直插二过一、回传反切二过一、直传斜插二过一、交叉掩护二过一、踢墙式二过一（图5-1-13）。

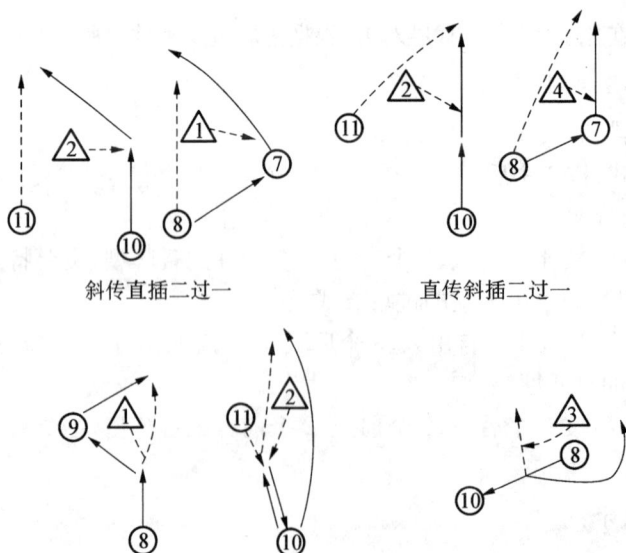

斜传直插二过一　　　　　　　　直传斜插二过一

图 5 - 1 - 13　战术配合形成

第二节　篮球运动

一、篮球运动的起源与发展

篮球运动于 1891 年由美国马萨诸塞州普林菲尔德市基督教青年会训练学校体育教师詹姆士·奈史密斯博士发明。1896 年传入中国。随着篮球运动的发展，为了提高业余训练水平和加强各国之间的业余比赛，1932 年 6 月 18 日在瑞士日内瓦成立了"国际业余篮球联合会"（简称国际篮联），当时只有八个会员国，1936 年第十一届奥运会上男子篮球被列为正式比赛项目。篮球运动有如下的特点：

篮球运动是在严格的、专门的规则限制下在长 28 m，宽 15 m 的长方形场地上进行的一项运动。

篮球运动具有较强的集体性。

篮球比赛的战术，具有复杂性和对抗性。

篮球运动的技术动作能够全面促进身体素质的提高。

篮球运动具有较强的吸引力。

综观现代篮球运动历史的发展过程，现代篮球运动是向高超技巧、高空优势的方向发展。实践证明，要想成为世界强队，必须具备优越的身材、良好的身体素质和高超的技巧。快、高、全、准反映了当前篮球运动总的发展趋势。现总结如下：

继续朝高速度、高空优势和高超技巧方向发展；

比赛是高水平的作风、身体、技术、战术、心理和智力等因素的全面对抗；

攻守技战术更具有攻击性、综合性和多变性；

女子朝男子化方向发展；

明星队员的作用将更加突出；

允许职业运动员参加比赛，必将促进世界篮球运动水平的提高。

二、篮球基本技术

篮球技术是篮球比赛中，为了达到一定目的的专门动作方法的总称，包括进攻技术与防守技术两部分。进攻技术有传接球、运球、持球突破、投篮等；防守技术有防守对手、抢断球、封盖技术等。在进攻和防守中，还有移动、抢篮板球技术。

篮球基本技术

（一）移动技术

移动是篮球多项技术的基础，其关键是控制身体重心的平衡和变化。现将几种常用的移动方法简述如下：

1. 起动、急停

（1）起动：是球员改变静止状态的一种方法。在进攻中突然快速地起动，是摆脱防守的

有效手段。防守时迅速地起动是保持抢占有利位置,防住对手的首要环节。

动作要领:起动前两脚开立,腿呈一定的弯曲,上体稍前倾。起动时以后脚或异侧脚的前脚掌短促有力蹬地,同时上体迅速前倾或侧转,向跑动方向移动重心。在最短的距离内把速度发挥出来(图5-2-1)。

图5-2-1

(2) 两种急停:队员在移动中突然制动脚部动作叫急停。可分为跨步急停与跳步急停。

跨步急停(两步急停)、动作要领:先向前跨出一大步,脚跟着地过渡到全脚掌抵住地面,迅速屈膝上体后仰,第二步着地时,身体侧转,脚尖内旋,用前脚掌内侧蹬撑地面保持身体平衡,重心落在两脚之间。

跳步急停(一步急停)、动作要领:在跑动中,用单脚或双脚起跳,上体后仰,两脚同时平行落地,用前脚掌内侧有力撑地,两膝弯曲,降低重心保持身体平衡。

2. 侧身跑

这是比赛时队员在移动时为了更好地观察场上情况,多用在快攻和防守快攻时的一种跑动方法。

动作要领:向前快跑的同时,头部和上体自然地向有球方向扭转,以便观察场上情况。

3. 变向跑

变向跑是球员在跑动中利用方向的变化完成攻守任务的一种方法。

动作要领:(以从左向右变向跑为例)顺步变向跑时,左脚落地制动,屈膝降低身体重心,用前脚掌内侧蹬地,同时扭腰转胯,右脚迅速向右跨步加速。交叉步变向跑时,左脚落地制动,腰胯向右转动,同时,左脚前脚掌内侧蹬地向右跨步,继续加速跑动前进。

4. 滑步

滑步是防守动作的一项重要移动方法。它易于保持身体平衡,可向任何方向移动。可分为:侧滑步(横滑步)、前滑步、后滑步。

动作要领:(以侧滑步为例)滑步前,两脚左右开立,两膝微曲,上体稍前倾,手背向两侧张开。向左滑步时,右脚前脚掌内侧蹬地,左脚

图5-2-2

向左跨出一步,落地的同时,右脚迅速随同滑行,然后依次重复上述动作,眼要注视对手;向右滑步时,动作相反(图5-2-2)。

（二）接、传球技术

接球技术是篮球比赛中，同队队员相互移动产生的配合，或个人移动制造出战机时，及时地获得球和供给球的一种方法。接、传球技术最直接反映队员的观察与判断，是进攻队员在场上相互联系和组织进攻的纽带，是实现战术配合的具体手段。

1. 接球是篮球运动中的主要技术之一，是获得球的动作，是抢篮板球和断球的基础

（1）双手接球：有双手接胸部高度的球、双手接头部高度的球、双手接腰部高度的球、双手接反弹球、双手接地滚球。以下介绍最常用的双手接胸部高度的球的方法。

动作要领：接球前，手臂可自然前伸，手指自然分开，两拇指呈"八字形"，手指向前上方伸出，两手呈半圆形。手指触球同时，随球后引，屈肘缓冲来球的力量，两手握球，保持身体平衡，做好传球、投篮或突破的准备。

传接球

（2）单手接球（以右手接球为例）

动作要领：两眼注视来球，右臂微曲，手掌呈勺形，手指自然分开，迎着来球的方向伸出，当手指触球时，手臂顺势向后下引球，另一手立即帮助将球握于胸腹之间。

2. 传球

有双手胸前传球、双手低手传球、双手低手向后传球、双手头上传球、单手肩上传球、单手胸前传球、单手低手传球、单手低手向后传球、单手肩上向后传球、单手背后传球、单手体侧传球、勾手传球等。以下主要介绍两种最常用的传球方法：

（1）双手胸前传球：双手胸前传球是基本、最常用的传球方法。这种方法快速有力，可在不同的距离中使用，而且便于和投篮突破等动作相结合。

动作要领：双手持球于胸前，两手五指自然分开，两拇指成八字形（两拇指间的距离随手的大小可变远近），持球的侧后方，手指指根以上部位触球，手心空出，两肘自然下垂，上体稍前倾，两腿自然弯曲地前后站立。传球时，前臂急促地向传球方向伸出，拇指用力下压，食、中指外翻，抖腕拨球将球传出（图5-2-3）。

图5-2-3

（2）单手肩上传球：这是一种常用的中、远距离传球方法，特别在抢到后场篮板球发动长传快攻时运用较多。

动作方法：持球方法与双手胸前传球相同，两脚平行开立，右手传球时，左脚向传球方向跨出，同时双手将球引到右肩侧上方，右手大臂充分后引，左肩对传球方向，重心落在右脚上。传球时，右脚蹬地，同时转体并迅速向前挥臂，手腕前扣，最后通过食、中、无名指的弹拨

下将球传出(图5-2-4)。

图5-2-4

(三)投篮技术

投篮技术是进攻队员为将球投入篮筐而采用的各种专门动作的总称,也是篮球比赛中的主要进攻技术,是唯一的一种得分手段。

1. 单手肩上投篮

是篮球比赛中应用比较广泛的一种投篮球动作,有出手点高、球出手快、便于结合其他技术动作等优点。

动作要领:(以右手投篮为例)左手扶球的左侧,右臂屈肘持球于头右侧上方,大臂与肩关节平行,大小臂约呈90°,肘关节不要外展,两脚前后或左右开立,两膝微屈,重心落在的两脚之间。投篮时,下肢蹬地发力,右臂向前上方举球,将要伸直时,手腕前屈,食、中指用力拨球,通过指端将球投出,身体随之向前上方伸展(图5-2-5)。

2. 双手胸前投篮

这是较早的投篮方法,虽然出手点低,但易于保持投篮前持球的稳定性,便于和传球突破相结合。远距离适于运用这种投篮方法。女生由于上肢力量较男生弱,比较适合学习这种投篮方法。

图5-2-5   图5-2-6

动作要领:投篮的准备姿势与双手胸前传球的准备姿势基本一致,投篮前将球置于胸前,目视球篮,两肘关节自然下垂,两脚前后或左右开立,两膝微曲,重心落在两脚之间。投篮时,两脚蹬地,两臂向前上方伸出,两手腕同时外翻,拇指稍用力压球,使球通过拇指、食指、中指指端投出(图5-2-6)。

3. 行进间投篮

是进攻或突破防守切入篮下时，最常用的投篮方式。俗称跑篮、"三大步"上篮。以下介绍较常用的两种行进间投篮技术。

(1) 行进间单手肩上投篮动作要领：在运球行进或跑动行进中(以右手投篮为例)，接球的同时右脚向前跨一大步，落地后，左脚向前跨一小步蹬地跳起，右腿提膝高抬，双手迅速举球于右肩上方。右手托球掌心向上，左手扶球，当身体腾空到最高点时，将球投出(图5-2-7)。

图 5-2-7

(2) 行进间单手低手投篮动作要领：在运球行进或跑动行进中(以右手投篮为例)，接球的同时右脚向前跨一大步，落地后，左脚向前跨一小步蹬地跳起，右腿提膝高抬，右手掌心向上托球，并充分向球篮方向伸展，抖腕，食、中指用力拨球，通过指端将球投出(图5-2-8)。

图 5-2-8

运球后
转身＋投篮

4. 跳起投篮简称跳投

它具有突然性强、出手点高和不易防守的优点，可在原地、行进中急停或结合转身一起使用。

原地跳起投篮(以右手投篮为例)动作要领：准备动作与单手投篮基本一样。起跳时，起跳和举球动作同时完成。垂直起跳时，用腰腹力量保持身体平衡。当身体跳起至最高点时或接近最高点时，迅速伸臂，用手腕和手指的合力将球投出(图5-2-9)。

图 5-2-9

5. 运球(或接球)急停跳起投篮

动作要领:在快速运球中,运用跳步或跨步急停,突然向上起跳,同时,两手持球上举,当身体接近最高点时,前臂向前上方伸直.手腕前屈,食中指用力拨球、通过指端将球投出。

(四)运球技术

运球是队员在比赛中携带球移动的唯一方法,是控制、支配球、组织战术配合及突破防守的重要手段。盲目地过多运球,则会贻误战机,影响集体作用的发挥,导致被动。

持球突破

运球技术包括高运球、低运球、运球急停急起、体前变向换手运球、体前变向运球、背后运球、运球转身、胯下运球等。

1. 高运球这种运球,身体重心较高,速度快,便于观察场上情况

动作要领:运球时,两腿微屈,目平视,以肘关节为轴,前臂自然伸屈,用手腕、手指柔和而有力地按拍球的后上方。球的落点控制在运球手臂同侧脚的外侧前方,使球反弹的高度在腰腹之间,手脚协调配合,使球有节奏地向前运行(图5-2-10)。

图5-2-10

2. 低运球当受到对手紧逼防守时,常采用这种运球方法

动作要领:两腿弯曲,重心下降,上体前倾,用上体和腿保护球的同时用手短促地拍按球,使球从地面向上反弹的高度在膝部以下(图5-2-11)。

图5-2-11

3. 运球急停急起

动作要领:在快速运球中突然急停时,采用两步急停,使身体重心降低,手按拍球的前上部,使球停止向前运行。运球急起时,两脚用力后蹬,上体急剧前倾,迅速启动,同时,按拍球的后上部,人、球同步快速前进(图5-2-12)。

图5-2-12

4. 体前变向换手运球（以右手运球为例）

动作要领:运球队员从对手右侧突破时,先向对手左侧做变向运球假动作,然后突然改变方向向右侧运球。变向时,右手拍按球的右后上部,把球从自己的右侧拍按到左侧前方,同时,右脚向左前方跨出,上体左转,用肩保护球,然后换手运球加速前进(图5-2-13)。这是快速超越对手的一种攻击性很强的进攻技术。

图 5-2-13

（五）个人防守技术

个人防守技术是防守队员根据球与对手的情况,合理地运用脚步移动和手臂动作,积极地抢占有利位置,阻挠和破坏对手进攻,以争夺控制球权的一种个人防守动作。

防守战术

1. **防守无球队员** 防守者应与球、被防守者内侧保持三角形站位。防守者到靠近球的区域,面对人侧对球;到远离球的区域,面对球侧对人。

防守姿势:防守者两脚开立,两腿弯曲,身体重心下降,上体稍前倾,积极移动脚步,手臂配合,阻挠对手接球和摆脱。

2. **防守有球队员** 防守者应站在对手与球篮之间。根据持球队员的位置,落位时要截击对手,往边线逼防,阻止变向和超越。

防守动作与防守无球队员大体相同,只是注意与对手要保持适当有利距离。离球篮远时防突破和传球,离球篮近时,除防突、传球外,还要防投篮,要两臂上举挥摆干扰。

3. **抢球技术** 抢球是从进攻队员手中夺取球的方法。抢球时,防守者看准持球者的持球空隙部位,迅速用双手抓住球向后突然拉转,将球抢过来;也可以双手抓住球的同时,双手向前下方转动,将球从持球者手中抢出。

4. **打球技术** 打持球:防守者利用突然上步,用单手由上向下或由下向上以快速准确的动作将对方球打掉。

打运球:在进攻者运球时,当球刚从地面弹起时,防守者突然上步,用靠近球的手将球迅速打掉。

（六）抢篮板球技术

篮板球是获得控制球权的重要来源之一。进攻篮板球的优势,不仅可以增加进攻次数

和篮下直接得分的机会,而且还可以增强本队投篮的信心,同时减少对方发动快攻的机会。防守篮板的优势,不仅能为发动快攻创造有利条件,而且还能给进攻队员投篮造成心理压力。因此,一个球队抢篮板球的能力,对争取比赛主动和比赛胜利都起着重要作用。下面讲述抢篮板球的技术分析及动作方法。

抢占有利位置是抢篮板球技术的关键。无论是抢进攻篮板球还是抢防守篮板球,都应抢占对手与球篮之间的有利位置,力争把对手挡在身后。抢占位置时,应根据对手和投篮队员所处的位置,正确判断篮板球的反弹方向、距离,运用快速的脚步动作,抢占有利的位置。

转身挡人抢位多用于抢防守篮板球,在防守者靠近对手时运用。当对手投篮后,根据对手移动的方向决定转身的方法,转身后把双手挡在身后并贴、靠对手,挡住其移动路线。如果对手距离较远时,则可先上一步,贴近对手再做转身,把对手挡在身后。

第三节　排球运动

一、排球的起源

排球运动始于 1895 年,创始人是美国的威廉·莫根。排球是 1900 年左右传入亚洲的。排球传入亚洲后采用的规则与美国排球规则有很多不同之处,经历了 16 人制——12 人制——9 人制——6 人制的演变过程。

排球在我国有广泛的群众基础,特别受广大青少年的喜爱。20 世纪 80 年代,我国女排在世界杯赛、锦标赛、奥运会世界三大比赛中,连续五次获得世界冠军,一方面极大地鼓舞了全国人民的民族精神;另一方面极大地激发了全民学排球、练排球的热情,在全国形成了轰轰烈烈的全民排球练习热潮。

排球起源与发展

二、基本技术

(一)基本准备姿势和移动

准备姿势＋移动

1. 基本准备姿势

基本准备姿势即半蹲准备姿势(图 5-3-1),在传球、垫球、拦网时运用最多。其做法是:两脚左右开立比肩稍宽,或稍分前后,或平行站立。脚尖稍内扣,脚跟提起,身体的重心放在两只脚掌上。膝关节弯曲,脚不要站死。上体稍前倾,两眼注视前方;两臂放松、两肘弯曲并自然下垂,双手置于胸腹之间。全身适当放松,使身体处于机动状态。

图 5-3-1

2. 移动

移动的目的是为了及时地接近球,保持好人与球的位置关系,以便击球。移动的方法常有:并步法、滑步法、跨步与跨跳步法、交叉步法、跑步法等。

并步法:当来球距身体一步左右时采用并步移动。移动时,左(右)脚根据来球方向先迈出一步,右(左)脚迅速蹬地跟上成击球前的准备姿势。并步可向前后左右各个方向移动,练习时要注意重心不要有起伏,保持好身体平衡。

滑步法:连续的并步即为滑步。当来球稍远、并步不能接近球时,可用连续的快速并步(滑步)接近球。滑步时应注意及时调整身体重心,变换方向要及时,制动要好。

跨步与跨跳步法:当来球较低、离身体2米左右时采用。移动时,一脚支撑并蹬地,另一脚向来球方向跨出一大步,跨步腿屈膝全蹲,上体前倾,身体的重心在跨出的腿上。当来球低而运用跨步不能接近球时,可采用跨跳步。跨跳步是在跨步的基础上,加大后蹬力量使身体有一个腾空过程,前脚落地后迅速屈膝全蹲,后脚及时跟上,上体前倾,准备接球。

交叉步法:在来球离身体3米左右时多采用交叉步移动。实践中二传、拦网、防守运用较多,其特点是动作快、步子大、易制动。向右侧移动时,上体稍向右转,左脚从右脚前向右迈出一步,然后右脚向右跨出一大步成准备姿势。

跑步法:在球离人较远时,常采用跑步法接近球。采用跑步法时要注意边跑边注视球边判断,两臂不可过早地做击球的准备动作,以免影响跑速。

3. 基本技术的练习方法

(1) 在老师的口令下做准备姿势,两脚左右开立比肩稍宽,两腿屈膝半蹲,上体前倾,脚跟稍提起,抬起手臂屈肘置于体前,两眼看球,全身放松,保持待发状态。

(2) 在跑步或走动中听哨音做准备姿势。

(3) 在做好准备姿势的情况下,根据老师指示的方向做并步、交叉步、跨步、滑步等步伐练习。

(二) 发球

1. 正面下手发球

(1) 准备姿势:两脚前后开立,左脚在前,面对球网,两膝微屈,左手持球于腹前。

(2) 抛球:左手将球抛在体前右侧,高20～30厘米,抛球的同时,右臂伸直,以肩为轴向后摆动。

(3) 击球:右脚蹬地,右臂由后向前摆动,身体重心随右手的摆动移至前脚,右手在腹前以全手掌、掌根或虎口击球的后下方。击球时手腕、手指要紧张,击球后顺势入场比赛(图5-3-2)。

① ② ③ ④ ⑤ ⑥

图 5-3-2

2. 侧面下手发球

(1) 准备姿势：左肩对网，两脚左右开立与肩同宽。两膝微屈，上体稍前倾，重心落在两脚之间，左手持球于腹前。

(2) 抛球：左手将球平稳地抛向胸前一臂远、高 40～50 厘米的地方，同时右臂引向侧后方。

(3) 击球：利用右脚蹬地向左转体的力量，带动右臂向前上方摆动，在腹前用全手掌击球的右下方，击球后顺势进场(图 5 - 3 - 3)。

①　　②　　③　　④　　⑤

图 5 - 3 - 3

3. 正面上手发球

(1) 准备姿势：面对球网，两脚前后开立，左脚在前，左手托球于体前。

(2) 抛球：左臂抬起，左手掌托球平稳上送，将球垂直抛向右肩前上方，高度适中。同时右臂屈肘后引，肘与肩平，上体稍向右转，抬头挺胸展腹，重心移至右腿。

(3) 击球：利用右脚蹬地，使身体向左转动、收腹，以腰带肩、以肩带臂、腕，使右臂向前、向上挥摆，在右肩的前上方伸直手臂，用全手掌击球的中下部，触球的瞬间，手腕主动推压，使击出的球成上旋飞行，击球后迅速进场比赛(图 5 - 3 - 4)。

①　　②　　③　　④　　⑤　　⑥

图 5 - 3 - 4

(三) 垫球

1. 正面双手垫球

(1) 准备姿势：正对来球成半蹲准备姿势。

(2) 垫球的手形：垫球的手形有抱拳式、叠掌式和互靠式(图 5 - 3 - 5)。

侧传＋垫球

应用最广泛的是叠掌式。其做法是:两手掌根靠拢,手指重叠,合掌互握,两拇指平行。

(3)击球:在球飞到腰腹前一臂距离时,两臂夹紧前伸插到球下。两脚蹬地,两臂的肩上抬,同时压腕,用前臂腕关节以上10厘米左右的桡骨侧平面迎击来球。随着垫击动作重心前移,在胸腹前一臂的距离处垫击来球的后下部位(图5-3-6)。

抱拳式　　　　叠掌式　　　　互靠式

图 5 - 3 - 5

2. 体侧垫球

在接发球和防守时,身体来不及正对来球,常采用体侧垫球。球向右侧飞来时,左前脚掌内侧蹬地,右脚向右跨出一步,重心移至右脚上,右膝弯曲,两臂夹紧向右侧伸出,左肩微向下倾斜,右臂稍高,用向左转体的动作,两臂由右后方向前截住来球,用前臂垫击来球的后下部位(图5-3-7)。

① ② ③ ④

图 5 - 3 - 6

① ② ③ ④

图 5 - 3 - 7

3. 背向垫球

在球飞得较远时,迅速移动至球的落点,背对出球方向,两臂夹紧伸直,抬头挺胸,展腹后仰,直臂向后上方摆动抬送,在高于肩处将球击出(图5-3-8)。

4. 垫球技术的练习方法

(1)两人一球,甲持球置于乙的小臂击球部位,乙做垫球动作。

(2)两人一球,相距4~5米,一抛一垫。

图 5 - 3 - 8

（四）传球

1. 正面上手传球

（1）准备姿势：稍蹲，上体适当抬起，双肘弯曲，两手置于胸前，两眼注视来球。

（2）手型：当手触球时，两手自然张开成半球状，使手指与球吻合。手腕稍后仰，以拇指、食指全部、中指的第二、三关节触球，承担来球的主要冲力，无名指和小指在球的两侧辅助控制传球的方向，两肘分开，自然下垂（图5-3-9）。

（3）击球：击球点保持在额前上方一球处。在来球接近额前时，蹬地、伸膝、伸臂迎球。击球部位一般在球的后下方，如传平快球可略高点，传高远球可稍低点，背传球可击球的下方。

（4）用力：传球的用力主要靠伸臂、蹬地的力量，通过球压在手上使手指、手腕产生的反弹力将球传出。传球时要根据来球的力量和传出球的远近，适当控制手指、手腕的紧张度（图5-3-10）。

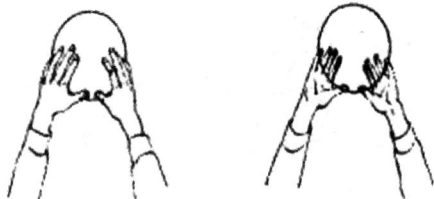
图5-3-9

图5-3-10

2. 背传球

背传球的准备姿势基本和正面上手传球相同。迎球时，抬上臂，上体稍后仰。触球时，手腕适当后仰，掌心向上，击球的下方部位。背传球的用力靠蹬地、展腹、抬臂、伸肘，通过手指、手腕的弹力把球向后上方传出（图5-3-11）。

图5-3-11

正面上手传球＋背传

3. 侧传球

侧对传球方向并向侧面传出的球叫侧传球。侧传球的准备姿势、迎球动作、手型和正面传球相同，击球点稍微偏向传出的一侧。侧传球的用力是双臂向传出方向一侧伸展，传球方向的异侧手臂伸展的幅度要大些,用力也大些,伴随双臂的伸展上体也要向传出方向侧屈(图5-3-12)。侧传一般在二传来不及取位正对传球方向时采用。

图 5 - 3 - 12

4. 跳传球

运动员跳起在空中将球传出叫跳传球。跳传球可加快进攻速度,再结合两次扣球、吊球和转移进攻,能丰富战术变化,在高水平队伍的比赛中广泛采用。跳传球是双臂向上摆动帮助起跳后,顺势将手举在脸前,在身体上升到最高点时,双臂迅速而充分伸展将球传出。跳传球的迎接动作、击球的手形和正面传球、背传球、侧传球都相同,只是击球点较低,便于充分发挥伸臂的力量(图5-3-13)。

图 5 - 3 - 13

5. 传球技术的练习方法

(1)徒手模仿正面上手传球。

(2)两人一球,甲先用正确传球手形持球于额前上方击球点处,乙将一手掌放在球上方,甲做传球练习。

(3)两人一球,甲自抛以正确手形将球传给乙;乙以正确手形在击球点处将球接住,再自抛传球给甲。

(五)扣球

准备姿势站在距球网3~4米处,稍蹲,注意观察传球的方向和弧度,做出助跑准备。

1. 助跑

助跑的目的是为了选择合理的起跳点以接近球,保持好人和球的位置关系。助跑有一步、两步、三步和多步等。以两步助跑为例,助跑时,左脚先向前迈出一步,接着右脚迅速跨出一大步,并用脚跟过渡到全脚掌落地,左脚及时并上,踏在右脚之前,两脚尖稍向右转,身体重心随着下降。

2. 起跳

起跳的目的不仅仅在于获得高度,还为了掌握扣球的时机和选择适当的击球位置。助跑最后一步当左脚踏地的同时后引的两臂应经体侧由下向前、向上摆动。随着双脚蹬地伸膝,两臂有力地屈肘上摆,帮助身体重心向上升起(图 5 - 3 - 14)。

① ② ③ ④ ⑤ ⑥

图 5 - 3 - 14

3. 空中击球

起跳后,要挺胸展腹,上体稍向右转,右臂向后方抬起,身体成反弓形,挥臂时迅速转体收腹,依次带动肩、肘、腕各部分关节成甩鞭动作向前上方挥动,击球时,五指微张开成勺形,以全手掌包满球,击球的后中部位,并主动用力屈指屈腕向前甩腕,使击出的球产生强烈的前旋。击球点应保持在起跳后手臂伸直最高点的前面。近网扣球,击球点应稍靠前,远网扣球,击球点应保持在右肩上方,扣直线球,击球点应靠左,扣斜线球,击球点应靠右(图 5 - 3 - 15)。

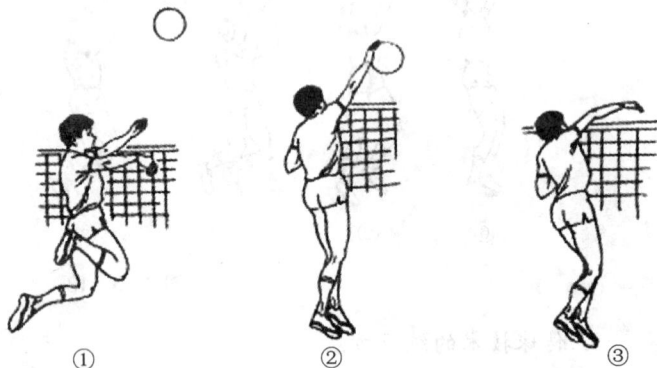

① ② ③

图 5 - 3 - 15

4. 落地

由于击球动作右肩较高,下落时往往是左脚先落地。落地时,以前脚掌先落地,再过渡到全脚掌,并迅速屈膝收腹,以缓冲下落的力量,迅速做好下一个动作的准备。

5. 扣球技术的练习方法

(1) 原地做扣球的引臂、挥臂的模仿练习。

(2) 徒手做一步、二步、三步助跑起跳练习。

(六) 拦网

拦网是排球的基本技术之一,可分为单人拦网和集体拦网两种。拦网技术包括准备姿势、起跳、拦网三个部分。

拦网

1. 准备姿势

面对球网站立,两脚平行开立与肩同宽,距中线 30～40 厘米。两膝稍屈,两臂屈肘自然放于胸前。抬头看对方扣球队员与球的落点。观察对方扣球位置,根据离球的远近,采用并步或交叉步移动的步法接近球的落点,适时起跳。

2. 起跳

重心降低,两膝微屈,用力蹬地,使身体垂直向上起跳。同时两臂夹肘上摆,带动身体腾空升起。起跳后,两手从额前贴近并平行球网向球网上沿的前上方伸出,两臂伸直而肩尽量上提,两臂离网上举(图 5－3－16)。

①　　　　②　　　　③　　　　④

图 5－3－16

3. 拦网

两臂尽力伸过对方网上空,两手接近球,自然张开。当手臂触球时,两手用力下压捂盖住球,使球反弹角度越小越好(图 5－3－17)。

4. 拦网技术的练习方法

(1) 原地做拦网动作,体会手型。

(2) 两人隔网相对,交叉步或滑步移动起跑,网上击掌。

三、排球基本战术

(一) 个人战术

1. 发球的个人战术

根据临场比赛的情况,采用发准确性球控制落点,发攻击性球和不同性能的球,从而达

图 5－3－17

到直接得分和削弱对方进攻战术的目的。加强攻击性发球,尽量准确地发出弧度平、速度快、力量狠、旋转强度大的攻击性球,以破坏对方一传并争取直接得分。

控制落点的发球。可将球准确地发到对方两个队员之间的连接区、前区、后区死角、三角地带或对方交换位置活动区,以破坏对方一传。

发球

2. 扣球的个人战术

根据对方情况,灵活运用个人扣球技术。如避开拦网队员的手,找人、找点扣球,等等。临场时针对对方的弱点实施进攻,力求主动,达到得分和削弱对方进攻的目的。

扣球时避开拦网队员的手,运用线路的变化,灵活采用扣直线、斜线和小斜线等。运用转体、转腕的扣球技术,达到突然改变扣球线路的目的。运用扣球或吊球技术,从拦网队员的手上方进行突破。运用时间差扣球使对方达不到拦网目的。

扣球

扣球时利用拦网队员的手利用打手出界来破坏对方严密拦网。轻扣拦网队员的手,造成球随拦网队员一起落下。

根据临场情况采用的扣球战术运用二次球扣球,或佯传突转扣使对方来不及拦网。找人、找点扣球,找对方技术差者或空当进行扣球。

3. 一传的个人战术

集体战术成功的基础就是一传。多变的集体战术要求有多变的一传个人战术,具体用法有:组织快攻、两次球战术、交叉战术和短平快战术。

4. 二传的个人战术

二传队员是组织全队战术的核心,二传个人战术主要是利用时间差、位置差、空间差和动作的变化为进攻创造有利的形势。二传队员可根据本队的特长组织集中与拉开,近网、中网与远网,弧度高与弧度低等传球技术,组织进攻技术。可根据对方拦网部署,选择拦网薄弱环节强攻。掌握对方心理特点,利用多种战术变化,打乱对方的防守步骤。根据临场情况处理球或调整球。

5. 拦网的个人战术

拦网是被动技术,要变被动为主动,关键在于隐蔽,造成对方扣球队员判断错误而使己方拦网成功。拦网队员可站直拦斜、站斜拦直、正拦侧堵、侧堵正拦,并可运用取位和空中变化的假动作迷惑对方。有时可制造假象,使对方受骗。如假装露出中路空当,引诱对方队员扣中路,待对方扣中路之后突然拦关门球。如发现扣球队员要打手出界或平扣时,可在空中及时将手撤回而造成对方扣球出界。在估计对手扣球威力不大时要防止对方吊球、轻扣等。

(二)接发球及其进攻战术

接发球进攻,简称一攻,一般由一传、二传、扣球三部分组成。接发球进攻战术有三种形式。

1. "中一二"进攻战术

这是进攻战术中最简单、最基本的战术形式,4 号位队员扣球。"中一二"进攻战术的特

点是战术容易组成,但变化少,只能有两点进攻,攻击性弱。由3号位队员做二传把球传给2号位或战术意图容易被对方识破,其突然性和"中一二"战术的应用集中与拉开。二传队员根据临场情况向2号位或4号位队员用忽而集中、忽而拉开的传球迷惑对方拦网,跑动掩护进攻。为了增加战术的突然性,可以通过主、副攻手的跑动、换位和相互掩护,变定点进攻为活点进攻,设法摆脱对方的集体拦网,造成一对一的局面。

2."边一二"进攻战术

接发球时,把球传给前排2号队员,由2号队员传给3、4号队员扣球。"边一二"进攻战术的特点是两个进攻队员可以互相配合,起一定掩护作用,而且可以有较多的战术配合变化,它的攻击性比"中一二"战术强。

(1)"边一二"进攻战术的应用

"边一二"战术形式除组织两人定位、定点扣以外,还可以组织"快球掩护拉开""前交叉""围绕""快球掩护夹塞""梯次""短平快掩护拉开""掩护活点进攻"等战术变化,特别是3号位队员的进攻面大、线路多。

"快球掩护拉开"战术:3号位队员上前扣快球(或做佯攻),掩护4号位打拉开球。

"前交叉"战术:4号位队员扣快球,3号位队员从4号位身后交叉扣一般低球。

"围绕"战术:4号位队员扣拉开球,3号位队员绕到2号位二传队员的身后进攻。

运用"围绕"战术时,2号位的二传队员稍靠3号区站位,做背传球时不宜拉太开。"掩护夹塞"战术:3号位队员扣短平快球(或佯装进攻掩护),4号位主攻队员向内直插起跳扣半高球(俗称夹塞)。"梯次"进攻战术:3号位队员扣球或佯装进攻掩护,4号位队员跑到3号位队员后扣半快球;或4号位队员佯扣,3号位队员扣半快球。"短平快掩护拉开"进攻战术:4号位队员扣短平快球,3号位队员掩护;或4号位队员掩护,3号位队员扣球。

(2)"插上"进攻战术

"插上"进攻战术是指己方一个后排队员在对方发球时,迅速跑到前排担任二传,使前排成为三个人进攻的形式。

①"插上"进攻战术特点它的特点是可组成多种快速多变的战术配合,造成对方拦网判断困难。

②"插上"进攻战术的应用"插上"战术形式中的几种战术变化如下:

中间快球,两边拉开。3号位队员打快球或快球掩护,2、4号位队员两边拉开进攻,这是"插上"进攻的最基本打法,在实战中运用较多。这种打法能充分利用球网的全长组织进攻,可以破坏对方集体拦网,但对方可以组成人盯人的一对一的单人拦网。两边拉开进攻时,4号位可运用一般拉开或平拉开快球,2号位可运用背快球或背平快球。

3.交叉进攻

这是在快球掩护的基础上形成的战术变化

"前交叉"进攻战术:4号位队员内切快球掩护,3号位队员与4号位队员交叉跑动扣球,完成战术配合后自然换位,成死球后各返原位。

"后交叉"进攻战术:3号位队员快球掩护,2号位队员与3号位队员交叉跑动,绕至二传队员前扣半快球或半高球。

4. 梯次进攻

这也是在快球掩护的基础上形成的一种战术。进攻时利用 3 号位队员扣快球或作掩护,另一队员在 3 号位队员的背面起跳扣球。

由 4 号位队员跑动至二传队员面前扣快球,运用快球掩护造成对方拦网起跳,而二传队员改传为平高球,供跟上来的 3 号位队员进攻。

由 3 号位队员跑快球,2 号位队员在其身后扣梯次战术的半高球。

第四节　乒乓球运动

一、乒乓球运动概述

(一) 乒乓球运动的起源

据传说有多种说法,根据国际乒联等有关资料分析,乒乓球运动在 19 世纪末创始于英国,是由网球运动派生而来的说法比较可靠。据悉 1890 年有位名叫詹姆斯·古布 (James·Cobb) 的英国著名越野跑运动员到美国旅行,偶然发现了一种用赛璐珞制成的空心玩具球,弹性好。于是他稍加改进后,代替了过去的软木和橡胶,拍子改为木拍,因为拍击球时发出的乒乓声,人们就此起名为乒乓球,并逐步在英国和世界范围流行并推广。

(二) 世界乒乓球运动的发展

综观乒乓球运动的发展历史,主要是球拍工具的不断革新,使球在速度和旋转技术方面不断变化并向前发展的过程。从 1926 年第一届世界乒乓球锦标赛到现在,乒乓球运动的发展可概括为以下几个阶段:第一发展阶段,欧洲全盛期;第二发展阶段,优势转向亚洲,日本长抽打法称霸乒坛;第三发展阶段,中国直拍近台快攻打法登上世界乒坛;第四发展阶段,欧洲乒乓球的复苏;第五发展阶段,跨入奥运时代,欧亚竞争更激烈。

(三) 中国乒乓球运动的发展

乒乓球运动大约在 1904 年进入我国,在旧中国时期(1916)只在上海、北京、天津、广州等几个大城市的教会中开展,一般市民无缘入内。新中国成立以后,在党和政府的亲切关怀下,我国乒乓球运动进步很快。1953 年我国首次参加了第 32 届世乒赛,1959 年我国运动员容国团第一次获得世锦赛的男子单打冠军,这是一个历史性的突破。我们认真总结了经验,在抓好提高的同时,也要抓好普及,保证我国的后备力量不断,加快了对新人的培养,为开创世界乒乓球技术的新高奠定了基础,为中国乒乓球再创辉煌打下了坚实基础。在 1995 年的第 43 届世乒赛和 1996 年的奥运会上我国乒乓球运动员奋力拼搏,又一次囊括了全部比赛项目的冠军,为我国乒乓球运动几十年长盛不衰添上了圆满的印证。

二、乒乓球运动的基本技术

（一）基本站位

1. 站位特点与作用

站位是指运动员与球台之间所处的位置,基本站位是指一个范围,而不是某个固定点。不同打法的选手其基本站位就会不同。比赛中运动员站位是否合理对其技战术水平的发挥有着直接关系(图5-4-1)。

运动员打法类型不同,基本站位各不相同。运动员各自特点不同,基本站位也不相同。根据对方运动员的打法特点不同,其站位也不相同。

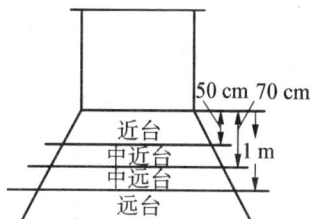

图5-4-1

2. 握拍法

（1）握拍法的特点与作用　乒乓球的基本握拍有两种,一种是直握球拍,另一种是横握球拍。根据个人身体条件、兴趣爱好、技术特点可选择一种适合自己的握拍法。

直握拍法:一般是拇指、食指自然弯曲,以拇指第一关节和食指第二关节压住球拍的两肩,两指间距适中,中指、无名指、小指自然弯曲斜形重叠,以中指第一关节偏左侧托于拍背面上1/3处或中指,环指微屈,同时压住拍面(图5-4-2)。

图5-4-2

横握拍法:一般虎口压住球拍右上肩,拇指和食指自然弯曲,分别握在拍身前,后面中指、环指、小指弯曲握住拍柄。如正手攻球时,食指在指身背后,应稍向上移,反手攻击时,拇指稍向上移(图5-4-3)。

图5-4-3

正手攻球

（2）练习方法　示范讲解动作技术,边听、边徒手模仿,力求掌握规范的握拍方法。采用正确的握拍法进行挥拍或垫球练习,体会握拍法的不同要求。分组练习,采用规范的握拍方法上台练习,发现问题及时纠正。

3. 基本步法

这是运动员在打球过程中最基本的动作。只有灵活的步法移动,才能保

握拍方法

证回击对方的来球。正确的准备姿势,两脚平行站立提踵,前脚掌内侧着地,两脚间距与肩稍宽,两膝微屈内扣,上体略前倾,重心落在两脚掌上,两眼注视来球,持拍手臂自然弯曲,球拍在腹前距身体 20~30 cm,肘略外张,手腕放松,随时起动。

(1)跳步

一脚前掌内侧用力蹬地,使两脚离地向前后、左右方向跳动,在来球极快、角度较大情况下采用这种方法击球(图 5-4-4)。

(2)跨步

来球方向的异侧脚前掌内侧用力蹬地,同侧脚向来球方向侧跨一大步,用于回击速度快,角度大的来球(图 5-4-5)。

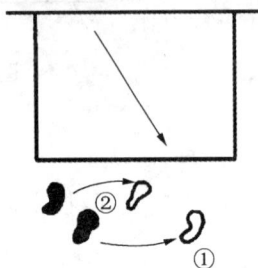

图 5-4-4

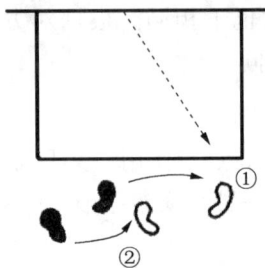

图 5-4-5

(3)单步

一脚前脚掌内侧蹬地,另一脚向来球方向做前后左右移动一步,在来球角度不大情况下采用此方法(图 5-4-6)。

(4)换步

一脚前脚掌为轴,另一脚随即移动一步。从基本站位向左右移动时,采用这种步法(图 5-4-7)。

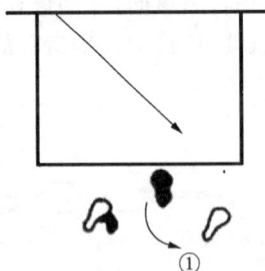

图 5-4-6

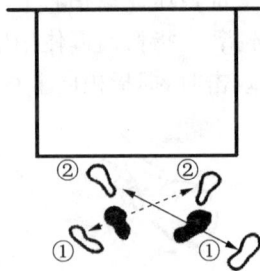

图 5-4-7

(5)侧身步

左脚先向左侧移动一步,然后右脚向左脚的方向移动。对球逼近身体时采用这种方法(图 5-4-8)。

(6)交叉步

以来球异侧的脚先向来球一侧移动,并超过另一脚,接着另一脚再向来球侧移动。来球离身体较远时多用此法(图5-4-9)。

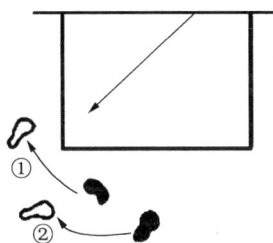

图5-4-8

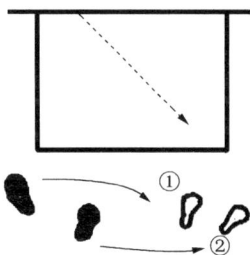

图5-4-9

(7)步法

徒手或持拍模仿,单个步法或组合步法。在教师指导下,练习各种变换步或组合步法。采用分组及多球练习法,循序渐进的加快速度及难度。协调手脚的配合练习,加强腿部力量,提高爆发力。

三、乒乓球运动的基本战术

乒乓球比赛的战术是由各种基本技术组成,技术是战术的基础,技术质量的好坏决定了战术运用效果及战术变化的多寡,只有全面、扎实的技术基础才能灵活地运用各种战术。对不同的打法、不同对手要根据自己的特点有针对性地采取相应的技术战术,只有合理地运用技术、战术,有的放矢,才会收到良好的效果。下面介绍几种战术。

(一)发球抢攻战术

它是运动员先发制人的战术,特别是以攻为主的运动员常以此打法作为得分手段。运用发球抢攻战术,取决于运动员的发球质量和进攻的能力。

(二)对攻战术

它是进攻类打法在相互对抗时双方利用速度、旋转和落点变化以及力量轻重来控制对方,争取主动的一种手段。一般情况下依靠左推(反手推挡快球)右攻或正反手两面攻结合的打法,可以争取变被动为主动。

(三)拉攻战术

它主要是对付削球类的打法,一般以提拉上旋球和弧圈球技术应对。球要拉得稳且有落点、旋转和力量的变化,其次拉冲结合和连续扣杀也是得分的手段。

(四)搓攻战术

它是进攻型运动员的一项辅助战术,是利用搓球的旋转速度和落点变化为进攻创造机会,达到攻击对方的目的。

(五)削攻战术

它是削球打法赖以得分的主要手段,是对付弧圈球和进攻型打法的重要战术。

弧圈球

搓球

(六)接发球战术

它是与发球抢攻战术相抗衡的一项技术,目的是设法减弱发球抢攻的质量,从中获得动力,以破坏对方的战术运用。

(七)双打战术

1. 发球抢攻战术

因双打的发球区是固定的,所以对发球技术要求提高。选择发球技术相对较好,能控制弧线、落点和旋转变化的选手作第一发球员。强调默契配合,用手势和语言告诉同伴要重视第三板发力抢攻或抢拉的技术配合。

发球技术

2. 接发球抢攻战术

双打的接发球与单打一样,但关键是接发球的质量,使用多变化接发球手段,只要有机会果断上手,力争抢攻或抢冲掌握主动权。

3. 相持阶段

连续打一个点迫使对方两人挤到一块,再找机会打另一个点。一般紧盯对方较弱的一点进行扣杀。有意识地攻打追身球,迫使对方两人相撞扣杀空当。变化击球的速度、力量、节奏、旋转等,使对方被动。

四、乒乓球运动的主要规则与裁判方法

(一)乒乓球运动的主要规则

球台:球台的上层表面叫作比赛台面,应是与水平面平行的长方形,长 2.74 m,宽 1.525 m,离地面高 76 cm,双打时各台区应由一条 3 cm 宽的白色中线分为两个相等的半区。

球网装置:包括球网、悬网绳、网柱及将它们固定在球台上的夹钳部分,球网顶端距球台面为 15.25 cm。

球:为空心圆球体,直径约 40 mm,重量为 2.79 g,颜色为白色或橙色无光泽。

球拍:球拍大小、形状和重量不限。用来击球的拍面应用一层颗粒向外的普通颗粒胶覆盖,连同黏合剂厚度不超过 2 mm,或用颗粒向内或向外的海绵胶覆盖,连同黏合剂,厚度不超过 4 mm。

(二)一分、一局比赛、一场比赛

一分:对方未能合法发球,合法还击、连击,对方击球后,该球没有触及本方台面而越过本方端线等情况时,判对方失一分。

一局比赛:在一局比赛中先得 11 分的一方为胜方。10 平后先多得 2 分的一方为胜方。

一场比赛:一场比赛应采用 7 局 4 胜制(单打)和 5 局 3 胜制(双打)。

(三)发球、接发球和方位的选择

选择发球、接发球和方位的权利应采用抽签来决定。中签者,可优先选择发球和方位。在双打中,发球权方,应先确定第一发球员,直到一局结束。此后各局发球一方可以任意确

定第一发球员。接发球一方应交换接球员的次序。一局中,某一方位比赛的一方,在该场下一局应换到另一方位。决胜局中一方先得 5 分时,双方应交换方位。

(四)发球与接发球次序

一局比赛中,双方共得 2 分后,接发球方即成发球方,依此类推,直到一局结束。比分到 10 平时执行抢换发球,任何一方得分后即交换发球权。在双打时,发球和接发球次序不变,但每一个运动员每次只能轮流发一个球直到该局结束。在双打比赛时,当发球、接发球次序出现错误时,裁判员应立即中断比赛,加以纠正后按正确的次序继续比赛,但出现错误前的比分一律有效。

(五)合法发球

发球时,球应放在不执拍手的手掌上,手掌张开并伸平,球应是静止的,在发球方的端线之后,边线的延长线之内和球台面的水平面之上。发球员必须将球垂直向上抛起,不得旋转,上升高度不小于 16 cm。当球抛起到最高点下降时才可击球。球得先触及本方台面,然后越过球网到对方台面。在双打中,球应先触及发球员和接发球员的右半区。发球时必须让裁判员、对方球员看清发球,即只能无遮挡发球。

(六)重发球

合法发球触及了球网的装置,该回合判重发球。如果接发球员未准备好时,球已发出,而且接发球员或接发球方没有企图击球则判重发球。比赛中,发生了运动员无法控制因素的干扰,而使运动员未能合法接球,判重发球。由于纠正发球、接发球、方位错误以及实行轮换发球法等情况判重发球。

第五节　羽毛球运动

一、羽毛球运动概述

现代羽毛球运动诞生于英国。1873 年,英国公爵鲍弗特在格拉斯哥郡伯明顿镇的庄园里进行了一次羽毛球游戏表演。从此羽毛球运动逐渐开展起来,"伯明顿"成了羽毛球的名字。

1934 年,成立羽毛球世界联合会,总部设在伦敦。1978 年,世界羽毛球联合会在中国香港成立。1981 年,羽毛球世界联合会和世界羽毛球联合会正式合并。羽毛球在 1992 年巴塞罗那奥运会上被列为正式比赛项目。目前,国际重大羽毛球比赛有汤姆斯杯、尤伯杯、世界羽毛球锦标赛、苏迪曼杯、世界杯羽毛球赛、全英羽毛球锦标赛、国际系列大奖赛、奥运会羽毛球比赛。

1982 年,中国队首次参加汤姆斯杯赛就荣获冠军。同年,中国队首次参加全英锦标赛,获得了女子单打冠、亚军和双打冠军。

羽毛球运动器材设备简便,场地较小。运动量可大可小,不同性别、年龄和身体状况的人都可以从事这项活动。经常参加羽毛球活动不但能够提高身体素质,还可以锻炼和培养机智、勇敢、顽强等素质。

二、羽毛球基本技术

（一）握拍法

1. 正手握拍法

握拍时，先用左手拿住拍颈，使拍面与地面垂直，再张开右手使手掌下部靠在拍柄底托处，虎口对准拍柄的内侧小棱边，然后小指、无名指和中指并拢握住拍柄，小指与无名指在拍柄的末端应稍紧，负责不使球拍脱手，食指与中指稍微分开，用食指和拇指轻松地环扣住拍柄，如图5-5-1所示。

2. 反手握拍法

在正手握拍法的基础上，拍柄稍向外转，食指收回，拇指第二指节顶在拍柄内侧的宽面上。其余四指并拢握住拍柄，手心与拍柄之间应有一个明显的空洞，如图5-5-2所示。

图5-5-1　　　　　图5-5-2

（二）发球

发球是羽毛球的一项重要基本技术。发球质量的优劣，会直接影响比赛的主动或被动。

1. 发球的基本姿势

（1）正手发球

左脚在前（脚尖对网），右脚在后（脚尖斜向侧方），两脚距离与肩同宽，上身自然伸直，身体重心放在右脚上，成左肩斜对球网之势。右手握拍向右后方举起，肘部稍屈。左手夹持羽毛球的中间部位，举在身前，两眼注视对方准备接球的动向。

（2）反手发球

右脚在前，左手在后，上身自然伸直，重心放在右脚上，面对球网。左手捏住羽毛置于腹前腰下。右手反手握拍，肘部略抬起使拍框下垂于左腰侧。两眼注视对方准备接球的动向。

反手发球

2. 发球

（1）发高远球

左手撒手放球，紧接着以转体和上臂的挥动带动前臂，球拍与球快要接触前，前臂挥动速度加快，并带动手腕向前上方闪动，造成击球瞬间的爆发力，在拍面后仰的情况下，将球在右前下方向前上方击出，如图5-5-3所示。

（2）发平高球

其方法与正手发高远球的方法基本一致。由于平高球飞

图5-5-3

行弧线比高远球低,所以,挥拍击球时多运用前臂带动手腕发力。球与球拍接触时,球拍后仰的程度比发高远球时小,拍面略微向前推送击球。

（3）发平快球

其挥拍的前一段动作与发高远球相似。在击球前的瞬间,应在前臂的快速带动下,靠手腕和手指突然向前发力将球击出。击球时,拍面稍微后仰,在不"过腰""过手"的限度内,尽量提高击球点。

（4）发网前球

正手发网前球。如图5-5-4所示,主要靠前臂和手腕带动挥拍,挥拍的加速不明显。击球的力量较小,拍触球时,握拍仍然较放松,利用手腕和手指的力量从右向左横切推送,使球贴网而过,正好落在前发球线附近的发球区内。

图5-5-4　　　　　　　　　　　　　　　图5-5-5

反手发网前球。如图5-5-5所示,前臂带动手腕使球拍从左下方向右前上方作半弧形挥动。在拍将要击到球之前,左手自然撒手放球,用球拍对球作横切推送动作,使球贴网而过,正好落在前发球线附近的发球区内。

发球的练习方法：

做持拍发球模仿练习。

两人隔网做各种发球练习,互相纠正错误动作。

提高发球准确性,反复做同一种发球练习。

（三）击球技术

击球可分为击高远球、扣杀球、平快球、吊球和接扣、发球等。

1. 击高远球

左脚在前,右脚在后,身体侧对球网。击球时,上臂后仰,肘关节上举至高于肩部的位置,引拍于头后,手腕后伸外展,随后右脚蹬地,转体,腰腹协调用力,以肩为轴,上臂带动小臂快速向前上方闪动手腕,在手臂自然伸直的最高点击球,如图5-5-6所示。

2. 扣杀球

可以在原地或起跳后进行。准备姿势和动作过程与击高远球相似。发力前身体较为后仰,特别是起跳扣杀球。击球时,手

图5-5-6

臂以最大的速度挥摆,最后通过手腕的高速闪动产生强大的向前下方的爆发力,手臂几乎是伸直的。杀球点在右肩前上方稍前一些的位置（比击高远球略前一点）。拍面角度要比击高远球时小,如图5-5-7所示。

图 5 - 5 - 7

3. 吊球

击球力量小,击到球前的刹那间,应突然减慢挥拍速度,以手指控制使拍面适当前倾,作放松手腕、屈腕动作,用球拍劈切羽毛球完成吊球。

4. 抽球

（1）正手抽球

当对方击来右后场低球时,用正手握拍法,右臂屈肘举拍于右肩上方,在右脚跨步着地的同时,主要靠前臂带动腕部作"抽鞭笞"的闪动挥拍,将球抽向对方,如图 5 - 5 - 8 所示。

（2）反手抽球

当对方击来左后场低球时,最后一步以右脚向球下落的方向跨出,右臂屈肘举拍于左肩上方。击球时,上臂带动前臂作向后的半圆形挥拍,在手臂近乎伸直时,手腕用力向后方闪动挥拍击球。如图 5 - 5 - 9 所示。

图 5 - 5 - 8　　　　　　　　　　　　图 5 - 5 - 9

击球的练习方法:

按各种击球动作要领,反复做持拍的模仿练习。

两人隔网原地或跑动中相互做各种攻球击球练习。

（四）移动步法

羽毛球的步法有上网步法、后退步法和两侧移动步法。

1. 上网步法。

根据来球的远近,可采用二步、三步或一步上网击球,最后一步要求与持拍手同侧脚前,身体重心落在前脚。

2. 后退步法后退时先迈右脚,最后一步右脚在后,重心在右脚上。

3. 两侧移动步法为接对方击向身体左右两侧的球所采用的移动步法。向右侧移动时,左脚掌内侧用力蹬地,右脚同时向右侧转跨步,向左侧移动时则反之。移动步法的练习方法:

（1）先分解练习，再做完整动作练习。

（2）听口令做各种步法练习。

（3）结合多球练习，练习各种移动步法。

三、羽毛球基本战术

羽毛球战术是指运动员在比赛中为了表现高超的竞技水平和战胜对手而采取的计谋和行动。

（一）单打战术

1. 发球战术

发球战术主要有发网前球抢攻、发平高球抢攻、发平快球抢攻等战术。

2. 接发球战术

接网前球时，可用平高球、高远球、放网前球还击。接平高球时，可用平推球、平高球还击。接高球时，可用平高球、吊球、扣杀技术还击。

3. 进攻战术

采用平、吊、杀结合的战术，击平球可以压制对手，从中获得主动；吊球可以拉开对手，找到对手的空当；扣杀是主动进攻，要长短、轻重结合起来运用。

4. 防守战术

防守战术主要是通过合理运用各种技术。破坏对手的进攻路线和进攻战术，从而达到调动对手使自己处于主动的目的。

（二）双打战术

1. 发球战术

用自己最稳定的发球技术发球，破坏对手的接发球，封堵对手的还击路线。

2. 接发球战术

用自己最擅长的接发球技术进行接发球，以回击对方底线来控制对手的进攻，通过线路的变化掌握场上的主动权。

3. 进攻战术

进攻战术主要有压前场、前半场打点、后攻前封、攻底线等战术。

4. 防守战术

防守战术主要有底线结合抽、挡回击对方空当技术；挡网逼近控制网上战术；反抽跟进对攻战术。

四、羽毛球规则简介

（一）比赛项目

羽毛球运动的比赛项目包括男子单打、女子单打、男子双打、女子双打、混合双打、男子团体和女子团体。

（二）比赛场地和器材

球场应是一个方形场地,长 13.40 m,单打场地宽度为 5.18 m,双打场地宽度为 6.10 m。网柱从球场地面起,网柱高 1.55 m。网柱必须稳固,同地面垂直并使球网保持紧拉状态,网柱应置在双打的边线上。球网上下宽 0.76 m,球场中央网高 1.524 m,双打边线处网高 1.55 m。

（三）比赛的计分方法及规则

1. 得分制羽毛球比赛的计分方法

(1) 每场比赛采取三局两胜制。

(2) 率先得到 21 分的一方赢得当局比赛。

(3) 如果双方比分打成 20∶20,获胜一方需超过对手 2 分才算取胜。

(4) 如果双方比分打成 29∶29,则率先得到第 30 分的一方取胜。

(5) 首局获胜一方在接下来的一局比赛中率先发球。

(6) 当一方在比赛中得到 11 分后,双方队员将休息 1 分钟。

(7) 两局比赛之间的休息时间为 2 分钟。

2. 单打

(1) 有关发球区和接发球区的规则

发球员的分数为 0 或双数时,双方运动员均应在各自的右发球区发球或接发球。

发球员的分数为单数时,双方运动员均应在各自的左发球区发球或接发球。

球发出后,由发球员和接发球员交替对击直至成死球。

(2) 有关得分和发球的规则

接发球员违例或因球触及接发球员场区内的地面而成死球,发球员就得 1 分。随后,发球员再从另一发球区发球。发球员违例或因球触及发球员场区内的地面而成死球,接发球员就得 1 分,同时发球员失去发球权,而接发球员成了发球员。

3. 双打

(1) 有关发球和接发球场地的计分方法及规则

一局比赛开始和获得发球权的一方得分为 0 或双数时,都应从右发球区发球。

当发球员一方得分数为单数时,从左发球区发球。

双打配对中的另一名运动员将采用相反的方法。

发球员和接发球员都必须站在斜对角发球区内发球和接发球。

只能由接发球员接发出的球,如果接发球员的同伴触及球或接球即为违例,发球方得 1 分。

发球必须从两个发球区交替发出,部分规则除外。

接发球方站在各自发球区不变,直到他们发球得 1 分后才交换发球区。

(2) 有关场上顺序和位置的规则

自发球被回击后,由发球方的任何一人击球。然后由接发球方的任何一人击球,如此往返直至成死球。

自发球被回击后,运动员可以从网的各自一方任何位置击球。

（3）得分

接发球方违例或因球触及接发球方场区内的地面而成死球,发球方得 1 分,原发球员交换场区继续发球。

发球方违例或因球触及发球方场区内的地面而成死球,接发球方得 1 分,发球方失去发球权,而接发球方成为发球方。

（4）有关发球权的规则

从首先发球的运动员,必须在右发球区发球。

到首先接发球运动员的同伴,发球方必须交换到左场区发球。

到首先发球方的运动员,站的发球区必须与本方得分相符(同发球和接发球场地)。

到首先接发球方的运动员,站的发球区必须与本方得分相符(同发球和接发球场地)。

4. 其他规则

羽毛球落在边界线上为界内。发球过程中球触网,如果落在发球区,此球有效。除发球外,球过网后挂在网上或停在网顶,应重新发球。发球员在接发球员未做好准备时发球,应重新发球。

第六节　网球运动

网球运动是指在规定的场地上,两名或两对球员隔网相对,用球拍击球过网以造成对方失误得分的运动。击球时可在对方来球第一次落地反弹后回击,也可以不等球落地,凌空直接还击。正式比赛项目有男子团体、女子团体、男子单打、男子双打、女子单打、女子双打、男女混合双打等七项。

一、网球运动概述

（一）网球运动的起源

网球起源于 14 世纪法国宫廷中开展的一项"掌球"的游戏,这种游戏是在场地中央拉起一道绳索,两人隔网击用皮布裹着毛发制作的球,这种球的表面使用埃及坦尼斯镇所产的最为著名的绒布——斜纹法兰绒制作,英国人将这种球称为坦尼斯(Tennis)。直到 15 世纪才改用实心的木拍打球。后来打网球的人越来越多,这种游戏在英国和其他欧洲国家也逐渐开展起来。

现代网球始于 1873 年,英国的温菲尔德少校改进了早期网球的打法,并将场地移向草坪,同年出版了《草地网球》一书,为草地网球制定了几条简单的规则,这标志着现代网球运动的产生。1874 年,他又规定了球网的大小和高低,在英国创办了简易的草地网球比赛。1875 年,英国板球俱乐部修订了网球比赛规则,于 1877 年 7 月举办了第一届温布尔顿草地网球锦标赛。后来又将网球场地定为 23.77 m×8.23 m 的长方形,球网中央的高度为 99 cm(在此之前,球网的高度是 2.1234 m),并确定了每局采用 0、15、30、40 和平分的记分方法。1884 年,英国伦敦玛丽勒本板球俱乐部又把球网中央的高度定为 0.914 m。至此,现代网球正式形成,很快在欧美流行起来,并成为一项深受欢迎的球类运动。

随着网球运动的发展,在器材和场地设置等方面也在不断地发展变化。网球拍由木质拍发展到制作精细的圆头拍,且材质也由木质发展成为铝合金以及碳素纤维与钛合金,质量获得了很大的提高,形状也发生了很大的变化;球由原来的弹性较弱的小布球,发展为弹性很好的胶皮球和橡皮球;场地也由草地发展为红土场地以及硬场地。

1984年的洛杉矶奥运会上,网球被列为表演项目。1988年的汉城奥运会上,网球被列为正式比赛项目。网球运动在我国高校虽然起步较晚,但开展广泛,是大学生喜爱的运动项目之一。

（二）网球运动的锻炼价值

增强体质,促进健康。网球运动是一项老少皆宜的运动,运动量可大可小,可以自行调节。练习网球,可以使人们的动作敏捷,判断准确,反应迅速,提高速度、力量、柔韧、灵敏等身体素质,对改善人体运动系统、循环系统、呼吸系统、神经系统以及抵抗各种疾病、适应外界的能力都有重要的作用。

培养良好的意志品质和作风。在网球运动中,特别是在比赛中,通过进攻与防守、控制与反控制,既斗智,又斗勇,锻炼了个人的意志品质和心理素质,有利于培养拼搏进取的精神和胜不骄、败不馁的道德风尚,有利于增强克服困难的信心。

团结协作,增进友谊。练习网球需要对手或球友。通过网球运动可以交流球艺,增进友谊,特别是参加双打比赛,可以培养人们相互信赖、团结协作、密切配合的合作意识。此外,它还是一项社交活动,可以促进彼此的沟通和理解。

愉悦身心,陶冶情操。网球比赛具有较强的观赏性。网球比赛中,场上热烈的气氛,激烈的争夺,会使广大观众如醉如痴、豪情满怀。运动员所表现的顽强斗志,精湛的技艺,都令人赏心悦目,久久难以忘怀,让人从中得到一种美的享受。

二、网球基本技术

（一）握拍法

网球最基本的握拍法有:东方式、大陆式、西方式、半西方式和双手握拍法等。

1. 东方式握拍法

东方式握拍法因最初广泛使用于美国东部的沙土场地而得名,分正手和反手两种。这种握拍法的优点是:来球高一点或低一点,都能用正、反手击球。

东方式正手握拍法。亦称"握手式"握拍法,拍面与地面垂直,手握拍柄好像与人握手一样(图5-6-1之①)。准确地说,用握拍手的虎口对正拍柄右上方的侧楞,手掌根与拍柄右上斜面紧贴,拇指压住拍柄的左垂直面,食指稍离中指,食指下关节压住拍柄右垂直面,五指紧握拍柄(图5-6-1之②)。这种握拍法能增大正手击球的力量。

东方式反手握拍法。从正手握拍法把手向左转动1/4,即转动90度(或拍柄向右转动1/4即90度),使虎口对正拍柄左侧楞面

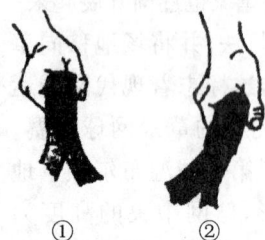

① ②

图5-6-1

上，即用手掌根压住拍柄的左上斜面，拇指直伸在拍柄的左垂直面上，食指下关节压住拍柄右上斜面。

2. 西方式握拍法

此握拍法是在美国西部加利福尼亚州的水泥硬地球场上发展起来的。这种握法的正、反手击球都是使用球拍的同一个面。用这种握法，在打反弹球时正手能打出强劲的上旋球，反手多打斜球，特别适合打跳球和齐腰高球。

西方式正手握拍法。拍面与地面平行，握拍手从拍上面抓住拍柄，手掌根贴着拍柄右下斜面，拇指和食指都不前伸，拇指压在拍柄上部小平面，食指下关节握住拍柄的右下斜面。

西方式反手握拍法。右手是东方式反手握拍，握在拍柄的后方；左手是东方式的正手握拍法，握在拍柄的前方。

大陆式握拍法。这种握拍法起源于欧洲大陆，故得此名。此握拍法对处理低球、上网截击和网前球有利，对处理齐腰的球也方便，适合于臂力、腕力都较强的人。但这种握拍姿势对于过高的来球，不易控制拍面，因手心握在拍柄的上方，故打高球不方便。它与东方式握拍不同之处是，大陆式握拍对正、反手击球都无须变换握拍，而始终如一。

大陆式握拍的方法是：将球拍侧立，从上而下握柄，犹如手握锤柄的姿势。准确地将虎口对正拍柄上楞面正中间，手掌根抵住拍柄上部的小平面，拇指伸直围住拍柄，食指下关节紧贴拍柄右上斜面，无名指和小指都紧贴拍柄。

半西方式握拍法。除了以上几种传统规范的握拍法外，目前打正手时常见的握拍法是介于东方式与西方式之间的握法，称为半西方式握拍法，即虎口的"V"字形在拍柄上端右侧小平面上棱角附近。它的特点是便于正手打出有力量的上旋球，便于加力控制。

对于初学打网球者来说，务必认真选择适合自己的握拍方法，这样才能逐步学习网球的各项基本技术，不断提高自己的网球运动水平。

双手握拍法。此握拍法一般是两只手均采用东方式握拍法。这种握拍法对于力量不足的人可以增加击球力量，便于打出上旋球，但缺点是对步法要求高，步法移动慢的人到位率低，不易掌握。对两只手臂的协调配合及均匀用力程度要求较高，协调能力差的人不易掌握。

双手正手握拍法。右手是东方式正手握拍法，握在拍柄的后（上）方，左手是东方式反手握拍法，握在拍柄的前（下）方。

双手反手握拍法。右手是东方式反手握拍法，握在拍柄端部，左手为东方式正手握拍法，握在右手的上方。

（二）正手击球技术

正手击球指的是在本人握拍手同侧的地方击打落地球的打法，它是网球基本技术中最常用的击球方法之一，其动作要领如下（以下均以右手握拍为例）。

1. 正手击球动作要领

准备姿势。面对球网，双脚向前自然开立与肩同宽，双膝微屈身体略向前倾，重心落在双脚的前脚掌上，右手握拍，左手轻托拍颈，双肘微屈，拍面垂直于地面，拍头指向对方，两眼注视对方来球，初学者宜采用东方式握拍法。

后摆引拍。当判断对方来球在正手位时，迅速向后直线拉开球拍，拍头水平或稍向上，

正手击球

091

不可下垂,同时转髋转肩。来球稍短,击球点较低时,左脚向右前方 45°角迈出,重心移至前脚;来球较长时,右脚向左后方 45°角后撤,重心移至后脚上。

挥拍击球。从后摆进而向前挥动时紧握球拍,手腕后伸、固定,用力蹬腿,转动身体挥拍,正拍的击球点在身体的右侧前方,尽量不超过腰的高度。

随挥动作。球触拍后,使拍面平行于网的时间尽量长些,挥拍沿着球飞行的方向前送,重心前移落在左脚,身体也随着转向球网,挥拍动作在左肩上方结束,肘关节向前指向球的飞行方向。随挥结束,立即恢复准备姿势,准备下一次击球(图 5-6-2)。

图 5-6-2

2. 正手击球的不同打法

从球的旋转性能分类,有上旋球、下旋球、平击球、侧旋球(内侧旋)等不同旋转的打法,下面简单介绍几种不同的正拍击法。

上旋球。球拍自球后下方向前上方挥动摩擦,使整个球体由后下方朝前上方转动,故叫上旋球。这种打法是在击球时,加大向上提拉挥动幅度,使球产生较为急剧的上旋。上旋球的特点是飞行弧度高,下降快,前冲力较大。打上旋球最大的优点是便于加力控制,是正拍击球中既能发力大又能控制进入场区减少失误的击球方法,尤其是在快速跑动中调整精确的击球点很难,而上旋球则有较大的把握性。另外,正拍上旋球的飞行路线呈彩虹状,过网后有急剧下降的特点。上旋球还是破坏对方上网的有力武器,如较低的上旋球落在上网的对方脚下,则使其难以还击。

下旋球。和上旋球相反方向旋转的球是下旋球,俗称"削球"。击球时,球拍稍向后倾斜,挥拍是由后上方至前下方,挥拍击球的后下部产生下旋,球是由前上方向后下方旋转并向前飘行,过网时很低,落地反弹起也很低,并伴有回弹现象。下旋球的落点容易控制,也可以打对方的深区。常用于随球上网,可以协调连贯地把随击与上网结合在一起,利用球的飞行时间和深而准的落点冲至网前截击;也可以作为变换旋转和节奏的打法,扰乱对方的节奏,使之失误。

削球

平击球。挥拍击球的路线向上较平缓,击球时拍面几乎垂直地面,击球的正后部。用同样的力量击球,平击球的速度最快,球落地后前冲力量大,球的飞行路线较平直。

侧旋球。击球时球拍由球的后部向内侧平行挥动,使球产生由外向内的侧旋,故称侧旋球。这种球飞行路线呈水平向外侧的弧线飞行,落地后向外跳,常用于正拍直线进攻。

在实践中,球的旋转常是混合性的,球的旋转与来球的方向、力量、旋转速度和击球时的挥拍路线、触球时的拍面角度等因素有关。因此,要掌握正手击球中的不同旋转球的方法,需要在平时训练中反复练习。

(三)反手击球技术

反手击球又称反拍击球,是指击打与握拍手相反方向落地球的打法。

1. 反手击球动作要领

准备姿势。同正手击球准备姿势,只是当对方来球飞向反手位时,要迅速变

反手击球

换为反手握拍。

后摆引拍。向左转肩转髋带动右手向左后方摆动,左脚向左转90°与底线平行,同时右脚向左前方上步,右肩对着球网,手腕绷紧、后伸,双肩夹紧。后摆时肘关节自然弯曲、下垂,重心移向后方的脚上。反拍的后摆动作应比正拍后摆更早完成。单手反拍挥臂时,左手可以轻托拍颈,伴随着向左转。若是双手反拍挥臂,需要更充分的转体动作。

挥拍击球。从后摆进入向前挥动时应紧握球拍,手腕固定,转动双肩、躯干和臀部,挥拍向球。反拍的击球点应在身体的左侧前方。击球瞬间,对准来球把球打正,肘部应伸直,拍头与拍柄相平,双眼盯住球。随着前挥身体重心从后脚移向前脚。

随挥动作。击球后,拍面与网平行的时间尽量长些。挥拍沿着球的飞行方向前送,重心前移,落在右脚,身体也随之转向球网,挥拍在右肩上方结束。完成好随挥动作有助于控制球的落点和方向。随挥跟进动作结束,身体转向球网,迅速恢复准备姿势,准备下一次击球。

2. 反手击球的不同打法

从球的旋转性能分类,反拍与正拍一样,也有上旋球、下旋球、平击球和侧旋球等几种不同旋转的击球方法。

以上是反拍击球的动作要领,在实践中球的旋转常是混合性的,这与来球的方向、力量、旋转等因素有关,因此,要掌握好反拍击球技术,需要反复练习。

(四)发球

1. 发球技术要领

(1)握拍、站位与准备姿势。

握拍,一般采用大陆式握拍或东方式反手握拍法。

站位,单打站位在端线外中场标记附近,站在底线后3~5 cm处。

准备姿势,两脚开立与肩同宽,前脚与端线成45°角,重心放在前脚上,肩膀侧对球网,左手扶住拍颈,拍头向前,身体放松,精神集中。

(2)抛球与后摆动作。抛球与挥拍后摆同步开始,左手抛球的同时右手拉拍后摆使整个发球动作更加协调完整。抛球时,左手拇指、食指与中指轻握着球抛送至左脚前上方,手掌不要接触球,整个抛球动作应平稳、协调、匀速地将球送至最高处再脱手,抛球的高度应比击球点高。右手持拍与握球手同时下落,挥拍是从后上方摆起,同时屈膝、转体、展肩。右肘从外向后展约同肩高,后摆完成时拍头在头后方竖直指向天空。左侧腰胯成弓形,身体重心随着抛球开始先移向后脚,当后摆动作完成后重心开始前移。

(3)前挥击球。后手挥拍从拍头在头后自然开始下垂,经左肩胛骨向上挥摆。右肘伸直高抬拍头指向天空,当球落到击球点的瞬间,迅速击球的后上部,左脚上蹬,手臂与身体充分向上伸展。击球时眼睛盯住击球点使拍面触球的正确部位,持拍的手腕带动小臂做内旋的"鞭击"动作,此时身体重心前移,身体面对球网。

(4)随挥动作。击球后,保持连续完整的向前上方伸展的随挥动作。挥拍直至身体的左下方,右脚跨过底线进入场区,身体重心完全前移至右脚,身体转向球网保持平衡。发完球,要迅速调整位置,准备接对方的回球(图5-6-3)。

图 5-6-3

2. 发球的动作要领

平击发球。平击发球虽然力量大,但是命中率低。平击球的击球点应在身体的前上方,击球的后上部,挥拍的"鞭击"动作发力要集中,身体充分向上伸展可获得最高的击球点,以提高命中率(图 5-6-4)。

图 5-6-4

切削发球。球抛在右侧前上方,球拍击球部位在球的右侧上方,整个挥拍动作是从右侧上方至下方,使球产生右侧旋转,球的飞行路线是一条从右向左的弧线,切削球可以提高命中率并可以把对方拉出场外回击,这种发球的准确性高,常用于第二发球(图 5-6-5)。

图 5-6-5

旋转发球。这是一种以上旋球为主、侧旋为辅的发球方法,由于它的上旋成分多于切削发球,使球有一个明显从上向下的彩虹弧线,越发力,旋转成分越多,弧线越大,命中率越高。抛球位置比平击发球偏左些,球拍沿球的右上方摩擦,使球产生明显的右侧上旋,球过网时较高并呈弧线飞入发球区,在力量不减的情况下伴随强有力的旋转,造成对方回击球困难。

(五)接发球

接发球的动作要领:

握拍、站位与准备姿势。在接发球的动作中有两种握拍方式。一种是大陆式握拍法,这种握拍法最大的优点是在快速回击正反拍时,不需要变换握拍法;但缺点是正拍很难打出强有力的上旋球,尤其是接弹跳较高的第二发球。另一种是采用东方式握拍法,即正拍接发球采用东方式正拍握拍法,反拍接发球则变换成反拍握拍法。在接发球中,反拍击球多于正拍击球。接发球的准备姿势为:两脚自然开立约同肩宽,双膝微屈,重心落在前脚掌上,上体稍向前倾,左手轻托拍颈,拍头约同腰高指向对方,两脚不停地轻轻跳动,两眼紧紧地注视对方。接发球的站位一般靠单打边线位置。

后摆引拍。接发球的后摆动作不是一成不变的,注意观察飞行中的来球,应尽量确保在身体的侧前方完成后摆动作。来球球速越快,则接球后摆动作越小;反之,则后摆动作越大。

击球动作。接发球的步法,左右侧的来球应用交叉步向斜前方迎击,近身球则应迅速侧身转体迎击,若来不及跨步也要用转髋带动转体、转肩,向前挥拍迎击来球。击球时,手腕绷紧,眼盯住球,击球点始终保持在侧前方,将球直线推出。对付各种不同的发球,要采用不同的击球动作。

随挥跟进动作。虽然接发球的后摆动作有大小之分,但不要限制击球后的随挥动作,随挥动作应尽量充分。随挥动作完成后,应迅速面对球网跟进,以正确的步法回到球场中间。

(六) 截击球

截击球是指在来球落地前被凌空拦截的球。上网截击的优点是可以调节球的速度,缩短击球距离,扩大击球角度,从而通过赢得时间而取胜。下面介绍截击球技术的动作要领。

截击球＋发球

握拍法、准备姿势和站位。一般采用大陆式或东方式握拍法。准备姿势基本同正手击球准备姿势,两眼注视来球,准备迎击,同时要及时判断对方的击球方向。站位一般距离网 $1.5\sim2$ m。

挥拍击球。挥拍击球有两种情况:高于球网的球,不论是正手还是反手截击都应跨步向前侧对球网,重心跟进落在前脚上,拍头高于来球,手腕固定,击球点在体前或侧前方,手臂和球拍采用"顶""推""压"回球,而"击"的成分很少。对于低于球网的来球,要屈膝降低重心,尽可能采用向前弓步击球,且后腿弯曲,膝盖尽可能接近地面。球拍面可开放些,用抖手腕送击球。

(七) 高压球

高压球是指在头上用扣压的动作完成击球的一种方法。

握拍方法。高压球的握拍方法与发球一样,多采用大陆式握拍法。

准备姿势。球拍应向前举起,看着对方挑来的高球,向右侧身转体,左脚在前,右脚在后,两脚分开约同肩宽,左肩对网,在用短促的垫步迅速调整位置的同时,左手高举指向来球,持拍的右手直接举起,右肘抬起约同肩高,拍头指向上方,眼睛注视着高空飞来的球。

后摆动作。高压球和发球动作相似,但主要的区别在于它后摆动作比发球简短。因为球从高空落下速度很快,如发球从下方后摆拉拍,不易掌握击球时间,只能直接从前下方经前方举起球拍,缩短挥臂时间。

击球动作。高压球的击球点与发球的高度相同。伸展手臂向球击去,两眼盯球,重心前移,双肩、躯干和臀部开始左转。当球落在头部前上方时,双肩、臀部、躯干继续左转,同时手腕以鞭击动作击球,重心在左脚。动作要果断,挥拍猛击球的后上方。距网近,击球点稍前,击球的部位稍高;距网远,需要迅速滑步,调整击球点,此时的击球点较后,需要用手腕做"内旋"的动作。挥拍击球的正后方,把球回在对方的深区,使球不至于打在网内而失误。

随挥跟进。高压球的随挥跟进动作与发球相似,双肩、躯干、臀部都已经完成转体,右脚前跨,支撑重心。挥拍手臂挥至身体左侧下方,结束高压球动作。

(八)挑高球

握拍法。挑高球技术属于打落地球的一种击球方法,所以,它的握拍法与正、反拍击球一样,即正拍挑高球可以使用正拍握拍法,反拍挑高球可使用反拍握拍法,不用变换。

准备姿势。一般与正、反拍击球的准备姿势相同,但是要求队员注意力应高度集中,准确判断来球落点和对方的站位及移动路线。

后摆动作。挑高球的效果与它的动作隐蔽性、突然性相关。把挑高球技术"伪装"得与正、反拍击球一样,直至击球前的瞬间,因此它的后摆动作,引拍与正、反拍击球动作应一样。

击球动作。准备击球时,从侧身开始对网,拍头稍低于手腕,位于球后,在左脚前方击球。击球瞬间,眼睛要盯着球,防守性挑高球的击球部位在球的后下方,拍面越向上方倾斜,击球部位越低,挑出的高球越高;攻击性上旋挑高球的击球部位在球的后部偏下方,在球拍触球前,拍头低于手腕;在击球的瞬间,利用手腕的回拨和前臂的回旋,使球拍从球的后下方向前上方做弧形擦击,拍头挥动极快,球拍拖球的时间要长。要打出最强烈的上旋,击球点最好在身体前面的稍后处,身体重心的移动不像正、反拍击球时那样明显,整个击球动作应尽量协调、流畅、舒展。

随挥跟进。挑高球的随挥动作应尽量充分,蹬腿,转动手腕,向上挥拍,使球产生上旋力。拍头要高过头顶,平稳、流畅地完成跟进动作。

三、网球的基本战术

(一)单打战术

1. 发球

发球要考虑落点、力量和旋转等因素的变化才能有良好效果。如果发出的球有角度而使球反弹出边线,就能迫使对手离开基本位置,则发球效果好。若对手站位离中线较远,可发球至接发球人的中线附近,以牵制对方。第一次发球应尽量利用大力发球以加强攻击性给对手造成压力。第二次发球应具有稳健性以保持较高的命中率。

2. 接发球

在第一回合较量中,对手发角度大而弹出边线的球时,若球速慢,可用进攻方法回击,亦可回击大角度球以牵制对手发球后抢攻。接大角度球时,不要向后跑,而应向前迎球,用拉球回击。接发球时应选择合适位置,其标志是使正手和反手各有二分之一的机会接球。切忌在中场等球,应将中场视为接球时不站人的区域。

3. 把球打深

把球打深是指打出的球落点要靠近球场端线附近。在单打比赛中,把球打深能将对手压在底线附近,这样可以防止对手上网,还能使自己有更充裕的时间为下次击球做好准备。另外,还能使对手回击的角度减小。对准备随球上网的队员来说,将球打深也有重要作用。这里应当注意,在底线击球要想把球打深,就应使球在网的上空较高处通过,大约离网上空至少 1.5 m。

4. 调动对手

调动对手就是把对手调离其能较好发力击球的位置,使其在场上出现空当,这样就能争取比赛的主动权。一般通过打斜线球和打直线球达到调动对手的目的。

打斜线球可以有较高的安全系数,因为斜线球要通过球网上空的中间位置,而球网中间的网高要比两侧立柱的高度低 15 cm,故容易击球过网,它对提高命中率有较大作用,这是球网特点所形成的,应充分利用。此外,打斜线球比打直线球飞行距离长,经计算一般要长1.98 m。

打直线球对调动对手也有特殊意义,因为直线球距离比斜线球相对来说要短一些,故它能适当加快回击速度。当对手打来斜线球时,以直线球回击,可以左右调动对手。在对手出现空当时,用直线球回击,可增大击球的威胁性。

5. 网前截击

当队员处于较有利的网前位置时,可充分发挥网前快速截击的威力。截击时采用变线打法,能够向空当回击,取得良好效果。所谓变线打法就是对手打斜线球,用直线球回击;或对手打直线球,用斜线球回击。

(二)双打战术

1. 基本站位

双打时除发球和接发球队员在端线附近外,一般都站在网前位置。发球的队员站在规定发球区内,接球的队员则站在规定发球区的另一侧的端线附近准备接发球。发球队员的同伴一般站在网前,有时也可以站在端线附近,位于发球队员的另一侧。接发球队员的同伴一般站在网前,有时也不直接站在网前,而是站在发球线附近,当对手打球后再向左前或右前扑截球。

2. 发球

双打发球落点要深,如果发球有足够深度,就能控制对手冲到网前进行截击。第一发球应采用大力发球,发球后随球上网,这时动作要迅速,先冲前三四步,然后停下来,准备进行第一次截击。

3. 接发球

对方发球时,接球的同伴一般站在发球线附近,接发球队员回球的情况将直接影响其同伴的动作。如果接球队员能有效地接过发球,并且能够上网,这时两个人都应同时上网;如果接发球回击的球力量较弱,这时接球队员的同伴就应立即退到端线附近,不要停在原地。对发过来的球不能做有力地回击,就要想到在端线附近进行防御。如果两人同在后场站位时,应保持使球落在中间地带,以减小对手回球的角度。

4. 及时补位

双打比赛中两个人及时补位很重要,它可以补救场上出现的薄弱地区。例如发球队员的同伴由于截抢冲力过大而冲过中线,这时发球队员就应及时向空当补位。如果遇到两个对手同时上网时,同伴向中路回球较低,被对手截击,这时处在截击队员对面的网前队员应及时截抢。如果接球队员将球打给网前队员,这时接球队员的同伴应迅速后退到中场。

5. 双上网和双底线

双打是两个人互相配合而进行的比赛,两个人应当发挥出一个整体水平来。优秀运动员双打时,采用的理想阵势是两人在前或是两人在后。如果两个人是处于双上网的位置,而同时对方也是双上网,这种情况下双方都会向有球的一侧移动。很多球是在中场来回击打,因此球场另一部分就会出现一个很大的空区。这一空区往往是对手进攻偷袭的地区,比赛中应当有意识地注意这一地区。如果两个人是处于双底线位置,那么回击时就应当使球多落在中间场区,以减小对方回球的角度。另外,双打比赛应随时重视防御中间地带,因为这一地带是被攻击的主要目标,所以要求两人配合默契。

第六章 游泳运动

第一节 蛙 泳

一、蛙泳技术

蛙泳,因模仿青蛙游水动作而得名,是最古老的一种游泳姿势。蛙泳时身体要俯卧,两臂须与水面平行,两腿要在同一水平面上做向外翻腿及蹬腿动作,两手应在水面下同时向后划水,并同时从胸前伸出,在整个游程中,头的一部分应始终露出水面。蛙泳呼吸方便、省力、实用性较高,因此深受人们的喜爱。

图 6-1-1

(一)身体姿势

蛙泳时,身体水平地俯卧在水中,两臂向前伸直并拢,掌心向下,头略前抬,水平前额,身体纵轴与前进方向成 5°~10°角(见图 6-1-1)。

(二)腿部动作

蛙泳腿部动作是推动身体前进的主要动力。腿部动作由收腿、翻腿、蹬腿和滑行四个不可分割的阶段所组成。

蛙泳腿部技术

1. 收腿

收腿时,两膝向下自然弯曲,边收边分,两膝内侧约与肩宽;收腿时,力量要小,两脚和小腿要收在大腿的后面,以减小回收时的阻力。收腿结束时,脚跟靠拢臀部,大腿与躯干约成 140°角(图 6-1-2 之 1-3)。

2. 翻脚

收腿将结束时,脚仍向臀部靠拢,这时膝关节内

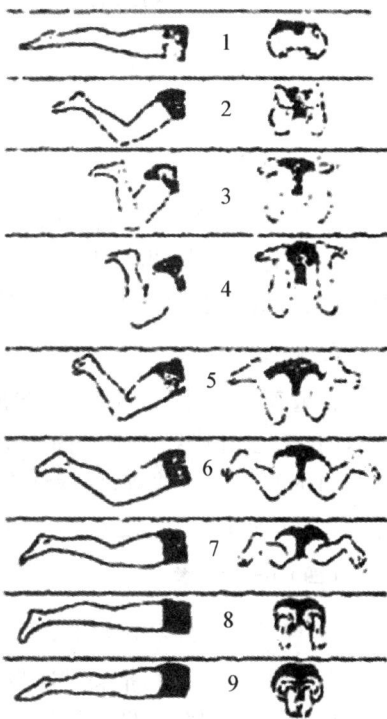

图 6-1-2

099

扣,同时两脚外翻,使脚和小腿内侧正对蹬水方向(图6-1-2之4)。

3. 蹬腿

蹬腿时,大腿发力,先伸展髋关节,然后伸展膝关节,最后伸展踝关节,使蹬水方向尽量向后,做到边蹬边夹(图6-1-2之5-9)。

4. 滑行蹬腿结束后,双腿伸直并拢,使人体保持水平姿势,随蹬水获得的速度向前滑行

蛙泳臂部技术

(三)臂部动作

蛙泳臂部动作可分为开始姿势、抓水、划水、收手和伸臂五个阶段。

1. 开始姿势

蹬水结束时,两臂自然向前伸直与水面平行,手指自然并拢,掌心向下(图6-1-3之1)。

2. 抓水

手向前伸出后,臂立即内旋,掌心转向外斜下方并稍勾手腕,两手分开向外下方压水。其目的是为划水创造条件,同时还使身体位置升高,便于抬头吸气和推动身体前进(图6-1-3之2)。

3. 划水

当抓水结束时,立即开始划水。划水时肘关节逐渐弯曲,并保持较高位置。划水的路线是向侧、下、后、内划水,当手划至肩前两臂夹角约成120°时,两手转向后、内划,并过渡到向里收手动作(图6-1-3之4)。整个划水动作应在一定速度下进行,这样划水效果才好。

4. 收手

收手时,臂外旋,肘向下内方收在体侧下,两手掌心由向后转向内,再向上收到头前下方,收手结束时,肘关节低于手,大小臂成锐角(图6-1-3之5)。

5. 伸臂

伸臂动作是由先伸肩、后伸肘关节来完成的。伸臂时,掌心由相对逐渐转向下方,使臂靠近水面,沿平直的路线向前伸直,伸臂结束时,两手并拢尽量靠近水面(图6-1-3之8)。

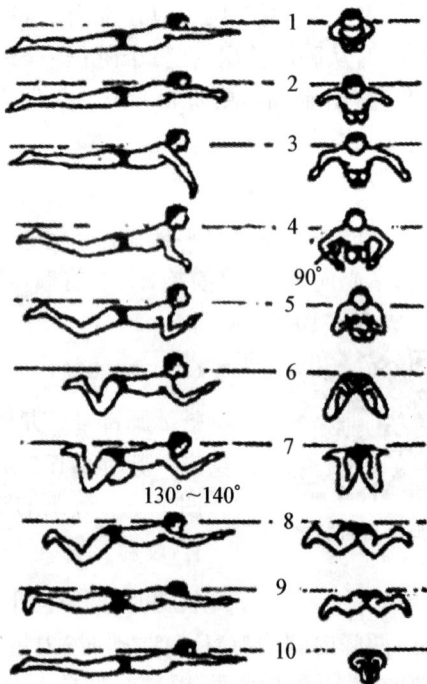

图 6-1-3

(四)配合技术

1. 呼吸与臂部动作的配合

两臂开始划水时,抬头迅速吸气;在收手时,低头闭气;伸臂向前滑行时,逐渐呼气;滑行将结束时,结束呼气。臂开始划水时,又抬头吸气。

2. 腿、臂动作的配合

蛙泳腿、臂配合是十分重要的。如果配合不协调,将直接影响到臂、腿动作的效果和前进的速度。一般的臂、腿配合技术是臂划水时,腿保持放松并成伸直姿势(图6-1-3之2-4)。收臂、手同时完成收腿动作(图6-1-3之5、6);臂前伸时做蹬水动作(图6-1-3之7、8);伸蹬之后,臂腿伸直滑行(图6-1-3之9)。

二、蛙泳的教学方法

蛙泳的教学顺序是先学腿部动作,后学臂部动作(含呼吸),最后学习腿臂配合和完整的配合动作。

(一)腿部动作的教学

1. 陆上模仿练习

练习一:坐在岸上或池边,上体后仰,两手后撑,按口令做收腿、翻脚、蹬夹、伸直、停的动作(图6-1-4)。

练习二:俯卧凳上或俯卧扶池边,做蛙泳腿的模仿练习,也可以由同伴帮助体会和纠正动作(图6-1-5)。

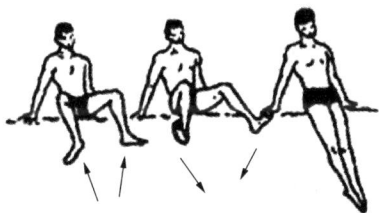

图6-1-4

图6-1-5

2. 水中练习

练习一:俯卧扶池边,可在同伴的帮助下,先练习分解动作,然后练习完整的脚步动作,连续反复做(图6-1-6)。

练习二:边蹬边滑行做腿的练习。滑行中做收腿、翻脚、蹬夹的动作,要求收腿时边收边分,注意放松,收完后要及时蹬脚,蹬水时要适当用力,蹬夹动作连贯。

(二)臂部动作及呼吸配合的教学

1. 陆上模仿练习

练习一:两脚开立,上体前倾,两臂向前伸直,两手并拢,掌心向下,按口令做抓水、划水、收手、伸臂,并过渡到1拍完成。

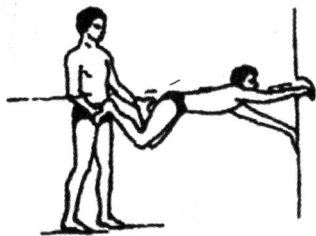

图6-1-6

练习二:基本掌握臂的动作后,即可配合呼吸。开始或划水时抬头呼气,收手时低头闭气,伸臂时呼气。

2. 水中练习

练习一:站在齐胸的水中,上体前倾做陆上臂部动作的练习。练习二:在走动中做臂部动作与呼吸配合的练习(图6-1-7)。

图6-1-7

练习三:俯卧,由同伴托住腹部,练习臂动作与呼吸的配合。练习四:两腿夹浮板,练习臂动作与呼吸的配合。

(三) 完整配合动作的教学

1. 陆上模仿练习

练习一:原地站立,两臂上举并拢伸直,按口令做:"1",两臂向两侧,向下做弧形屈臂划水;"2",两臂向上将要伸直时,翻脚的一腿向下做弧形蹬夹水的动作,并还原成预备姿势(图6-1-8)。稍停后再重复练习,然后连做。

练习二:同上练习,加抬头并配合呼吸动作。

2. 水中练习

练习一:滑行后闭气做臂和腿的分解配合练习,即划一次臂后,再做一次腿的收、蹬、夹水的练习,臂腿依次交替进行;

图6-1-8

练习二:在练习一的基础上,过渡到收手的同时收腿,臂将伸直时蹬夹腿,做连贯的练习;练习三:在练习二的基础上,加呼吸配合练习,即开始腿、臂动作几次,呼吸一次,逐渐过渡到腿、臂动作一次呼吸一次;练习四:反复练习,逐渐增加游泳的距离,并在游进中不断改进技术。

第二节　自由泳

自由泳是身体俯卧水中,依靠两臂轮换划水的游泳,因其动作很像爬行,所以又称为爬泳。爬泳是速度最快的一种游泳姿势,在自由泳项目比赛中多采用爬泳,故其被称为自由泳。它在防洪抢险、横渡急流、抢救溺水者时能发挥积极作用。

两臂和呼吸的配合

一、自由泳技术

(一) 身体姿势

游自由泳时身体要保持几乎水平的俯卧姿势,躯干肌适当紧张,成较好的流线型,身体纵轴与水平面成3°～5°角。头部应自然地使颈后屈,两眼注视前下方,头的1/3露出水面,水平面接近发际。为了争取动作效果,允许双腿暂时下沉。游进中身体可以围绕身体纵轴有节奏地转动,这种转动一般在35°~45°角范围内。

(二)腿部动作

爬泳腿部技术

自由泳打腿主要起维持身体平衡的作用,可以使下肢抬高,保持身体有较好的流线型,同时协调配合两臂用力地划水动作,并能提供一定的推动力。

打水动作脚掌伸直并略内转,踝关节自然放松,以髋为支点,动作从髋关节开始,大腿发力稍内旋,带动小腿,力量通过大腿、膝、小腿,最后到足部形成上下鞭打状打水动作,两腿分开的距离为30~40 cm,向上打水膝关节弯曲140°~160°角,向下打水结束时,脚离水面30~35 cm。

爬泳臂部技术

(三)臂部动作

臂划水是自由泳推动身体前进的主要动力。臂的一个划水周期可分为入水、抱水、划水、出水、空中移臂五部分。

1. 入水(图6-2-1)

臂入水时,肘关节略屈并高于手,手指并拢伸直,向斜下方切插入水;或掌心暂向外侧切入水中,使手掌与水面的角度为30°~40°。动作要自然放松,臂入水时在身体中线与延长线中间。臂的入水顺序为:手—前臂—肘—上臂。

2. 抱水(图6-2-2)

臂入水后,手腕自然伸直,掌心转向下,积极插向前下方至有利于抱水部位。此时前臂和上臂应积极外旋,当手臂接近完全伸直,手臂与水平面成15°~20°角时,手腕向下弯曲,同时开始屈肘,使肘关节高于手。上臂划至与水平面成30°角时,手和前臂已经接近垂直对水;肘关节屈至150°左右时,水和前臂以较大的截面积对准划水面,整个手臂像抱着一个大圆球似的为划水做准备。

图6-2-1

图6-2-2

3. 划水(图6-2-3)

划水是指手臂在前与水平面成40°角时起,向后划至与水平面成150°~200°角为止的动作过程,是产生推进力的主要阶段。这个阶段又分为两个部分,从整个臂部划至肩下方与水面垂直之前称为拉水,过垂直面后称为推水。

拉水是从直臂到屈臂的过程。抱水结束时,屈肘为150°左右。拉水时,前臂的速度快于手臂,继续屈肘。当臂划至肩下方时,手在体下靠近身体中线,屈肘为90°~120°角。整个推力过程应保持高肘姿势,使手和前臂能更好地向后划水。

推水是手臂屈与伸的过程,推水中肘关节向上,向体侧靠近。手在拉水结束后即从肩下中线处向后侧划动至大腿旁。推水时,手掌应始终与水平面保持垂直,这有利于推水时产生反作用力而向前推进。

整个划水动作,手的轨迹始于肩前,继之到腋下,最后到大腿旁,呈S形。

图6-2-3

4. 出水(图6-2-4)

在划水结束后,臂由于惯性动作而很快地靠近水面。出水时,手臂放松,微屈肘,肘部向上方提起带动前臂出水面,掌心转向上方。手臂出水动作必须迅速、柔和、放松而不停顿。

图6-2-4

5. 空中移臂(图6-2-5)

臂在空中前移的动作是手臂出水的继续。移臂开始时,手掌几乎完全向后,提肘向上,手腕放松,手落后于肘关节。当手前摆过肩时,应与肘成一直线。这时手和前臂逐渐向前伸出,掌心也从后上方转向前下方,接着做准备入水的动作。

图6-2-5

(四)两臂配合技术(图6-2-6)

划水时,依照两臂所处的位置不同,可分为三种交叉形式,即前交叉、中交叉、后交叉。

前交叉配合当一臂入水时,另一臂处于肩前方,与水平面成30°左右角。

中交叉配合当一臂入水时,另一臂处于肩下垂直部位,与水面构成约90°角。

后交叉配合当一臂入水后,另一臂划水至腹部下方,与水平面构成约150°角。

初学者应采用第一种交叉形式,它有利于掌握自由泳动作和呼吸动作。

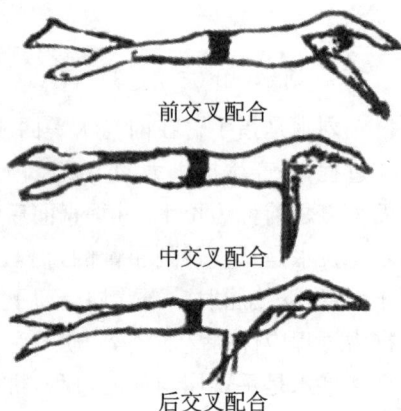

前交叉配合

中交叉配合

后交叉配合

图6-2-6

（五）臂、腿与呼吸配合的完整动作

自由泳采用转头吸气的方法。这里以向右吸气为例，右手入水后，嘴与鼻慢慢呼气。右臂划水至肩下时，头向右侧转，呼气量增大。右臂推水快结束时，用力呼气，直至嘴出水面。右臂出水时吸气，移臂至与肩平齐时吸气结束。随之臂继续向前移动，转头还原闭气。自由泳的呼吸与臂、腿的配合是呼吸 1 次、臂划 2 次、腿打 6 次，即 1∶2∶6，但也有 1∶2∶4 或 1∶2∶2 的配合。

二、自由泳的练习方法

（一）腿的练习

1. 扶池槽打水（图 6 - 2 - 7）

大腿带动小腿交替向后下方打水。向上提时放松，向下打水要用力。可结合呼吸练习。

图 6 - 2 - 7　　　　　　　　　　　　　　　　图 6 - 2 - 8

2. 滑行打水（图 6 - 2 - 8）

向上提腿时膝关节稍屈，向下打水时脚面绷直，脚尖稍向内转。打水幅度为 30～40 cm。

（二）臂和呼吸的配合

1. 划臂呼气（图 6 - 2 - 9）

以左臂为例，左臂在肩前插入水后，逐渐屈臂向后划水，同时呼气。划臂不要超过身体中线。

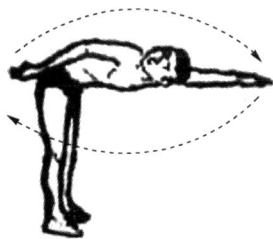

图 6 - 2 - 9　　　　　　　　　　　　　　　　图 6 - 2 - 10

2. 推水吸气（图 6 - 2 - 10）　右臂向后推水时转头吸气，提肘出水时同时完成吸气动作。抬头不要太高太猛。

3. 移臂闭气　左臂从体侧向前移臂时，头逐渐转入水中闭气。

（三）单臂划水

两腿连续打水，一臂前伸一臂划。两臂交替进行，逐渐过渡到连贯动作。

（四）连贯动作

右臂下滑要伸肩,左臂推至大腿边(呼气)。伸肩:右臂下滑时,尽量向前下方拉开肩带肌肉,掌心向下。

右臂肩前抱好水,左臂提肘出水面(呼气)。抱水:右臂向外提肘屈臂,使手掌和小臂向后抱水。

右臂肩下屈臂划,左臂前伸插入水(呼气)。划水:右臂划至肩下时,大小臂屈成120°角左右,加速向前划水。

右臂推至大腿边,左臂下滑要伸肩(转头吸气)。推水:右上臂靠近体侧,小臂用力向后推水。吸气要深、要快。

右臂提肘出水面,左臂肩前抱好水(完成吸气)。出水:右臂利用推水速度的惯性,在腿侧提肘出水向前移臂,肌肉放松。

右臂为伸插入水,左臂肩下屈臂划(闭气)。入水:右手自然合拢,右肘高于手,在肩前部插入水。

第三节　游泳安全

我国幅员辽阔,海岸线长,江河纵横,湖泊星罗棋布,这些有利条件为开展群众性游泳活动提供了基础。随着人们生活水平的不断提高,参加游泳活动的人越来越多,游泳运动也越来越普及。进行游泳活动,除了需要掌握游泳技术外,还要了解游泳的基本常识,防止意外事故发生。

一、游泳安全措施

游泳运动与其他体育项目显著不同之处,就在于它是在水中进行的。如果没有掌握水性,会使人体下沉,发生溺水,甚至造成死亡。因此,游泳的安全问题非常重要,应引起每一位游泳者足够的重视。在进行游泳活动时,必须把安全教育和安全措施放在首要地位,使大家清醒地认识到,如果由于我们的疏忽大意而发生事故,将会给个人、家庭以及社会造成损失。因此,必须树立安全意识,克服麻痹思想,进行安全卫生知识、安全措施和一般救护常识以及组织纪律性教育。

加强游泳的组织工作是开展游泳活动,保证安全的重要措施,特别是利用天然水域游泳,由于水域宽,环境复杂,组织工作更为重要。游泳的组织工作,一般包括每次下水前进行安全教育,规定严格的纪律要求,游泳前后认真清点人数,编好互助小组,设立安全监督哨,准备好救护器材,配备救护人员等。

利用江河湖海游泳时,必须对天然水域进行调查、选择以及布置。调查的内容,包括水的深浅、水温、水质、流速、漩涡、暗流、淤泥、水下障碍物以及往来船只等,应根据以上调查所得选择游泳场所。场地选好后,根据水域的具体情况,用鲜明的标志物布置,如在周围打木桩,用绳子穿上浮标或竹筒,将范围围起来并标明水的深度,在深水区还可以用封闭的桶或竹排做浮台,供救护人员观察或游泳者休息。

二、游泳的卫生知识

（一）游泳时应注意的卫生事项

游泳者应进行体检为了保证游泳者的健康和安全,防止疾病传染,在游泳前必须进行体格检查。患有传染性肝炎、活动性肺结核、细菌性痢疾、化脓性中耳炎、严重的心血管疾病、红眼病、皮肤病、精神病以及有开放性创口等的人,都不宜游泳。

饭后和饥饿时不宜游泳。饱食后游泳会减少消化器官的血液供应,使消化器官能力降低,影响食物的消化和吸收。另外,由于水的温度和压力会使胃肠的蠕动功能受到影响,容易引起胃痉挛,出现腹痛或呕吐。因此,饭后不宜立即游泳,一般相隔半小时到一小时后再游泳。空腹时血糖含量下降,这时游泳易出现头晕或四肢无力,甚至有昏厥的可能。

剧烈运动后不宜立即游泳。人体在剧烈运动或强体力劳动时,新陈代谢活动增强,体温升高。如果此时立即下水游泳,身体突然受到冷的刺激,体温会迅速下降,同时对病菌的抵抗力减弱,容易感冒。另外,在剧烈运动或大强度体力劳动后,人体已经感觉疲劳,肌肉的收缩和反应能力减弱,动作不易协调,如果立即游泳,会造成疲劳的积累,容易引起肌肉抽筋或发生溺水事故。因此,在剧烈运动或强体力劳动后,应休息一会,待体力恢复后再游泳。

游泳前要做好准备活动。准备活动可提高神经系统的兴奋性,增强心血管系统和呼吸系统的功能,加快血液循环和物质代谢,使肌肉的力量和弹性增加,身体各关节的活动范围加大,灵活性提高。这些变化都有利于身体更好更快地适应游泳运动的需要。同时,对防止肌肉抽筋和拉伤有积极的作用。准备运动一般可做徒手操、跑步、游泳模仿动作以及各种拉长肌肉和韧带练习。要特别注意活动颈、肩、腰、髋、膝、踝、腕各部位的关节。

游泳时要讲究公共卫生。游泳池、游泳场属于公共场所,水质的好坏对每个游泳者的健康都有密切的关系。因此,要养成良好的卫生习惯,讲究公共卫生,遵守卫生守则,以保持池水的清洁。

女子经期游泳要采取卫生措施,未采用措施者不宜游泳。

游泳结束后,应立即擦干身上的水,以防受凉。游泳后,最好点些眼药水,以防眼病。

（二）游泳时常见的几种现象及其处理方法

皮肤过敏　下水后冷水的刺激和出水后被风吹,有时会引起皮肤过敏。皮肤过敏轻表现为皮肤发红和起疙瘩等,严重者会出现头晕、心跳、气喘、恶心以及呕吐等现象。在游泳时,如遇上述情况,应立即上岸,擦干身体,穿好衣服,注意保暖,喝点热开水,出点汗,一般能很快恢复,如果反应严重则应请医生诊治。

头晕　游泳时站在水中休息或游泳后上岸时,由于身体姿势由平卧改为站立,这时血液循环受重力改变的影响,不能及时回流心脏,造成脑部血液暂时供应不足,会产生头晕现象。另外,人体在水中大量散热,消耗的能量较大,有时也会因血糖下降而引起头晕,以上现象一般来说都是正常的生理反应,休息后很快便能恢复。经常游泳头晕的感觉就会逐渐消失。如果头晕越来越严重,应请医生检查。

呛水　呛水是水从鼻腔或口腔进入呼吸道而引起的。一般初学者由于未掌握游泳的呼吸技术,或风浪来临没有掌握好呼吸时机都会导致呛水。呛水时会造成呼吸困难,严重者会发生反射性痉挛，使呼吸道梗阻引起窒息。发生呛水时不要紧张，应沉着冷静地把头露出水面，调整呼吸，避免继续呛水，以恢复正常呼吸。

耳朵进水　耳朵进水一般可用单脚跳动法，如右耳进水，头偏向右侧，用右脚单跳几次，水就会流出；也可用吸引法，即头偏向有水的一侧，用手掌紧压同侧耳朵的耳孔外部，屏住呼吸，然后迅速拉开手掌，水就会吸出；必要时可以用消毒的棉棒和柔软的吸水纸，轻轻地伸进外耳道将水吸出。切忌用火柴棍、发卡或锐利的东西乱勾乱挖，以免把外耳道或鼓膜穿破，引起感染，导致中耳炎。

抽筋　抽筋是游泳时经常遇到的问题。所谓抽筋，就是肌肉发生强直性收缩现象。抽筋的原因较多，一般是下水前没有做好准备活动，身体过于疲劳，或遇寒冷刺激等。另外，过分紧张也容易抽筋。发生抽筋时，要保持镇静，必要时可呼救或自救解脱。解脱时要利用"反向原理"，即将抽筋的部位向相反方向拉长和松弛。抽筋自救方法有：① 手指抽筋　将手指握成拳头，然后再用力张开，这样迅速连续做多次，直至抽筋清除为止；② 手掌抽筋　用另一手掌将抽筋的手掌用力向下压，并做振动动作，直至抽筋清除为止；③ 上臂抽筋　手握拳，并尽量屈肘，然后用力伸直，反复进行，直至解脱为止；④ 小腿或脚趾抽筋　先吸一口气，仰浮水中，用抽筋腿对侧的手握住抽筋腿的脚趾，并用力向身体方向拉，同时用同侧手压在抽筋腿的膝盖上，帮助小腿伸直，使抽筋消除；⑤ 大腿抽筋　先吸一口气，仰卧水中，弯曲抽筋的腿，使之与上体成直角，然后用两手抱住小腿使它贴在大腿上，并加握拉动作，随即向前伸直。总之，发生抽筋后，切记冷静，不可惊慌失措并及时呼救或自救。

溺水　发现有人溺水时，救援者应尽量脱去外衣、长裤以及鞋子，以减轻自己的负担，同时也减少溺水者紧抓衣裤的机会。游泳技术尚不熟练者，最好带上救生圈、木板或绳索。如果没有任何抢救物品，应尽量高声呼叫，等待抢救。熟悉水性、游泳技术好的人，应迅速游到溺水者附近，设法绕到他的背后，迅速抓住其手臂或者抓住其头发，以仰泳姿势将溺水者拖至岸边。一旦溺水者被救上岸，应立即开始急救。首先是迅速清理其口鼻内的分泌物和其他异物，保持呼吸道通畅，有活动的假牙应取出，以免坠入气管引起窒息，同时松解溺水者的内衣、胸罩以及裤带等。随后立即开始排水，救护者可将溺水者扛肩上，头部朝下，借此体位排出体内水分，然后将溺水者腹部放在救护者屈曲的膝上，使头部低于胸部，以掌根快速连续拍击背部数次，使水从喉和气管内排出。应注意，切勿因排水过久影响复苏。呼吸或心跳停止者，应立即现场急救，进行心肺复苏，可能持续数小时之久，直到复苏成功或出现生物死亡征象，切不可轻易放弃。切忌不做任何抢救就将溺水者送医院，这样会使溺水者脑缺氧过久，以致无法挽救。

三、急救

溺水者被救上岸后，如已昏迷，呼吸微弱或已停止呼吸，应迅速采取措施进行急救或送医院抢救。

（一）清除杂物

先将溺水者的衣服和腰带解开，擦干身体清除口鼻中的淤泥、杂草、泡沫和呕吐物，使呼吸道畅通。如有活动假牙，应取出，以免堕入气管内。如溺水者牙关紧闭，救护者应用力摩擦其腮上隆起的肌肉，使口张开。或在溺水者头后，用两手大拇指由后向前顶住溺水者的下颌关节,并用力向前推,同时两手食指与中指向下掰开下颌骨,使口张开。

（二）排除腹水

在完成上述处理后。应立即排除腹水,其方法是:救护者一腿跪地,另一腿屈膝,并将溺水者腹部放在腿上,使他头下垂,然后,用一手扶住溺水者的头,使他的嘴向下,另一手压他的背部,使水排出,并立即进行人工呼吸。

（三）人工呼吸

人工呼吸的方法很多,这里仅介绍口对口的吹气法和俯卧压背法两种。

口对口的吹气法。这种方法简便易行,效果比较好。操作方法是:将溺水者仰卧,救护者在他的身旁,用一手捏住溺水者的鼻子,另一手托住他的下颌,深吸一口气,然后用嘴紧对溺水者的嘴吹气。吹完一口气后,嘴和捏鼻子的手同时离开,并用手压一下他的胸部,帮助呼气。如此有规律地进行,每分钟做15~20次。开始稍慢些,以后可适当加快,直至溺者呼吸正常。

俯卧压背法。这种方法的优点是溺水者为俯卧位置,可减轻呼吸道的阻塞,方法也比较简单,容易掌握。操作方法是:将溺水者俯卧平板或平地上,一臂前伸,另一臂弯曲垫于头下,脸向侧,使口鼻呼吸畅通。救护者两腿跪在溺水者大腿两侧,两手按住溺水者后背的肋腰部位。操作时要注意拇指相对,靠近脊柱,四指稍分开,俯身向前下方推压,将溺水者肺内空气压出,形成呼气。然后,救护者身体还原,同时两手放松,让溺水者的胸廓扩张,使空气进入肺内,形成吸气。按上述方法操作,每分钟约做18次,直至溺水者的呼吸恢复正常。

第七章　田径运动

第一节　田径运动概述

一、田径运动的概念

田径运动是以走、跑、跳跃、投掷等动作形式组成的锻炼身体的手段，或按照特定的规则进行比赛的运动项目。

"田径运动"来源于英国，英文名"Track and Field"，Track 意思是小路，Field 的意思是田野，在 19 世纪末田径运动进入中国的时候人们就自然地将这一运动项目译为田径。根据国际业余田径联合会章程中对田径运动的解释，田径运动的定义表述为："田径运动是由田赛和径赛、公路赛、竞走和越野赛组成的运动项目。"

田径运动

径赛：通常把在跑道或公路上举行的以时间计算成绩的比赛项目称为径赛。

田赛：在专门的场地上进行的以高度和远度计算成绩的比赛项目称为田赛。

全能运动：全能运动是由部分跑、跳跃、投掷项目组成的以评分为办法计算成绩的综合比赛项目。

二、田径运动的起源与发展

（一）田径运动的起源

田径运动是一项古老的体育运动。远古时代，人们为了获得生活资料，在和大自然以及飞禽走兽的斗争中，需要有快速的奔跑，敏捷的跳跃和准确的投掷等本领。由于在劳动实践中经常地重复这些动作，便逐渐形成了走、跑、跳、投等各种技能。为了提高同大自然做斗争的能力，人们又有意识地进行走、跑、跳、投的练习，进而逐渐形成了这些项目的比赛形式。

据史料记载，公元前 776 年在古希腊奥林匹克村举行的第一届古代奥运会上，就有短跑项目。马拉松比赛是为了纪念雅典战士菲力比斯而设置的。公元前 490 年，菲力比斯为了把希腊战胜波斯的消息尽快送到雅典，从马拉松镇一直跑到雅典，传达了胜利的消息后便力竭而死。在 1896 年第一届奥运会上，举行了从马拉松镇跑到雅典的比赛。现代长跑的发祥地是英国，18 世纪时，英国已有一些职业赛跑选手进行长跑比赛，很受人们的欢迎。

跨栏跑项目是由英国牧羊人的跨栏游戏演变而来的。1864 年在首届牛津剑桥校际对抗赛上，第一次正式举行了跨栏跑比赛。

公元前 8 世纪的古希腊奥运会上,已有跳远比赛,跳远也是当时五项全能之一。现代跳远始于 19 世纪中叶。1896 年在雅典举行第一届现代奥运会时,跳远就是正式项目。

三级跳远是由多次跳演变而来的。古代日耳曼人和克尔特人已有多次跳这种运动方式。公元前 200 年,克尔特人运动会上就有类似三级跳远的比赛。现代三级跳远起源于爱尔兰和苏格兰。19 世纪中叶以后,逐步形成了三级跳技术的几种流派。

跳高作为田径比赛的项目源于爱尔兰和苏格兰。1800 年,跳高已是苏格兰高地运动会的比赛项目之一。

撑竿跳高项目初期是由撑杆或投枪作为支撑物越过深沟、水溪和围墙演变过来的。爱尔兰的塔里蒂安运动会一直举行到公元 554 年,撑竿跳就是这个传统运动会上的项目之一。后来,撑竿跳又从爱尔兰传到苏格兰和英格兰。撑竿跳高第一次作为正式竞技运动项目是在 1866 年。

链球是由爱尔兰和苏格兰的铁匠和矿工们投掷木柄铁锤游戏演变而来的。19 世纪中叶,在英国的一些大学里出现了链球这个田径项目。1890 年前后,美国人把链球的木柄改为铁柄,后来改成钢链。

铅球比赛是由炮兵投掷炮弹比赛演变过来的。公元 14 世纪,在炮兵的训练中,时常进行投炮弹的比赛,炮弹重量为 16 磅,即 7.26 千克,此重量一直沿用至今。

早在公元前 708 年,投掷铁饼就成为古代奥林匹克运动会五项全能竞技运动项目之一。赛跑、跳跃、投盘、投标枪和摔跤这五项中的"投盘"指的就是掷铁饼,不过那时仅是一种石制的圆盘,后来才用铁和青铜来制作。

1896 年,在希腊雅典举行了第一届现代奥林匹克运动会,田径比赛是核心项目,其中包括 100 米、400 米、800 米、1 500 米、马拉松、110 米栏、跳高、撑竿跳高、跳远、三级跳远、铅球和铁饼,共 12 个男子项目。这些项目有代表性地体现出现代奥林匹克格言:"更快、更高、更强"。

(二)世界田径运动发展概况

1. 田径运动项目和比赛的发展

1896 年第 1 届奥林匹克运动会的田径运动比赛是现代世界田径运动的开始。奥运会田径比赛能较集中地反映出世界田径运动的发展、变化和运动水平等情况。世界田径运动发展一百多年来,经受过战争和重大政治事件的影响与考验。例如,受第一次世界大战影响,第 6 届奥运未能举行;1920 年第 7 届奥运会田径运动比赛成绩显著下降,运动成绩低于 8 年前的第 5 届奥运会。受第二次世界大战影响,第 12、13 届奥运会未能举行;1948 年第 14 届奥运会田径运动比赛成绩比 1936 年第 11 届奥运会田径运动成绩还低。

20 世纪 80 年代以来,国际田联为组织更多的世界田径比赛,采取了一系列改革举措:1983 年设立四年一届的世界田径锦标赛;1985 年开始每年设立 15 场田径系列大奖赛(甲级);从 20 世纪 90 年代起将世界田径锦标赛改为每两年一届。世界田径比赛规模逐步扩大,参赛的国家、地区和运动员越来越多,竞赛裁判组织工作也越来越规范和严格,比赛竞争更加激烈。

为了适应日益频繁而又激烈的比赛需要,优秀运动员年周期训练中负荷的量和强度不断提高,特别是强度不断加大,专项化训练更加突出,这就要求运动员在全年都保持较高的竞技状态,赛后经调整也要能很快地恢复。比赛期延长,比赛次数增多,对运动员的比赛能力要求越来越高,是现代田径运动发展的特点。

2. 世界田坛实力格局的变化

20世纪90年代初,由于苏联的解体、德国统一等因素,世界田径运动格局发生了较大的变化。从近几年奥运会和世锦赛田径比赛来看,美国仍然是当今世界田径强国,在短跑、跨栏跑、跳跃和男子投掷等项目上人才济济,有很强的竞争实力。

俄罗斯的优势项目分布极广,男子主要集中在投掷、竞走及跳跃的高度项目,而女子则几乎覆盖了大部分项目,由此可见俄罗斯雄厚的田径基础。凭借着其全面开花的项目优势,俄罗斯在世界性田径大赛中的综合成绩稳步提高。

肯尼亚、埃塞俄比亚、摩洛哥凭借着在中长跑项目上高水平选手的数量和人才储备,保持着世界田径第二集团地位。

在世界田径运动第二集团中,除了非洲三国长期占有一席之地以外,一些国家则因为某些项目成绩的上升而进入了世界田坛"新贵"的行列,如白俄罗斯、瑞典、南非等国。应该说这些国家原来成绩就不错,近几年通过不断努力,在一些项目上形成了一定的优势,如白俄罗斯的投掷、南非的跳高等。一些老牌田径强国由于优势项目或原来赖以支撑的几名优秀选手水平下降,从而导致整体田径运动水平下降,如德国、古巴、罗马尼亚等。

当今世界田坛呈现出明显的优势项目的地域分布特征,这是因为经过多年实践,许多国家已经认识到根据本国的特点和优势来发展对应的项目是在国际田径赛场上取得一席之地的捷径。因此,现在已经有越来越多的国家进入争金夺银的竞争行列。

3. 世界田径运动整体水平的发展

20世纪50年代至今,世界田径运动成绩不断提高,并达到很高的水平。世界田径运动总体竞技水平经过了迅速发展、提高和稳定的过程。世界田径运动发展表现出以下几个特点:① 从世界田径运动发展轨迹来看,世界田径运动的成绩呈现出持续发展态势;② 世界田径运动在20世纪80年代期间整体水平高速发展,在进入90年代后总体成绩发展势头趋向平稳,田径成绩越来越接近身体极限水平;③ 在过去的20年里,世界田径运动成绩的发展呈现出一种锯齿状走势。在奥运会年、世锦赛年成绩总体水平基本上都处于高峰。

20世纪80年代以来,世界男子田径总体竞技水平呈现持续发展的态势。在奥运会年以及世锦赛年尤其明显,表现为男子田径竞技成绩基本上围绕奥运会和世锦赛波动的规律。世界女子田径总体竞技水平也呈递增趋势。但是,女子田径运动水平发展速度高于男子。同时,女子田径运动总体成绩振幅也明显高于男子。

(三) 我国田径运动发展概况

1. 我国田径运动发展概述

新中国成立后,中国田径运动得到迅速普及,水平迅速提高。1957年我国跳高运动员郑凤荣跳过1.77米,打破了当时女子1.76米的世界跳高纪录。1984年,我国运动员首次参加第23届奥运会,朱建华获得男子跳高铜牌。1988年第24届奥运会,李梅素获女子铅球铜牌。1992年第25届奥运会,陈跃玲获女子10公里竞走金牌,黄志红获女子铅球银牌,曲云霞和李春秀分别获得女子1500米和10公里竞走铜牌,中国田径运动员实现了在奥运史上金牌零的突破。1996年第26届奥运会,王军霞获女子5 000米跑牌和10 000米跑银牌,隋新梅获女子铅球银牌,王妍获女子10公里竞走铜牌。我国运动员还参加了7届世界田径锦标赛,共获得7枚金牌、5枚银牌和5枚铜牌,这些奖牌主要分布在女子竞走、中长跑、铅球、标枪、铁饼和男子跳高等项目上。2000年第27届奥运会上,王丽萍获女子20公里竞走金牌。由此可见中国女子田径部分项目已达到或接近世界先进水平。20世纪80年代中期,中国取代日本成为亚洲田坛第一强国。1990年第11届亚运会,我国田径运动员共获得29枚金牌,使中国在亚洲田坛的地位更加巩固。到2002年第14届亚运会,我国已4次蝉联亚运会田径比赛、7次蝉联亚洲田径锦标赛金牌总数第一名。20世纪90年代后,随着苏联解体、中亚五国的加入以及日本、韩国、印度、斯里兰卡、卡塔尔、沙特阿拉伯等国家田径运动水平的不断提高,亚洲田坛竞争更加激烈。虽然我国在1994年第12届和1998年第13届亚运会上获取田径奖牌的总数逐渐减少,在亚洲的优势地位面临着更多的挑战,但就整体实力而言,中国仍可保持在亚洲田坛的领先地位。

在2004年雅典奥运会上,我国田径队一举夺得了两枚金牌。我国选手刘翔在男子110米栏决赛中以12.91秒获得金牌,并创造了中国和亚洲的110米栏纪录,成为第一个获得奥运会田径短跑项目世界冠军的黄种人。这个成绩不仅打破了12.96秒的奥运会纪录,还平了英国选手科林·约翰逊1993年8月20日在德国斯图加特创造的12.91秒的世界纪录。我国邢慧娜在雅典奥运会田径女子10 000米比赛中夺得冠军。

整体来说,我国田径运动竞技水平在世界田径大赛中还较落后,与美国、俄罗斯等田径强国差距较大。

2. 我国田径运动水平现状

奥运会和世界田径锦标赛是世界最高级别的田径运动比赛,各国田径运动员在其比赛中获得的成绩,基本上可以反映出一个国家的田径运动水准及其在世界田坛的地位。从1984年第23届奥运会到2004年第28届奥运会,中国田径运动员在田径运动项目比赛中只获得5枚金牌,在6届奥运会共计262块金牌中,中国田径运动员获得的金牌仅占总数的2.3%。1983—1999年的7届世锦赛中,中国田径运动员总共获得7枚金牌,仅占7届世锦赛307块金牌总数的2.28%,获得奖牌也仅占奖牌总数的5.32%。在7届世锦赛举办的26年中,中国田径运动员只有14个项目进入前8名,7个项目进入前3名。

三、田径竞赛项目分类

现代世界田径运动的分类,在径赛、田赛、公路跑、竞走、越野跑、山地跑这六大类之下微观的是田径比赛项目的分类,这也应按国际田联承认世界纪录的项目进行分类。此外,各国也可根据国情设立本国比赛项目、纪录进行分类。如苏联田径运动的分类为:竞走、平跑、自然条件下的跑、超越障碍跑、接力跑、跳跃、掷、推及全能九大类。在这九大类中,又划分项目类别,将自然条件下的跑分为越野跑、公路跑,接力跑分为短距离、中距离及混合距离接力跑等。按项目类别和性别、年龄、组别再分很多比赛项目,如全能就有10个比赛项目,接力跑有13个比赛项目。中国、日本田径专著或教材中主要按走、跑、跳、投和全能五个部分,以及结合本国男女青少年年龄组别进行田径分类和田径运动的比赛项目分类。这些都反映了各国田径运动的发展状况和特点。

当今国内外田径运动的分类主要是根据性别、年龄、比赛项目和比赛场地（室外与室内）等结合实际情况进行分类的。

田径项目包括径赛、田赛和全能。其中以时间计算成绩的项目叫径赛，以高度和远度计算成绩的项目叫田赛，全能项目是以各单项成绩按《田径全能运动评分表》换算分数计算成绩的。

（一）竞走

在田径场内进行的有 5 000 m 竞走、10 000 m 竞走和 20 000 m 竞走，在公路上进行的有 10 km、20 km 和 50 km 竞走。

（二）跳跃

表 7 - 1 - 1 跳跃项目

项目	男子组	女子组	备注
高度	跳高	跳高	少年女子组没有撑杆跳高及三级跳远项目，其余项目与成人相同
	撑杆跳高	撑杆跳高	
远度	跳远	跳远	
	三级跳远	三级跳远	

（三）径赛

表 7 - 1 - 2 径赛项目

项目	距离					
	成年		少年			
	男子组	女子组	男子甲组	男子乙组	女子甲组	女子乙组
短距离跑	100 m	100 m	60 m		60 m	
	200 m	200 m	100		100 m	
中距离跑	800 m	800 m	400 m		400 m	
	1 500 m	1 500 m	800 m		800 m	
长距离跑	5 000 m	5 000 m	1 500 m		1 500 m	
	10 000 m	10 000 m	5 000 m		5 000 m	
跨栏跑	100 m栏 (1.067 m) 400 m栏 (0.914 m)	100 m栏 (0.84 m) 400 m栏 (0.762 m)	110 m栏 (1.00 m) 400 m栏 (0.762 m)	110 m栏 (0.914 m)	100 m栏 (0.84 m) 200 m栏 (0.762 m)	80 m栏 (0.762 m)
障碍跑	3 000 m	3 000 m				
马拉松跑	42 195 km	42 195 km				
接力跑	4×100 m 4×400 m	4×100 m 4×400 m	4×100 m 4×400 m		4×100 m 4×400 m	

注：括号内的数字是栏架高；成人项目为正式比赛项目。

（四）投掷

表 7 - 1 - 3　投掷项目

项目	成年		少年			
	男子组	女子组	男子甲组	男子乙组	女子甲组	女子乙组
铅球	7.26 kg	4 kg	6 kg	5 kg	4 kg	3 kg
标枪	800 g	600 g	700 g	600 g	600 g	
铁饼	2 kg	1 kg	1.5 kg	1 kg	1 kg	
链球	7.26 kg	4 kg				

（五）全能运动

表 7 - 1 - 4　全能项目

项目	内容和比赛顺序
男子十项全能	第一天、100 m,跳远,铅球,跳高,400 m 第二天、110 m栏,铁饼,撑杆跳高,标枪,1 500 m
少年男子组七项全能	第一天、110 m栏,跳高,掷标枪,400 m 第二天、掷铁饼,撑杆跳高,1 500 m
少年男子乙组四项全能	第一天、110 m栏,跳高 第二天、掷标枪,1 500 m
女子组十项全能	第一天、100 m,掷铁饼,撑杆跳高,掷标枪,400 m 第二天、100 m栏,跳远,掷铅球,跳高,1 500 m
女子组七项全能	第一天、100 m栏,掷铅球,跳高,200 m 第二天、跳远,掷标枪,800 m
少年女子组五项全能	第一天、100 m,掷铅球,跳高 第二天、跳远,800 m
少年女子乙组四项全能	第一天、100m栏,跳高 第二天、掷标枪,800 m

四、田径运动的特点

（一）广泛的群众性

针对性强,可选择的余地大。田径运动对提高人体健康水平和发展全面的身体素质效果明显,由于田径由众多单项组成,参与者可以根据自己的兴趣、爱好选择不同的运动项目进行锻炼。

受条件限制因素小。田径运动较少受到场地、人数、时间、器械等方面的限制,具有广泛的群众参与性。各种跑的项目都可以在田野、公路、公园等地点开展,跳跃项目可以利用沙坑和较松软的土地进行,投掷项目同样可以在开阔的空地进行。受时间、气候的影响也较小,可以安排在任何的空闲时间进行。

可参与性强。田径运动适合不同年龄和性别的人,不同身体状况的人可以自由地选择适合自己项目,并且可以根据自身的身体状况安排运动负荷,负荷量和强度均可以较为容易掌握,从而达到锻炼身体、增强体质的目的。

(二)激烈的竞争性

田径运动竞赛是能力、技术和心理的较量,各单项和全能项目要求运动员在身体形态指标、主要素质发展水平和心理素质上达到很高的水平。田径运动以个人项目为主,在高水平的比赛中,运动员的成绩非常接近,胜负的决定往往只在毫厘之间,因此,运动员往往为了提高看似很少的成绩投入巨大的精力和时间进行枯燥的训练,田径项目的这种个人参与性和非直接对抗性使运动员在训练和比赛中更加需要完成对自我的极限的超越,田径运动竞赛非常激烈和紧张。

(三)严格的技术性

田径运动的项目分为周期性和非周期性两种,就各个技术动作而言,不同于技巧性项目,也不同于其他一些直接对抗性项目,比赛中田径技术相对稳定,动作结构也不是非常复杂,但是对技术的要求却特别的高。人的潜力在一定程度上是有限的,要创造更好的成绩必须依靠先进的合理技术。

所谓合理技术,应能充分发挥个人各运动环节的高度协调配合能力,调动各运动器官的最大潜力,节约体能,在时间、空间和肌肉用力上达到高度统一(实效性和经济性)。要使个人技术既符合运动生物力学的原理,又要与个人特点相结合,这就需要运动员不断改进技术,形成适合自己的技术风格。在完成技术动作中任何一个细节的偏差都会导致动作效果的下降,甚至失败。因此田径训练中技术训练的内容贯穿运动员培养过程始终,只有不断地细化个人技术,不断提高技术动作的自动化程度,才能在任何场合表现出自己的最高水平。

(四)能力的多样性

田径运动的基本动作形式为:走、跑、跳、投,有个人和集体项目,它们反映了人的速度、力量、耐力等方面的能力。每个项目都有本身的特点,突出的反映某一方面的能力,优秀运动员训练和比赛大多围绕一个专项。较全面地参加田径项目,可使人的运动能力普遍得到提高。另外,田径运动还有一个显著的特点就是其可计量性,这是一项在严格规则要求下可以用准确的计量单位来衡量运动成绩的运动项目,一般情况下,它是以最短时间、最大远度、和最高高度作为衡量标准的,能够较为准确地反映人的单项素质及技术水平,因此人们在进行锻炼时常采用田径项目的成绩衡量锻炼的效果,国家体委制定的各种体质考核标准多采用田径项目。同时,田径项目的可计量性也使人们自然地将运动员在田径单项上获得最好成绩认定为人类的极限运动能力,例如,将100米跑世界纪录保持者作为世界上跑得最快的人,将跳高的世界纪录保持者作为世界上跳的最高的人等,田径项目的这一特性也是其他项目无法替代的。

五、田径运动的价值

（一）田径运动的教育价值

首先，田径运动的各个项目都要求运动员在具有一定限制的条件下表现出最大的能力，要始终保持必胜的信心，要有克服一切困难挑战自我去实现自己目标的勇气。因此，它能培养勇敢顽强、拼搏进取的意志品质。

其次，田径运动是在严密组织下，按严格的规则和要求进行的。同时运动员要通过个人努力才能取得优异的成绩，这些成绩与集体荣誉连在一起。因此，它能培养遵守纪律，增进责任感和集体主义精神。

田径主要是个人项目，运动员需要以不同的方式和方法不断完善自己，提高水平，完成对自我的超越。在比赛中的自我应变能力、排除干扰的能力都很重要，因此，它有助于培养运动员的心理素质。

（二）竞技价值

竞技体育是社会文化不可缺少的组成部分。每年国内和国际的田径运动竞赛很多，在综合性运动会上，田径竞赛项目奖牌最多，影响最大。田径竞技运动水平的高低显示了一个国家的体育实力，所以田径竞技运动是实现为国争光计划的重点项目。通过田径竞赛可加强国内和国际的交往，提高国际威望，振奋民族精神。田径竞技运动的发展，可推动田径健身运动的普及。田径竞赛具有观赏性，可起到消遣、娱乐和教育的作用。

（三）健身价值

健身运动也是社会文化不可缺少的组成部分。进行田径健身运动不受条件限制，便于广开展，经常利用田径项目（包括非竞技内容）锻炼身体，能提高人体走、跑、跳跃、投掷等基本活动能力；能促进人体正常的生长发育和各器官、系统机能的发展；提高人体对外界环境的适应能力；能全面发展力量、速度、耐力等身体素质；增强体质、提高健康水平。因此它不仅是我国《国家体育锻炼标准》和《大中小学体育合格标准》中的主要项目，同时也是我国各级各类学校体育教学的主要内容。

（四）全面发展身体素质，夯实专项运动基础

首先，很多运动项目都离不开跑、跳、投等动作。其次，由于田径项目多而全面，只要合理组合就能有效地增强体质和全面地提高身体素质，而身体素质全面发展水平的提高，就为提高专项运动成绩打下了坚实的基础，对于各项竞技运动的技术发展和成绩的提高从根本上起推进作用。因此，很多竞技运动项目都选择田径的有关项目作为身体训练的重要手段。

（五）培养良好的心理素质和思想品德

在进行田径健身教育、锻炼和田径竞技教育及竞赛时，始终离不开心理素质培养和思想品德教育。在田径竞技运动和田径健身运动中随时会产生很多心理方面和思想品德方面的问题，这正是进行心理素质和思想品德教育的好时机。因此，不管是田径健身教育与锻炼，还是田径竞技教育与竞赛，都是进行心理素质培养和思想品德教育的一种手段，不仅能对学

生和运动员进行爱国主义、集体主义等方面的教育,而且能培养学生和运动员勇敢、顽强,吃苦耐劳、克服困难,组织性、纪律性和竞争意识等优良品质。

(六) 娱乐价值

参加田径运动可以愉悦身心。在学校体育课内外的各种以田径运动为主的游戏和比赛中,学生自娱自乐,参加者自身技术的改进、运动水平的提高都会给本人以很大的心理满足,使身心都得到健康发展。现在田径运动赛会可以通过电视等多种媒体传播,观看田径比赛可以起到欣赏、消遣、娱乐和振奋的作用;观看著名田径运动员的比赛,也成为人们追求的一种精神享受。近年来,国际田径联合会根据人们的需求,又开发了趣味性的田径运动。由于趣味性田径比赛妙趣横生,娱乐性很强,在德国等较发达的国家已迅速开展起来,目前已推广到我国,相信趣味性田径运动也会很快成为人们愉悦身心的一种体育运动形式。

(七) 回归自然功能

在现代社会中,城市人口越来越多,环境问题越来越严重,人们渴望回归自然,走、跑、跳、投是人们与自然环境斗争中产生的技能,也是人们与自然环境做斗争的重要手段。田径运动能力的提高可以提高人们在自然环境下的生存能力。特别是在自然环境中进行田径锻炼,人们还可以减少环境污染给身体带来的伤害。国内近年的田径教材已经把户外运动、定向越野等划归田径类教材的内容。所以,利用自然、贴近自然、回归自然,积极开展自然环境下的田径运动对提高学生生存能力和基本体能都具有良好的作用。中国农村人口众多,广大农村地区更有利于开展自然环境下的田径运动,教师可以根据本地区的环境条件创造开发多种田径运动练习方法,开发更广阔的田径运动资源,为增进广大农村劳动人民子女的健康拓宽路径。

第二节　跑的基本技术和练习方法

一、跑的概述

(一) 跑的动作周期、时期及其阶段的划分

1. 跑的定义

跑是人体水平位移的基本运动形式,是单脚支撑与腾空相交替、蹬与摆相配合的周期性运动。

2. 跑的周期、时期

在跑的一个周期中,就一腿的动作而言,它经历了摆压和扒蹬两个时期。这两个时期可划分为折叠前摆、鞭打下压、扒地缓冲和后蹬伸展四个阶段。跑的支撑时期是指从脚着地时起至脚离地时止。跑的腾空时期是指从脚离地时起至另一脚着地时止。腾空时期身体处于无支撑状态。

支撑—腾空。跑的动作结构图(见图7-2-1)。

图7-2-1　动作阶段描述

跑的支撑是指脚着地至离地的阶段。跑的支撑过程可分为两个阶段:前支撑和后支撑阶段(图7-2-2)。

前支撑阶段:着地缓冲阶段,从脚着地起至身体重心处于支撑点的垂直上方为止。

后支撑阶段:后蹬阶段,从身体重心移过支撑点垂直上方起至脚蹬离地面为止。

腿的摆动:脚离地后进入腿的摆动时期,可分为后摆与前摆(图7-2-3)。

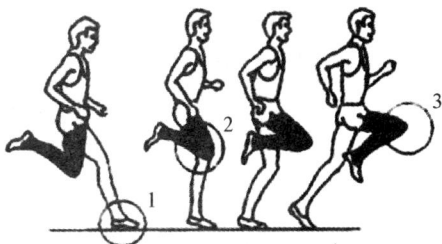

图7-2-2　支撑阶段

图7-2-3　摆动

支撑腿后蹬结束即进入后摆,到膝摆动到支撑点的垂直上方时后摆结束。从摆动腿的膝经过支撑点垂直上方开始到膝摆到体前最高点时为止前摆结束(即支撑腿结束后蹬时)。即从脚离地至大腿垂直于支点是后摆阶段,后摆结束即进入前摆阶段。

臂的摆动:摆臂不仅能对跑起协调的作用,而且能加强蹬的效果,正确的摆臂是良好技术的标志之一。摆臂不正确往往会造成上体与肩部肌肉紧张,破坏跑步动作的协调性。

头部姿势:(躯干姿势)头部姿势可使相应肌肉群参与一定的技术动作,对上体姿势会产生直接的影响。在跑的各阶段动作中,头部应与上体成一直线。

3. 跑的阶段划分

按照全程跑的技术特点,可将跑的项目划分为起跑、起跑后加速跑、途中跑和终点跑四个阶段。

起跑。起跑的任务是迅速摆脱静止状态,获得最大地向前冲力,为起跑后的加速跑创造条件。

119

起跑后的加速跑。短距离跑项目中,起跑后的加速跑阶段的任务是在较短距离内尽快发挥跑速,达到最高速度,迅速过渡途中跑。

途中跑。短距离跑的途中跑阶段的任务是继续发挥和保持最高速度。

终点跑。终点跑阶段的任务是尽量保持途中跑的速度并进行冲刺,尽快以躯干触及终点线后,以取得最佳成绩。

(二)决定跑速的因素

决定跑速的因素有内力和外力、步长和步频。

1. 内力

一般指肌肉收缩产生的力,它是人体运动的动力来源。影响内力的生理学因素如下:

单肌纤维的力;肌纤维的数量;收缩前的初长度;中枢神经状态;协同肌对抗肌的配合;肌肉对骨骼的作用等。

内力可控制跑的技术动作,保持运动时的身体姿势。改变身体与支撑点的相互关系。

2. 外力

一般指人体与外界物体相互作用产生的力。影响人体运动时的外力分类:

空气阻力:我们知道人体跑动时,空气通常起阻力作用,跑速越快,阻力越大,人体截面积越大,空气阻力也越大。

支撑反作用力:是人体处于支撑状态时,人体给予地面作用力的同时,地面反作用于人体的力。

重力:重力是地心对人体的吸引力,它作用的方向永远是垂直向下的,与水平面呈90度。重力就是人体的体重。

3. 步长和步频

决定跑速的主要因素是步长和步频。步长是指跑时两脚着地点的直线距离,步频是指跑时单位时间内两腿的交换次数。

两者关系:两者相互制约,相互依存,如果同时提高步长和步频,跑速必然提高,但在具体的实践中,两者中任何一个因素都不能超过一定的限度,步频快影响步长,步长太大又影响步频,所以,每个人应根据个人的特点选择合理的比例,找到即能发挥步频又能提高步长的最佳切合点,使步长与步频"协调发展",从而获得最佳速度。

(三)短跑的训练方法

短跑是田径径赛项目中的一类,一般包括:50米跑、60米跑、100米跑、200米跑、400米跑、4×100米接力跑、4×400米接力跑等几项;其运动特性是人们同时以最快的速度,在确定的跑道上跑完规定的距离,并以最先跑完者为优胜的项目;在人体机能供能方面,表现为人体以最大限度地发挥人的本能,并以无氧代谢供能的方式供能。

1. 发展的速度、耐力、力量的练习方法

发展的速度练习方法:速度等于位移和发生位移所用时间的比值。在短跑中速度是决定短跑成绩主要因素。① 触胸跳。两脚开立,与肩同宽。然后加之手臂向上摆动带动身体向上跳。跳起后收腿收腹,重复练习。② 蛙跳。不是深蹲蛙跳,而是半蹲蛙跳。注意要连

续跳,中间不停留。跳的距离自己把握,不要急于求成。一般 20～30 米。③ 跳台阶或楼梯。刚开始会觉得很恐惧,但只要跳上去后就会发现其实不难。跳的时候最好戴个护腿,小心刮伤小腿。④ 踮脚尖。课余休息时间可以利用踮脚尖的动作来增强踝关节的韧性和力量。⑤ 负重高抬腿和高抬腿。找个杠铃或者其他负重的东西,快速地高抬腿,增加大腿综合能力。⑥ 后蹬跑。找墙面或者双杠,双手扶住,身体与地面成 45～60 度角,快速交换抬腿,注意支撑腿一定要直,抬动腿尽量往上走。⑦ 负重跑。很痛苦,但非常有效果。⑧ 变速跑。一般要跑 600 米或 800 米。直道全速、弯道慢跑或走都行。

发展耐力的练习方法:良好的耐力素质,能使技术得以充分发挥。在训练中发现,在跑的后程阶段,速度逐渐下降,节奏迟缓,频率减弱,动作变形。因此,发展的耐力素质是提高短跑运动成绩的重要因素。耐力可以分为一般耐力、速度耐力和力量耐力,一般耐力的训练方法主要采用越野跑,要求跑一定的时间和一定的距离;速度耐力是为了能在一段时间里保持最快速度,为了达到这样的目的,主要用"以短为主,长短结合"的反复跑,进行练习;而力量耐力是为了提高快速跑完全程的支撑,练习力量耐力的方法有可采用负重连续跳、较长距离的跨步跳、单足跳,高抬腿跑等练习方法。

发展力量的练习:良好的力量是推动人体向前奔跑的主要动力,所以发展短跑的专项力量素质在短跑训练中有十分重要的地位。在培养短跑力量训练当中,应采用上肢和全身负重力量练习和下肢负重力量练习。如利用小哑铃进行摆臂练习、提拉杠铃、抓举杠铃、卧推杠铃、负重弓箭步走、负重弓箭跳和负重半蹲等,要求每星期练习一次和在练习力量时要结合动力性练习,如快速跑、快速摆臂练习等。

2. 发展协调性和灵敏性、柔韧性、反应能力的一些练习方法

协调性和灵敏性在短跑运动中能发挥极其重要的作用。为了跑得快,必须要具有较高的灵敏性以及协调四肢力量的能力。一些协调跑的练习和一些跳跃的练习可以培养协调性和灵敏性。协调跑和一些跳跃的练习方法,协调跑的练习方法主要有进行不同跑专门练习的串联(如小步跑＋高抬腿跑＋后蹬跑等)、向不同方向跑、声奏跑(如配合节奏变快和变慢步频,加长或缩小步长的跑)、原地练习摆臂跑等。跳跃性的练习方法有双人蹲跳、双人跑跳、双脚跳绳接力赛等一些练习方法。

柔韧性是指人的各个关节活动的幅度和肌肉韧带的伸展能力。它是短跑运动所必需的基本素质,尤其对于增大运动员的步幅有着十分重要的作用。在训练当中经常采用一些压腿和踢腿的练习有助于加强柔韧性。因此,在训练中通常采用以下方法:① 体前屈练习;② 把杆拉腿;③ 纵、横臂叉;④ 肋木体前后快速屈伸;⑤ 踢腿(正、侧面以及外摆内合四个方面),盘腿坐膝等;⑥ 快速的蹲立练习。

良好的反应能力是短跑运动的必备条件。短跑起跑时反应速度和起动速度快的学生能使短跑比赛的成绩提高 0.1～0.2 秒,甚至更快。提高学生的反应速度,应着重提高听觉能力。可采用突然发出信号的方法,如听枪声、击掌声、哨声等,让学生做快速起动、转身冲刺跑、背向起跑等。还可以做原地高抬腿跑(5～10 秒)听到信号后快速跑等有助于提高反应速度的练习。

二、短跑

短跑是一项以无氧供能为主的单腿支撑与腾空交替进行的速度力量型周期性跑的项目。运动员必须具备强大的爆发力、较高的动作速率、合理的跑的技术、良好的协调性和灵敏性。

(一)动作方法(图 7-2-4)

起跑:400 m 及以下项目采用蹲踞式,利用起跑器进行起跑。当运动员听到"各就位"的口令时,两手扶地,两腿分别放在前后起跑器上,后腿跪撑着地,两手与肩同宽,臂伸直在起跑线后缘支撑,两眼自然俯视,静听口令。

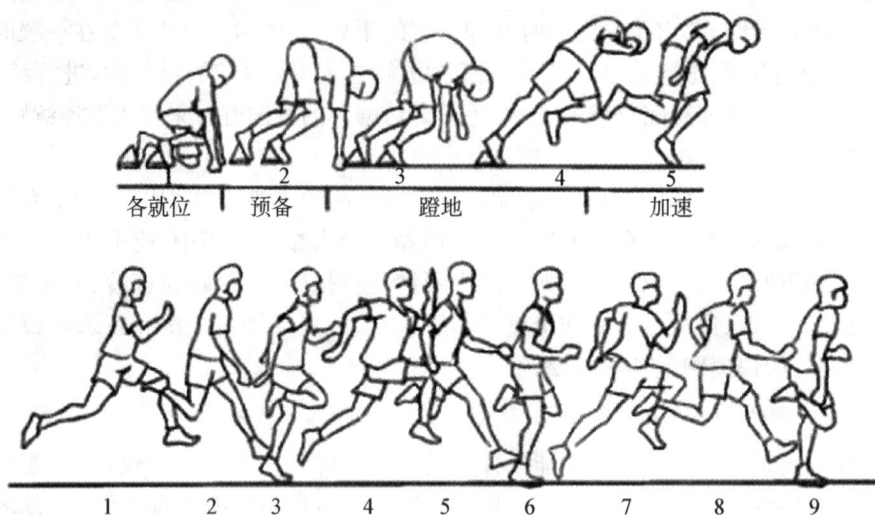

图 7-2-4 短跑起跑技术

起跑后的疾跑:起跑后两臂用力前后摆动,上体保持前倾;摆动腿向前高抬,然后尽力下压;支撑腿用力蹬伸,随着速度和步幅的增加,上体逐渐抬起,平稳转入途中跑。

途中跑:摆动腿以髋关节发力,大幅度快速前摆,大腿积极下压,小腿随惯性向前摆动;支撑腿快速蹬伸,形成"扒地"动作,蹬伸结束后迅速屈膝前摆;上体正直或稍前倾,两眼平视,肩部放松,两臂自然弯曲,前后摆动,全身动作协调配合,提高跑的实效性。

弯道跑:身体向内倾斜,右肩稍高于左肩,右臂摆动幅度大于左臂;跑时用左脚掌外侧着地,右脚掌以内侧着地,沿跑道内侧向前跑进。

终点冲刺:在距离终点线 20 m 左右时注意加快摆臂调节步频,在离终点最后一步时,上体快速前倾,用胸部或者肩部领先越过终点。

(二)动作要领

起跑的第一反应同起跑后加速跑要衔接流畅,起跑时摆动腿前摆不宜过高,着地点不要过远,重心前移,头和上体抬起不宜过早。

建立正确的后蹬技术概念,加深体会蹬、伸膝、踝关节的动作技术,后蹬要充分,切忌上体后仰,坐着跑。

摆动腿抬起,以膝领先,要有积极向前上方摆动的感觉。

以肩为轴前后摆臂,积极配合腿部动作,保证动作协调一致。

三、中、长跑

中、长跑是一项要求耐久力极强(含速度耐力和力量耐力),协调、灵敏性、柔韧性好,放松能力强的体能类速度耐力性项目。从事中长跑锻炼,可以增强人体内脏器官和神经肌肉系统功能,同时培养吃苦耐劳精神和顽强的意志品质。

(一)动作方法(图7-2-5)

起跑:采用站立式,各就位时,两脚开立站在起跑线后,上体前倾,两眼稍前视,两臂自然下垂,保持稳定姿势;起跑后,两臂积极摆动,配合两腿积极蹬摆,逐渐加速,上体逐渐抬起,转入途中跑。

图7-2-5 中、长跑技术动作示意图

途中跑:上体正直或稍前倾;前摆腿抬得低些,积极快速下压,小腿积极落地,后蹬积极送髋,快速伸展各关节;两臂小幅度地摆动,以保持身体平衡。

终点冲刺:冲刺跑的距离要根据个人的训练水平和战术而定。这时应加大摆臂动作,加快步频,用最快速度冲过终点。

(二)动作要领

脚落地不宜过重,合理使用小腿肌肉关节力量,缓冲体重的压力。

在跑步时强调呼吸的自然节奏,使跑的节奏与呼吸频率自然协调。

大小腿后摆不宜过大,后蹬结束,大腿自然向前摆动。

掌握适当的步长,以脚前掌落地。

(三)跨栏

跨栏跑是在快速奔跑中连续跨过一系列有一定高度的栏架的运动。要求有高度的协调性和良好的节奏感,对培养勇敢、果断精神有显著作用。

1. 动作方法

起跑至第一栏:起跑与短跑技术相同,但重心较高,加速跑时各步步长均匀增加,一般采用8步助跑(图7-2-6)。

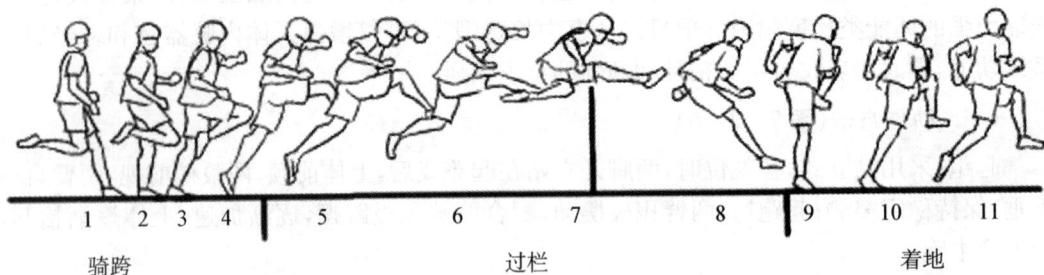

| 1 | 2 3 4 | 5 | 6 | 7 | 8 | 9 | 10 | 11 |

骑跨　　　　　　　　过栏　　　　　　　　着地

图7-2-6　跨栏技术动作示意图

过栏:身体前倾,保持栏上身体平衡;摆动腿伸髋下压大腿,降低重心,同时起跨腿折叠快收,以膝领先,向前迅速提拉,异侧臂有力向前伸摆;摆动腿积极着地,并保持较高的支撑姿态,起跨腿提拉至身体正前方,带动身体重心迅速前移,积极跑出第一步(图7-2-7)。

栏间跑:指过栏后摆动腿着地至下一个栏起跨腿离地止。栏间跑要求动作幅度大,蹬摆积极,身体重心高。栏间用三步完成,步长分别为小、大、中。

图7-2-7　过栏技术动作示意图

2. 动作要领

反复练习起跑后的加速跑,确定适合自己的步数,形成稳定的步长和节奏感,尤其是要准确把握起跑至第一栏的步点,切忌上栏捣小步或拉大步。

掌握正确放脚起跨技术,发展柔韧性和下肢力量,形成准确的步长;保持高重心起跨姿势,提高起跨点的准确度。

学习摆动腿屈膝技术,发展大腿屈肌力量和髂腰肌,反复做屈腿前摆练习,避免摆动腿屈腿绕栏或者直腿摆过栏。

适当加大起跨距离,提高跑速;在低栏上做大幅度的完成快速"剪绞"的动作。

下栏时,动作要一气呵成,使肩轴和髋轴与栏板基本平行,保持身体的稳定性,避免影响栏间跑的节奏。

下栏后,身体保持适度前倾,上肢和上体力求形成迅速跑进的姿势;加大步长,增大下栏第一步。

（四）接力跑

接力跑是田径运动中的一项集体项目,要求有很高的团队协作和默契配合的能力。接力项目较多,正式比赛项目有男子和女子 4×100 m 接力。此外还有各种不同距离的越野接力、马拉松接力、迎面穿梭接力等。

1. 动作方法

接力跑的接力区为 20 m,在接力区后 10 m 为预跑区,因此接棒运动员前后有 30 m 距离。一般来说第一、三棒跑的距离短,二、四棒跑的距离长。接力跑的交接棒有两种方式(下压式、上挑式),下压式稳定性好,建议采用下压式交接棒(图 7-2-8)。

具体要点是:接棒的人听到口令后手臂向后伸直,肩臂夹紧(这样可以防止手臂抖动),身体前倾使手臂与肩平行(这样可以保证手臂抬高,交棒的人看得清楚),手掌张开,略微外翻,等待接棒。交棒的人速度要快,发口令后,注视接棒的人,一旦接棒的人手臂手掌向后伸出就要全力注意,等接棒的人手臂稳定后,把棒从上至下压入接棒人的手中,完成交接棒(图 7-2-9)。

上挑式

下压式

图 7-2-8

图 7-2-9

4×100 m 接力:第一棒运动员采用蹲踞式起跑,用右手握棒,应由起跑反应快、加速能力好的运动员担当。4×400 m 接力:第一棒运动员必须采用蹲踞式起跑,沿自己的跑道跑完 400 m,一般由起跑技术较好、速度较快的运动员担任。

4×100 m 接力:第二棒运动员应该由传棒和接棒技术较好的、直道跑技术较好且速度耐力较强的运动员担当。

4×400 m 接力:第二棒运动员在接力区内交接棒,然后跑完一个弯道,跑至抢道线处方可向内道跑进,一般要求弯道技术较好,争取抢道后能领先。

4×100 m 接力:第三棒运动员应该由传棒和接棒技术较好的、弯道跑技术好且速度耐力较强的运动员担当。

4×400 m 接力:第三棒运动员在终点线前 10 m 接力区完成交接棒任务,一般由耐力强、善于追赶的运动员担任。

4×100 m 接力:第四棒运动员应该由 4 人中速度最快、冲刺能力最强的运动员担当。

4×400 m 接力:第四棒运动员在终点线前 10 m 接力区完成交接棒任务,一般由速度耐力好、善于冲刺的运动员担任。

2. 动作要领

接力跑对团队协作和配合的默契程度要求非常高,在比赛和训练中一定要注意以下几点:

合理安排棒次,充分挖掘利用和发挥每个运动员的水平;

统一口令,反复练习,不断提高队员间的默契度,能快速地完成交接棒的动作;

比赛中,听到口令后,接棒人的手臂和手掌一定要向后充分伸出,并保持手臂稳定。

第三节　跳的基本技术和练习方法

一、跳远

跳远,过去叫急行跳远,它是古代的奥林匹克竞赛及古希腊五项运动里都有的一个项目,是现在学校体育教学和田径比赛的主要项目之一。练习跳远能发展人的速度、弹跳力和灵巧性,并能增强心脏等内脏器官的功能,增进身体的健康。跳远的场地设备比较简单,学习跳远又比较容易,因此青少年们比较喜欢这项运动。

从跳远技术的发展来看,有一个由简单到复杂的过程。最初是简单的蹲踞式,以后有了挺身式,又有了走步式。今天的跳远技术,正向着快速的助跑、迅速而有力的起跳和较高的跳跃高度方向发展,运动员必须具备全面和良好的身体素质,熟练而准确地掌握先进的技术。

跳远的完整技术是由助跑、起跳、腾空和落地 4 个部分组成的。成绩的好坏主要是助跑速度和起跳技术决定的,当然平稳的空中姿势和合理的落地动作,也起着一定的作用。总之,各个部分的技术都是跳远中不可分割的整体。

(一)助跑

跳远的助跑为直线助跑,一般为 30～45 米。助跑时起跑采用"半蹲踞式"或"站立式",起跑后要求加速均匀,步幅固定,节奏清楚,弹性好。

(二)起跳

当起跳脚踏在踏板上时,应全脚掌踏板,踏板要迅速有力,同时,起跳腿弯曲上摆,并配合手臂的摆动,使身体向前上方腾空,形成腾空步。由后向前上方腾空步要求,身体正直,摆动腿的大腿与地面平行,起跳腿伸直;起跳腿一侧手臂由后向前上方摆至大臂与地面平行,大小臂成 90 度角;摆动退一侧手臂由前向体侧摆至大臂与地面平行(也可直接向后摆至体后)。

(三)腾空

跳远的空中姿势一般为蹲踞式、挺身式、走步式 3 种。下面介绍蹲踞式和挺身式。

1. 蹲踞式

起跳成腾空步后,上体保持正直,摆动腿的大腿继续高抬,两臂向前挥摆;起跳腿开始向前上方提举,并逐渐向摆动腿靠拢,形成空中蹲踞的姿势;随后两腿上收,上体前倾,将要落地时两臂由前向下后摆动,同时,伸小腿向前落地(如图 7-3-1)。

126

图 7-3-1 蹲踞式腾空

2. 挺身式

起跳成腾空步后,摆动腿的大腿积极下压,小腿向前、向下、向后,与留在身后的起跳腿并拢,同时,两臂向上、向后充分伸展使臀部前移;空中身体呈反弓姿势。落地前双臂和双腿向前摆动,形成向前收腹的动作,小腿充分前伸,上体前倾,准备落地(如图 7-3-2)。

图 7-3-2 挺身式腾空

(四)落地

落地时,膝关节伸直,脚尖勾起,同时,双臂向后摆动,脚接触沙坑时,迅速屈膝缓冲,使髋躯干部分迅速前移;同时,双臂屈肘加速前摆,使身体重心迅速移动到落地点前方。为保证落地时身体不后坐,可采用前倒式落地、侧倒式落地。良好的落地动作是获得良好成绩的保证,也是防止意外伤害的保障。

(五)三级跳远

三级跳远是人体通过一定距离的助跑获得较大的水平速度后利用单足跳、跨步跳和跳跃连续的 3 种不同的跳跃形式,使人体连续三次腾空后落进沙坑的一项体育运动。从事三级跳远的练习,可以有效地提高人的腿部力量、速度素质、身体协调性及平衡能力。

三级跳远是一项历史悠久的竞技运动,起源于爱尔兰,当时的跳法先后有两次单足跳加一次跳跃的形式和两次跨步跳加一次跳跃的形式两种。现在的这种形式是从英国发展起来的,并于1908年写入国际田联制定的比赛规则中。

近年来,三级跳远的技术和成绩发展较快,世界各国的优秀运动员不断总结经验,改进了落地起跳的技术,使三级跳远的比例更加合理。目前的男子三级跳远的世界纪录18.29米是由英国运动员保持的。最近几年,世界上开展了女子三级跳远运动,并且被列为奥运会的正式比赛项目,我国运动员在这个项目上有着较好的运动水平,并曾经创造世界纪录。目前的女子三级跳远的世界纪录15.50米是由乌克兰运动员保持的。

三级跳远是在助跑以后沿直线连续进行三次跳跃的一项运动。由于这项运动使下肢的负担很大,所以对身体素质的要求比其他项目要高一些。它要求运动员有快速的助跑速度和良好的弹跳力,以及强大的腿部力量。

三级跳远的成绩取决于助跑时所获得的水平速度和起跳产生的垂直速度,同时还与每一个动作完成的质量,维持身体平衡的能力和三级跳远中三跳的比例有关。由于从助跑中获得的水平速度在三跳的过程中不断降低,所以如何减少水平速度的损失而又获得合理的垂直速度,是三级跳远技术中要解决的主要问题。

二、跳高

跳高是田径运动的田赛项目,是人体利用助跑、起跳产生的水平速度、垂直速度使人体腾起越过一定高度横杆的一项体育运动。跳高是征服高度的运动项目,是人类不屈不挠、勇攀高峰的象征。也有人称跳高是一项失败者的运动,因为每次比赛,运动员在跳过一个高度以后,还要向新的高度挑战,直到最后跳不过去。经常参加跳高运动,不仅能增强人的腿部力量,提高弹跳能力,发展灵巧和协调性,还能培养勇敢、坚定、沉着、果断的意志品质,是一种很好的锻炼项目。

跳高作为比赛项目始于爱尔兰和苏格兰。1800年,跳高已列为苏格兰运动会的比赛项目。19世纪00年代以后跳高在欧洲和美洲开始普及。在这以后,随着运动员的速度力量素质的不断改进和提高,跳高成绩也在不断地提高和发展。

跳高在世界各地流行很广,也是少年儿童最喜欢的一种体育活动。有跨越式、剪式、俯卧式和背越式等多种跳高姿势,最流行的是背越式。人体通过助跑、起跳,以背对横杆的姿势越过横杆并以背先着垫的跳高方法叫背越式跳高。背越式跳高的完整技术包括助跑、起跳、过杆和落垫4个部分组成(如图7-3-3)

(一)助跑

背越式跳高采用弧线助跑技术,用远距离横杆的脚起跳。助跑前半段为直线助跑,跑动距离为6~12步,后半段为弧线助跑,距离为6~8步。助跑要求加速均匀,动作轻松自然,要求步幅大、弹性好,从直线助跑进入弧线助跑时动作不要太突然,以免破坏助跑节奏。

(二)起跳

起跳脚沿弧线的切线方向踏上起跳点,以起跳脚的外侧着地迅速滚动到全脚掌;当重心的投影点移至前脚掌并且以踝、膝、髋及起跳腿异侧肩等几点在一条直线上时,用力蹬地使身体腾空;当起跳脚踏地时,摆动腿应迅速蹬地并屈腿前摆,并向异侧肩的方向摆动,髋关节前送,使身体转成背对横杆;当大臂摆到与地面平行时,双臂和摆动腿应迅速制动。

（三）过杆和落地

当身体向上腾起并转至背对横杆时,应以手臂向上向横杆方向伸出,牵引身体沿起跳点切线方向向横杆靠拢,以手臂、头、肩、躯干、髋、腿的顺序依次过杆,当大腿越过横杆后,应迅速向上收腹举腿,以求更快摆脱横杆,然后以肩背部着地。

身体在越过横杆时,应当遵循在杆上部分尽量抬到最高,越过或已越过横杆部分尽量降低的原则。所以,手臂越过横杆后即向下压、头越过横杆后即仰头,当髋关节在横杆上时身体成反弓状,髋越过横杆时,即开始低头、含胸并迅速向上收腹举腿。应当注意的是收腹应挺髋收腹。这样虽然收腹的难度加大了,但臀部的位置不会降低,碰落横杆的机会减少;如果不挺髋收腹,臀部位置就会降低,增加了碰落横杆的机会。

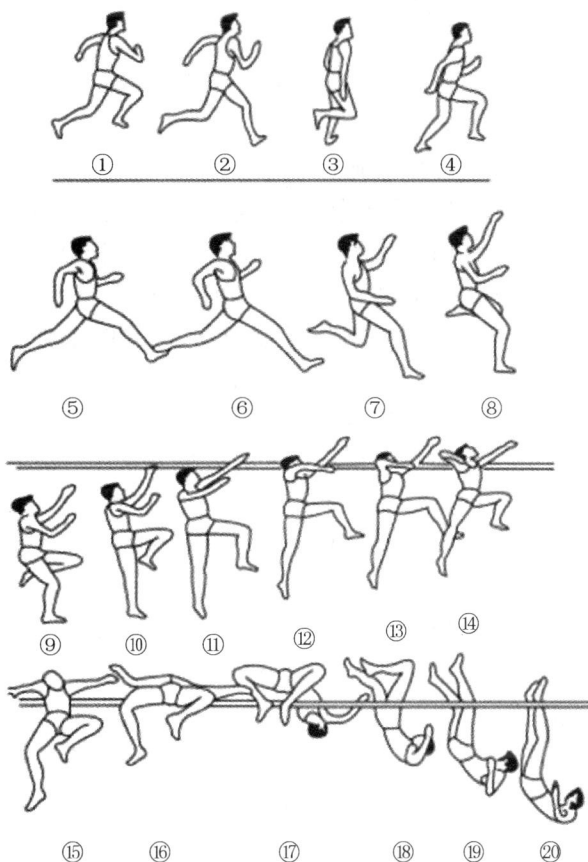

图 7-3-3 背越式跳高技术

（四）撑竿跳高

撑竿跳高是田径运动技术最复杂项目之一。运动员持竿助跑起跳后,借助撑竿的支撑,在撑竿上连续完成多个复杂的技术动作,然后越过横杆。练习撑竿跳高是增强体质的有效手段之一,它对提高速度、弹跳力、灵巧和协调性等素质,对培养勇敢顽强、机敏果断等意志品质,都有积极的意义。撑竿跳高运动,深受体育爱好者的喜爱,每次比赛,往往吸引着成千上万的观众。

现代的撑竿跳高运动是由原始的撑竿跳跃演变而来的。在古代,人们为了适应生活和生产的需要,在交通设备极不完善的条件下,就曾用木棍撑过河沟和不高的障碍,后来在军队中用撑竿跳过战壕、矮墙等办法作为训练士兵战斗技能的手段。在十八世纪中叶,德国学校体育教材中出现了撑竿跳高的内容,到了十九世纪,欧洲有些国家开始了撑竿跳高的比赛。直到 1817 年才有了第一个撑竿跳纪录(2.92 米)。当时是用前端装有尖头的木杆做撑竿进行练习和比赛的,运动员助跑后把竿头插在地上起跳,沿着撑竿向上爬,当撑竿将要倾倒时,迅速越过横杆,落在铺有沙子的地面上。1889 年规则规定:不许运动员在起跳离地后双手交换上爬。1906 年时，有人在助跑起跳离地后，采用摆体的技术，跳过了 3.78 米的高度，创造了用木杆跳的最高纪录。

由于木杆质硬、量重、弹性差，影响成绩的提高，1909 年开始采用了竹竿。在 1924 年第 8 届奥林匹克运动会上采用了木制的插斗和沙坑。1942 年有人跳过了 4.77 的高度，创造了用竹竿跳的最高纪录。

竹竿虽然重量较轻，有一定的弹性，但是握竿点到了 4 米以上时容易折断，因此 1930 年开始有人试用了金属撑竿。1952 年以后，铝合金撑竿被各国运动员广泛采用。1961 年时，有人用金属撑竿跳过了 4.83 米的高度。

金属撑竿虽然坚固，不易折断，但是性能硬，弹性差，不易提高握竿点，从而影响成绩的继续提高。早在 1948 年就有少数运动员开始试用化学纤维制成的尼龙撑竿，到 1962 年国际田联承认用尼龙撑竿创造的成绩以后，这种器材就被世界各国撑竿跳高运动员广泛采用。随着撑竿跳高技术的发展和成绩的不断提高，也促进了其他器材设备的改革。1960 年，用海绵坑代替了沙坑，改进了插斗壁的角度和撑竿跳高架子，世界纪录一破再破，到 1976 年，有人用尼龙撑竿创造了 5.70 米的世界纪录。1980 年，法国人把纪录提高到 5.78 米。现在男子撑竿跳高的世界纪录 6.14 米，是由苏联运动员布勃卡保持的。

受项目特点影响，女子撑竿跳高开展较晚，到 2000 年才被列为奥运会比赛项目。我国女运动员在这个项目上有着较强的竞争能力，并曾经创造过世界纪录。目前的世界纪录为 5.01 米。

撑竿跳高的完整技术是由持竿助跑、准备起跳和起跳、悬垂摆体和后仰举腿、引体转体和腾越过杆、落地等一系列密切联系的复杂动作组成的。

第四节 投掷的基本技术和练习方法

田径运动投掷类项目有推铅球、掷标枪、掷铁饼和掷链球，属于田径运动的田赛项目。

投掷类项目最明显的运动学特征就是人体通过持握器械，预先加速，最后用力使手中的器械产生速度后，按适宜的角度抛射出去，达到最大的远度。其完整技术都是由握持器械、准备助跑、助跑或预先加速、最后用力和器械出手后的维持身体平衡等几个不可分割的技术阶段组成。虽然各项目的各个技术阶段动作形式各有不同，但总的要求是一样的。

一、侧向滑步推铅球

推铅球是通过人体运动产生相应的速度力量，并合理的利用技术动作，发挥肌肉收缩的最大力量和骨骼支撑的条件，将铅球推得更远的一项体育运动。它对增强体质，特别是发展躯干和上下肢力量有显著的作用。

推铅球是一项古老的投掷项目。作为田径运动项目，19 世纪出现于英国。正式比赛中铅球的重量男子为 7.26 公斤，女子为 4 公斤。内圈直径为 2.135 米，有效区角度为 34.92 度。

推铅球是田径运动的投掷项目之一,现有推铅球技术主要包括背向滑步推铅球和旋转推铅球两种。下面主要介绍背向滑步推铅球技术。背向滑步推铅球完整技术分为握球与持球、预备姿势、滑步、最后用力和铅球出手后维持身体平衡5个部分。

(一) 握球和持球

1. 握球

五指自然分开,将球放在中指、食指和无名指的指根部,大拇指和小指自然地扶在球的两侧,使球稳定。手腕和手指力量较强的人,可以将球放在第二指骨上,这样有利于加长工作距离,更好地发挥推铅球时手指的力量(如图7-4-1)。

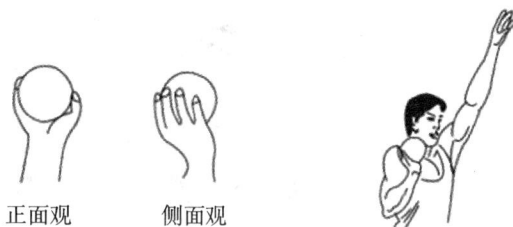

正面观　　侧面观

图7-4-1　握球

2. 持球

握好球后,将球放在右下腭骨和锁骨之间靠近颈部,同时手臂外展同躯干约成45度角,在滑步过程中球始终紧贴颈部,以利于身体的平衡和推球。

(二) 预备姿势

预备姿势有高姿势和低姿势两种,大多数人采用高姿势。持好球后,背对投掷方向,两脚前后开立,右腿靠近投掷圈内沿,身体重心落在右腿上,左臂自然微曲上举,两眼看前下方3~5米处。整个动作自然放松,注意力集中,准备滑步。

(三) 滑步

滑步前先做一两次预摆,预摆是为了有效屈头与背部基本呈直线,左腿向后上方摆起,左腿同收,完成预摆。为平稳地进入滑步而做准备。预摆时上体前动作伸展,重心在整个右脚掌上,停稳后,左腿回收,完成预摆。

在完成预摆后,当左腿回摆时屈右腿,身体重心下降,形成团身姿势,左腿同摆一结束,臀部领先向投掷方向移动;同时右腿蹬地,左腿向抵趾板摆伸,使身体迅速向前推进。右脚蹬离地面后,迅速拉收小腿,同时右脚向内转动,并用前脚掌着地,落在网心附近,与投掷方向约成130度角。这时左脚要积极下落,以前脚掌内侧落在圆圈直径的左侧靠近抵趾板处。两脚落地间隔越短越好,以保证连贯、加速过渡最后用力。此时铅球处于有脚的前上方,身体重心落在右腿上,形成超越器械、加长最后用力地距离,为最后用力做好准备(如图7-4-2)。

(四) 最后用力

当滑步结束后,左脚一着地就开始最后用力。同时,右脚用力蹬转,推动右髋向投掷方向转动,使上体在转动中不断向上抬起,头和胸部转至投掷方向,身体重心移至左腿。在两腿继续用力蹬地的同时,随着右肩的前送,右臂迅速、有力将球推出。此时应特别注意左侧支撑要牢固,保证右臂做出正确的推球动作。在铅球快要离手时,手腕稍向内转,并使铅球从手指离开,以充分利用手指力量。

图 7-4-2 滑步

（五）维持身体平衡

最后用力的方向是朝前上方的,因此身体有较大的冲力。当铅球出手后应立即换腿,同时身体左转,及时屈膝降低重心,减缓人体向前的冲力,维持身体平衡,避免犯规。

二、掷标枪

掷标枪是人体通过助跑和交叉投掷步,使标枪产生一定的预先速度,然后利用身体肌肉的爆发力和鞭打用力技术将标枪掷出的一项体育运动。经常参加掷标枪的锻炼,可以提高人体肌肉爆发用力地协调性,提高人的力量素质。

掷标枪技术的产生与发展,有独特的演变过程。标枪是古代劳动人民为了求得生存,在与大自然做斗争中为获取必需的生活资料而创造的一种原始投掷工具,在当时也作为一种运动器械。到了奴隶社会,就被统治阶段用来作为训练士兵、镇压奴隶、掠夺财富和进行战争的一种武器。

掷标枪早在古希腊奥运会上已列为比赛项目。正式比赛中成年男子标枪的重量为 800克,成年女子标枪的重量为 600 克,有效区角度为 29 度。

随着田径运动的蓬勃发展,以及科学技术在田径运动中得到运用,掷标枪的技术也不断变革与发展。掷标枪完整技术分为握枪和持枪、助跑、最后用力和维持身体平衡 4 个部分。

（一）握枪和持枪

1. 握枪

目前采用的握法有两种。

现代式握法:标枪的绳把平斜放在掌心上,大拇指和中指的第一指节扣住绳把子后缘,食指自然扶于枪杆上,无名指和小指自然地握在绳把手上。（如图 7-4-3）

这种握法能较好地控制标枪,最大限度地发挥手指的力量。在标枪离手时由于中指和食指的用力拨动,可使标枪沿着纵轴自转,更加稳定标枪飞行的路线。是当前普遍采用的一种握法。

普通式握法:将标枪绳把平斜放在掌心上,大拇指和食指扣住绳把手的后缘其余的手指自然把握绳把手上。(如图 7-4-3)这种握法由于手腕比较紧张,不利于控制标枪的出手角度,因此现在很少有人采用。

2. 持枪

持枪方法要有利于发挥助跑速度,便于引枪。使持枪手臂放松自然。现在绝大多数运动员都采用肩上持枪的方法。

持枪于右肩上方,稍高于头,枪尖低于枪尾。(如图 7-4-3)这种持枪方法有利于手腕放松,便于向后引枪。现在多数运动员采用此方法。

持枪于右肩上方右耳旁边,枪身与地面接近平行,肘稍外张开(如图 7-4-3)。这种持枪方法能较好地控制引枪时的角度,但投掷臂和手腕容易紧张。

持枪于头右侧,枪尖稍向上。这种持枪方法手臂和手腕更紧张。目前很少有人采用。

(二)助跑

掷标枪助跑包括预跑和投掷步两个阶段,通常在助跑距离内设置两个标志,第一标志点是预跑的开始,第二标志点是投掷步的开始点。预跑通常跑 8~14 步,投掷步用 4~6 步完成,缓冲距离在 2 米左右。

1. 预跑阶段

预跑时,要求跑得放松自然,富有弹性和节奏,保持直线性,步点稳定,控制好标枪持枪臂随跑的节奏自然小幅度前后摆动,并与两腿动作协调配合,在逐渐加速中进入投掷步阶段。

2. 投掷步阶段

投掷步是掷标枪的专门助跑阶段,不但要保持助跑速度,完成引枪、交叉步和超越器械等动作,还要实现由助跑向最后用力地过渡和衔接。

第一步左脚踏上第二标志点后,右腿前迈,身体右转,同时开始引枪,右脚以脚跟外侧滚动着地,当重心移至右脚。第二步左脚继续前迈,以脚跟内侧滚动着地,身体继续前移,转至侧对投掷方向,引枪完成。第三步交叉步开始时,在左腿有力的后蹬同时,右腿积极提膝前摆,以一定的腾空,向前迈出,带动下肢快速超越上体,形成两腿交叉,身体扭紧,下肢快于上体的超越动作,随着重心下落,右脚以脚跟外侧首先着地。第四步右脚着地后,随重心前移过支撑点瞬间,右腿开始最后用力,同时左脚以脚跟内侧滚动着地进入制动支撑。右侧继续向前蹬转,上体仍保持后倾姿势,为最后用力创造条件。

投掷步的形式有跳跃式、跑步式和混合式 3 种不管采用哪一种投掷步形式,都应表现出低、平、快的特点。

(三)最后用力

从右脚着地,重心前移过支撑点,右腿转入蹬地开始,持枪臂向后伸展略高于肩,枪尖贴近右眉梢处,非投掷臂自然抬起,形成投掷前姿势。投掷时右脚提踵,蹬转送髋带动重心向前转移,同时在左腿的积极支撑下,进一步转髋翻肩,形成"满弓"的瞬间,胸、肩、臂肌群依次快速用力将标枪沿其纵轴向投掷方向鞭打掷出。

（四）维持身体平衡

为防止犯规，在标枪出手后，右腿应及时向前跨出一大步，屈膝降低重心，减缓人体向前的冲力，维持身体平衡。

三、掷铁饼

掷铁饼的技术动作分为握法、预备姿势和预摆、旋转以及最后用力和维持身体平衡4个技术环节。

（一）握法

五指自然分开，拇指和手掌平靠铁饼，其余四指的最末指节扣住铁饼边沿，铁饼的重心在食指和中指之间，手腕微屈，铁饼的上沿靠在前臂上，持饼臂自然下垂于体侧。

（二）预备姿势和预摆

1. 预备姿势

背对投掷方向，两脚左右开立约一肩半，站于圈内靠后沿处的投掷中线两侧。两脚平行开立或左脚稍后，持饼臂自然下垂于体侧，眼平视。

2. 预摆

预摆是为了获得预先速度，为旋转创造有利条件。目前常见的预摆有两种：左上右后摆饼法和身体前后摆饼法。

左上右后摆饼法。开始时，持饼臂在体侧前后自然摆动，当铁饼摆到体后时，重心靠近右腿。接着以躯干带动持饼臂向左上方摆起；当铁饼摆到左上方时，左手在下托饼，重心靠近左腿，上体稍左转。回摆时，躯干带动持饼臂将铁饼摆到身体右后方，身体向右扭紧，重心处于右腿上，上体稍前倾，左臂自然微屈于胸前，眼平视，头随上体的转动而转动。

身体前后摆饼法。开始时，持饼臂在体侧前后自然摆动，当铁饼摆向体前左方时，手掌逐渐向上翻转，右肩稍前倾，体重靠近左腿。铁饼回摆到体后时，手掌逐渐翻转向下，体重由左向右移动，上体向右后方充分转动，使身体扭转拉紧，这种方法动作放松，幅度大。目前大多数优秀选手都采用这种方法。

（三）旋转

预摆结束后，弯曲的右腿蹬地，上体向左转动，同时左膝外展，重心由右脚向边屈边转的左腿移动。接着两腿积极转动，并以左脚前脚掌为轴向投掷方向转动，身体向投掷方向倾斜，投掷臂在身后放松牵引铁饼。当左膝、左肩和头即将转向投掷方向时，右膝自然弯曲，以大腿发力带动整个腿绕左腿向投掷方向转扣（右脚离地不能过高），这时左髋低于右髋，身体成左侧单腿支撑旋转，接着以左脚蹬地的力量推动身体向投掷圈的中心移动，右腿、右髋继续转扣。当左脚蹬离地面，右腿带动右髋快速内转下压。左腿屈膝迅速向右腿靠拢，左肩内扣，上体收腹稍前倾。接着，左脚积极后摆，以脚掌的内侧着地，落在投掷圈中线左侧圆圈前沿稍后的地方，身体处于最大限度的扭转拉紧状态。铁饼远远留在右后方，左臂自然微屈于胸前，为最后用力做好准备。

（四）最后用力和维持身体平衡

当左脚着地时,右脚继续蹬转,使右髋积极向投掷方向转动和前送。接着,头向投掷方向转动,左臂微属于胸前,胸部开始向前挺出,重心逐渐移向左腿。当重心移向左腿时,右腿继续蹬伸用力,以爆发式的快速用力向前挺胸挥饼。与此同时,左腿迅速用力蹬伸,左肩制动,成左侧支撑,使身体右侧迅速向前转动,将全身的力量集中在铁饼上,当铁饼挥至右肩同高并稍前时,用小指到食指依次用力拨饼出手,使铁饼顺时针方向转动向前飞行。铁饼出手后,应及时交换两腿,身体顺惯性左转。同时降低身体重心,维持身体平衡。

第八章　武术运动

第一节　武术运动发展概况

武术是人类在长期劳动、生活与斗争中逐步积累和发展而来的,有着悠久的历史和广泛的群众基础,是中华民族宝贵的文化遗产。中国武术以技击动作作为主要内容,以套路和格斗为运动形式,注重内外兼修,其目的在于增强体质,提高搏击技巧,培养意志品质。武术的内容丰富,包括拳术、器械、太极、散打,具有强身健体、陶冶情操、竞技观赏、促进交流等功能,因此深受广大群众的喜爱。

一、武术的定义

武术是以中国传统文化为理论基础,以徒手和器械的攻防动作作为主要锻炼内容,兼有功法运动、套路运动、格斗运动三种形式的体育项目。

二、武术的起源与发展

武术按其不同时期的发展特点可以分成三个阶段:古代武术,主要指明清 **武术步法** 以前的武术;近代武术,主要指明清及民国时期的武术;现代武术,主要指新中国成立后一直到现在的武术。

（一）古代武术

在原始社会恶劣的环境下,先民们为了生存和发展,一方面要猎取野兽,获得生存所必需的营养,另一方面又要抵御凶禽猛兽和其他人的侵袭。远古时期“猛兽食颛民,鸷鸟攫老弱”的描述道出了大型猛兽向人进攻、人被动自卫的情形。《诗车攻》中也有“搏兽手敥”(手搏)之句。《史记·律书》:“夏桀、殷纣,手搏豺狼,足追四马,勇非微也。”也是讲人类搏斗之勇。随着部落间战争的发生,武术从生产活动中逐渐脱离出来,成为当时乃至今日体能训练的手段。在明代以前,武术以军阵格杀技术为主体,训练内容主要是兵械实用技法,而拳术(手搏)占的比例较少,军阵格杀中兵种的变化(车兵、骑兵或步兵)和兵器的形制、长短、轻重,都影响和制约着武术的发展。

（二）近代武术

明清时期是中国武术大发展的时期,主要表现在:各种拳种大量涌现,门派林立,中国武术逐渐发展成为一个庞大的体系,大量有关武术的论著相继问世,理论体系逐渐完善;武术开始借鉴并吸收气功的一些内容,促使其逐渐成为一门内外兼修之术;许多武术拳种开始运用中国传统哲学来阐释拳理,使得武术逐渐成为中国传统文化的一个子系统。

在明代,少林拳已享盛名,并出现了与少林拳风格特点不同的"内家拳"。明代已总结出了较为系统的武术基本理论,如戚继光的《纪效新书》、俞大猷的《剑经》等。同时,人们广泛吸取传统文化的精华,促进了武术发展,增强了武术文化色彩。例如,明万历年间相传的《易筋经》是武术功法与气功导引术相结合的产物;内家拳中的击穴法,是以中国医学中的经络学说为依据形成的技击法。在这个时期,人们逐渐意识到武术的健身价值,不再将其作为纯粹的军事技术。戚继光《纪效新书·拳经捷要》:拳法似无预于大战之技,然活动手足,惯勤肢体,此为初学入艺之门也。指明了拳法作为武术运动的主体技术,虽然是参与军事战斗的技术,却不失为一种有助于强身健体的体育活动。像《武编》《纪效新书》《阵记》《武备志》等与武术有关的兵书,以及《耕余剩技》《手臂录》《内家拳法》《苌氏武技书》《太极拳论》《拳经拳法备要》等专门武术论著的大量出现,极大地丰富了武术理论,使其逐渐发展成为一项技、理完善的运动。

清朝时期,军队开始增加火药兵器等装备。同治年间,清政府进口了大量的洋枪,并开办工厂进行仿造,从此,传统军旅武术日趋衰弱,选拔军事人才的武举制,也于光绪二十七年(1901年)废止。军旅武术衰退的过程,也就是民间武术不断发展,武术运动体育化的过程。清代的新生拳种,如太极拳、形意拳、八卦掌等,都明确了武术的体育本质。辛亥革命后,民间武术社团蔓生于各大城市,如上海精武体育会、天津中华武士会、北京体育研究社、成都四川武术会等。1928年成立了中央国术馆,各地成立了下属馆社。1923年,在上海举行了首次"中华全国武术运动大会"。此后,武术被列为全国运动会的竞赛项目之一,并逐渐步入现代体运动竞赛的舞台。

(三)现代武术

新中国成立后,武术运动得到迅速发展,其社会功能得到了广泛地发挥和运用。1959年出台的"武术竞赛规则"将武术分类,并按项目进行比赛,使武术成了真正的竞技体育运动项目。20世纪80年代后,武术出现了空前的大规模的发展,人们挖掘整理传统武术的相关内容,使一些即将失传的拳技资料得到了继承和保存,群众性的习武活动遍及城乡。1999年6月20日,在首尔举行的第109次国际奥委会会议,决定承认国际武术联合会,这是中国武术走向世界的一个重要里程碑。2008年北京奥运会上,武术作为表演项目迈进了奥林匹克运动的神圣殿堂。

2012年4月,全球首家武术博物院——嵩山少林武术博物院在河南登封举行开工奠基仪式。少林博物院建成之后,在展示中华武术的同时,还将承担起武术研究和高端人才的培养,对海内外失传或濒临失传的"功夫"进行抢救性挖掘并深入研究的任务。而且,将会开设少林武术研究生院,通过培养海内外高端武术人才,进一步发扬和光大中华武术。在中国武术协会和武术研究院的倡导下,武术界人士经过几十年来的不懈努力,使武术运动在我国普遍开展,并传向世界各个角落,武术运动逐步走向世界。

武术基本功

三、武术的分类

(一)功法运动

武术功法是为掌握和提高武术套路和格斗技术,诱发武术必需的人体潜能,围绕提高身体某一运动素质或锻炼某一特殊技能而编排的专门练习。它包括提高肢体关节活动幅度及肌肉舒缩性能的"柔功",锻炼意、气、劲、形完整一体的"内功",增强肢体攻击力度和抗击打能力的"硬功",发展人体平衡能力和翻腾、奔跑能力的"轻功"等。柔、硬功法是相对而言的,它们相互联系,相互促进,不能把它们绝对分开。

(二)套路运动

套路运动是以踢、打、摔、拿、击、刺等攻防动作为素材,遵守攻守进退、动静疾徐、刚柔虚实等矛盾运动的变化规律编成的整套练习形式。套路运动按练习形式分为单练、对练、集体演练等项目。

1. 单练

单练包括徒手拳术和器械。徒手拳术以长拳、太极拳、南拳为主,还有形意拳、八卦掌、八极拳、劈挂拳、翻子拳通背拳、地躺拳、象形拳等其他拳种。器械以刀、枪、剑、棍为主,还有大刀、仆刀、双鞭、单鞭、三节棍、双刀、双剑、双钩、绳镖等其他器械。

初级长拳

2. 对练

是指两人或两人以上,按照一定的程式进行的攻防假设性练习形式,它又包括徒手对练、器械对练、徒手与器械对练三种形式。

3. 集体演练

是多人集体进行的徒手、器械、徒手与器械的演练,可以变换队形、图案,也可用音乐伴奏,在竞赛中通常要求六人以上,要求队形整齐,动作协调一致。

(三)搏(格)斗运动

格斗运动是两人或多人在一定条件下,按一定的规则进行斗智角力的攻防性练习形式。现在武术竞赛中开展的主要是两人之间的对抗性活动,包括散打、太极推手、短兵、长兵等。

四、武术的特点

(一)鲜明的中国传统文化特色

武术是人类自创的一种活动形式,也是一种文化,是中华民族传统文化的瑰宝。武术产生于中国,中国传统文化孕育它成形,养育它成长,促进它不断发展、完善。首先,武术理论深受中国哲学思想的影响,如太极拳的"以静制动""重柔主静"的拳理,来源于太极学说;八卦掌合于《周易》中"刚柔相济,八卦相荡,运动不息,变化不止"之理,形成"以动为本,以变为法"的基本拳理;少林拳强调的是"拳禅一体",如拳理中讲处于心安气敛,就能保持攻防的主动地位,这正是禅法"安心入定"的体现。其次,在练拳过程中讲究的"动中求静""静中求动",劲力上要求的"刚柔相济",搏斗中讲究的"攻中寓防""防中寓攻"等都体现了中国古代的哲学思想。再次,武术的防身制敌法则深受中国兵学的影响。另外,武术健身法深受中医和养生术的影响,武术表演艺术则受古代武舞的影响。

(二)鲜明的民族技击特性

武术最初作为军事训练手段,与古代军事斗争紧密相连,其技击的特性是显而易见的。

在实用中,其目的在于杀伤、制服对方,它常常以最有效的技击方法,迫使对方失去反抗能力。这些技击术至今仍在军队、公安中应用。武术作为体育运动,技术上仍不失攻防技击的特性,而且将技击寓于搏斗运动与套路运动之中。

搏斗运动集中体现了武术攻防格斗的特点,在技术上与实用技击基本上是一致的。但是,从体育的观念出发,它受到竞赛规则的制约,以不伤害对方为原则,如在散打中对武术传统的实用技击方法作了限制,而且严格规定了击打部位和保护护具;短兵中使用的器具也做了相应的变化;而推手则是在特殊的技术规定下进行竞技对抗。因此,可以说武术的搏斗运动具有很强的攻防技击性,但又与实用技击有所区别。

套路运动是中国武术特有的表现形式,不少动作在技术规格、运动幅度等方面与技击的原形动作有所变化,但是动作方法仍然保留了技击的特性。因联结贯穿及演练技巧上的需要,套路运动穿插了一些不具有攻防技击意义的动作,然而就整套技术而言,仍然是以踢、打、摔、拿、击、刺等动作为主,攻防是套路运动的技术核心。套路运动的技击方法是极其丰富的,在散打、短兵中不宜采用的技术方法,在套路运动中都能够有所体现。

(三)内外合一、形神兼备的民族风格

讲究形体规范,追求精神传意、内外合一整体观的同时融入民族文化精髓,是中国武术的一大特色。所谓内,指心、神、意等心智活动和气息的运行;所谓外,即手、眼、身、步等形体活动。内与外、形与神是相互联系和统一的整体。

武术运动"内外合一,形神兼备"的特点主要通过功法和技法来体现。"内练精气神,外练筋骨皮"是各家各派练功的准则,如太极拳主张身心合修,要求"以心行气,以气运身",形意讲究"内三合,外三合",少林拳也要求精、力、气、骨、神兼修。此外,武术套路在技术上往往要求内在精气神与外部形体动作紧密相合,完整一气,做到"心动形随""形断意连""势断气连",以"手眼身法步,精神气力功"八法的变化来锻炼身心。中国武术的以上特点,反映出其作为一种文化形式,在长期的历史演进中受到中国古代哲学、医学等方面的渗透和影响,因而形成了独具民族风格的练功方法和运动形式。

(四)运动形式的多样性和广泛的适应性

武术的练习形式与内容丰富多样,有竞技对抗的散打、推手、短兵,有适应演练的各种拳术、器械、对练,还有与之相适应的各种功法。不同的拳种和器械有不同的动作结构、技术要求、运动风格和运动量,适合不同年龄、性别、体质的群众的需要,人们可以根据自己的条件和兴趣爱好进行选择性练习。同时,它对场地器材的要求较低,练习者可以根据场地的大小变化练习内容和方式,即使没有器械也可以徒手练拳、练功。此外,武术运动受时间、季节的限制也很小,与其他体育运动项目相比,具有更为广泛的适应性,这是中华武术运动能在民间经久不衰的重要因素。

五、武术的作用及价值

(一)壮外强内的健身价值

武术运动具有强身健体的作用,有助于身心全面发展。对外能利关节、强筋骨、壮体魄,对内能理脏腑、通经脉、调精神。武术运动的许多功法都注重调息行气和意念活动,这对调

节人体内环境的平衡,调养气血,改善人体机能,增强体质是十分有益的。

(二)提高防身自卫能力

武术以技击动作为主要内容,通过练习,不仅可以增强体质,还可以学习一定的攻防格斗技术,掌握防身自卫的知识和方法,提高人体的灵活性和对意外情况的应变能力。攻防技击术作为武术运动的要素之一,也是人们自卫抗暴的防身术。

(三)培养道德情操的教育作用

武术在长期的发展中,继承和发扬了中华民族重礼仪、讲道德的优良传统。"习武以德为先",说明武术练习历来十分重视武德教育。尚武崇德的精神可以培养青少年尊师重道、讲礼守信、宽以待人和严于律己等高尚的道德情操。武术运动需要习武者具有吃苦耐劳、坚持不懈的精神,武术的学练过程,有助于培养他们坚韧不拔、自强不息的意志品质,是修身养性的重要手段,有益于人的全面发展。

(四)娱乐观赏,丰富文化生活

武术运动具有很高的观赏价值,如套路运动动迅静定的节奏美,踢、打、摔、拿、跌的巧妙结合美,内外合一、形神兼备的和谐美等。习武者之间可以切磋技艺,扩大交往,交流思想,增进友谊,丰富业余文化生活。

第二节　武术的基本动作

一、武术的基本手型和手法

(一)武术的基本手型

武术的基本手型主要有拳、掌、勾三种。

拳:四指并拢卷握,拇指紧扣食指和中指的第二指节(图8-2-1)。要点:拳握紧,拳面平,直腕。

掌:四指并拢伸直,拇指紧扣于虎口处(图8-2-1)。要点:手指并拢,掌心展开,竖指。

勾:五指第一指节捏拢在一起,屈腕(图8-2-1)。要点:五指齐平,腕屈紧。

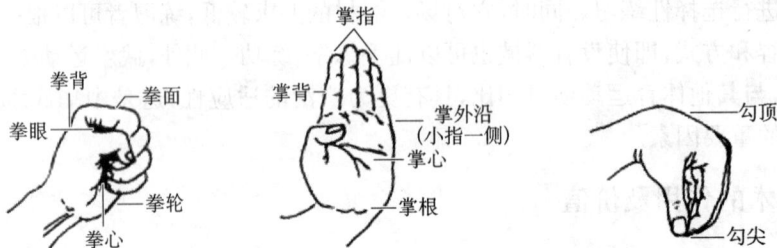

图8-2-1

（二）武术的手法

手法练习是在运动中规范拳、掌、勾三种手型，并结合上肢冲、架、推、亮等方法，按上肢手法的基本规律反复操练的一种练习。

1. 冲拳练习

冲拳分为平拳与立拳两种。平拳拳心向下，立拳拳眼向上。

预备姿势：两脚左右开立，与肩同宽，两拳抱于腰间，肘尖向后，拳心向上。

动作要领：挺胸、收腹、立腰，右拳从腰间向前猛力冲出，转腰、顺肩，在肘关节腰后右前臂内旋，力达拳面；臂要伸直，高与肩平，同时左肘向后牵拉。练习时左右可交替进行。

要点：转腰、顺肩，力达拳面，出拳迅速，要有爆发力。

练习步骤：① 先慢做，不要用全力，注意动作的准确性。② 结合各种步型、步法和腿法做冲拳练习。

2. 架拳练习

预备姿势：与冲拳相同。

动作要领：右拳向下、向右、向上经头前向右上方划弧并在右前上方架起，拳心向下，眼看左方。练习时左右交替进行。

要点：旋臂、沉肩、拳上撑。

练习步骤：① 先慢做，不要用全力，着重体会动作路线，然后再逐渐加力。② 结合步型、步法与手法练习（如做马步架打）。

3. 推掌练习

预备姿势：与冲拳同。

动作要领：右拳变掌，前臂内旋，并以掌根为力点，向前猛力推出。推击时要转腰、顺肩，臂要伸直，高与肩平。同时左肘向后牵拉。练习时，左右可以交替进行。

要点：挺胸、收腹、直腰。出掌要快速有力，有"寸劲"，同时还要做好拧腰、顺肩、沉腕、翘掌等动作。

练习步骤、易犯错误和纠正方法均与冲拳同。

4. 亮掌练习

预备姿势：与冲拳同。

动作要领：右拳变掌，经体侧向右上方划弧，至头部右前上方时，抖腕亮掌，臂成弧形。掌心向前，虎口朝下，眼随右手动作转动，亮掌时，注视左方。练习时，左右手交替进行。

要点：抖腕、亮掌与转头要同时完成。

练习步骤：① 开始练习时，可用信号或语言提示，使抖腕、亮掌与转头一致。② 结合手法与步型进行练习（如"仆步亮掌"等）。

二、武术的基本步型

（一）弓步

左脚向前一大步，脚尖微内扣，左腿屈膝半蹲（大腿接近水平），膝与脚尖垂直。右腿挺膝伸直,脚尖内扣(斜向前方),两脚全脚掌着地。上体正对前方,眼向前平视,两手抱拳于腰间。弓右腿为右弓步,弓左腿为左弓步。

(二) 马步

两脚平行开立(约为本人脚长的三倍),脚尖正对前方,屈膝半蹲,膝部不超过脚尖,大腿接近水平,全脚着地,身体重心落于两脚之间,两手抱拳于腰间。

(三) 虚步

两脚前后开立,右脚外展45度,屈膝半蹲,左脚脚跟离地,脚面绷平,脚尖稍内扣,虚点地面,膝微屈,重心落于后腿上。两手叉腰,眼向前平视。左脚在前为左虚步,右脚在前为右虚步。

(四) 仆步

两脚左右开立,右腿屈膝全蹲,大腿和小腿靠紧,臀部接近小腿,右脚全脚掌着地,脚尖和膝关节外展。左腿伸直平仆,脚尖里扣,全脚掌着地。两手抱拳于腰间,眼向左方平视。仆左腿为左仆步,仆右腿为右仆步。

(五) 歇步

两腿交叉靠拢全蹲。左脚全脚掌着地,脚尖外展;右脚全脚掌着地,膝部贴近左腿外侧;臀部坐于右腿接近脚跟处。两手抱拳于腰间,眼向左前方平视。左脚在前为左歇步,右脚在前为右歇步。

三、武术的基本步法

(一) 击步

预备姿势:两脚前后开立,同肩宽。两手叉腰。

动作要领:上体前倾,后脚离地提起,前脚随即蹬地前纵;在空中时,后脚向前碰击前脚,落地时,后脚先落,前脚后落,眼向前平视。

练习要点:跳起至空中时,要保持上体正直并侧对前方。

(二) 垫步

预备姿势:与击步同。

动作要领:后脚离地提起,脚掌向前脚处落步,前脚立即以脚掌蹬地向前上方跳起,将位置让于后脚,然后屈膝、提腿向前落步,眼向前平视。

练习要点与击步相同。

(三) 弧形步

预备姿势与击步同。

动作要领:两腿略屈,两腿迅速连续向侧前方行步,每步大小略比肩宽,走弧形路线,眼向前平视。

练习要点:挺胸、塌腰,保持半蹲姿势,身体重心要平稳,不要有起伏现象。落地时,由前脚掌迅速过渡全脚掌,并注意转腰。

四、武术的腿法

一腿支撑,用另一腿攻击对手和阻截对手进攻的一类技法,称为"腿法"。腿较臂长,能远击对手;脚较手力大,能重创对手。因此,拳谚有"手打三分、腿打七","远脚、近膝、贴身胯打"等说法。

根据腿法的运动特点,腿法动作可分为直摆性腿法、伸屈性腿法、扫转性腿法、击响腿法四类。

直摆性腿法:包括正踢腿、侧踢腿、里合腿、外摆腿、后撩腿等。

伸屈性腿法:包括弹腿、蹬腿、踹腿、铲腿、点腿、踩腿等。

扫转性腿法:包括前扫腿、后扫腿、连环扫腿等。

击响腿法:它包括单拍脚、斜拍脚、外摆拍脚、里合拍脚等。

五、跳跃练习

预备姿势:并步站立。

动作要领:右脚上步,左腿向前,向上摆踢,右脚蹬地跃起,身体腾空,两臂由下向前、向头上摆起,右手背迎击左手掌。在空中,右腿向前上方弹踢,脚面绷直,右手迎击右脚面;左腿屈膝,左脚收控于右腿侧,脚面绷直,脚尖向下。左手在击响的同时摆至左侧方变手,勾尖向下,略高于肩。上体微前倾,两眼平视前方。

练习要点:起跳腿要充分蹬伸,上体后倾要伴随向前送髋,同时提气、立腰、头上顶,两臂和摆动腿快速上摆;空中动作要注意收髋、收腹,上体稍前压;落地动作要用前脚掌先着地,然后过渡全脚掌,随之屈膝、屈髋加以缓冲,并保持适度紧张。

第三节　太极拳

一、太极的起源及流派

据专家考证,太极拳最早雏形起源于明朝中期,距今已有六七百年的历史。发源地为河南省温县陈家沟。创始人是陈氏九世祖陈王廷。

陈王廷的祖先原为山东人氏,明洪武七年(1374 年)始祖陈卜迁居河南,陈氏家谱从此人开始。第九世传人陈王廷,为明清两朝元老,明朝时曾建显赫战功;入清后退隐家园,道是:叹当年,披坚执锐,扫荡群寇,几经历险。蒙恩赐,枉徒然。到而今,年老残喘,只落得,《黄庭》一卷随身伴。闲来时造拳,忙来时耕田。趁余闲,教下些弟子儿孙,成龙成虎任方便。

起源和发展

陈王廷造拳并非凭空臆造,而是博采当时流传各家拳法之精华,潜心钻研、刻苦操练的结果。其采撷的主要拳法来自三个方面:其一是取材于明代著名平倭大将戚继光所著的《拳经》三十二势,而此拳法又来源于流传当世的十六家拳法(包括米太祖的长拳三十六势在内);其二是陈氏祖先曾从一个姓郑的人学得山西龙凤姬所创的开合拳(形意拳),并代代传

习下来;其三,陈王廷多年在外,阅历甚广,自当采集流传于民间的多种拳法,以丰富自己的造拳,经过多年的观摩、习练、创新,陈王廷最终创编了长拳十三势、炮捶等拳术。其子孙世代相传,并不断有所创新。传到十四世陈长兴(1771—1853)时,已日臻成熟、成套,习练的人更多。在此基础上,出现了总结前人拳法的陈氏家传《三三拳谱》等著作。到了十六世陈鑫,更加全面深入地撰写了《太极拳图序言》等传世太极拳著作。

太极拳原为陈氏世代家传,不传外姓人。自清代中叶,直隶(今河北)杨露蝉(1799—1872)、武禹襄(1812—1880)先后去陈家学拳后,太极拳才逐渐在社会上流传,并形成五大流派。

(一)陈式太极拳

为温县陈氏世传太极拳原式。其特点是刚柔相济、快慢相兼。又称大架式,著名传人有:十四世陈长兴、十五世陈清萍、十六世陈鑫。陈式又有老架、新架两派。新架由老架衍化,更加紧凑。出自温县赵堡镇陈氏后代,又称赵堡派。

(二)杨式太极拳

杨露蝉从陈长兴处学拳,得老架之传而创杨式。传至其孙杨澄甫(1883—1936)而定型。其特点是拳式开展、舒展大方、动作柔和,也属大架式,流传极广。著名传人有:杨露蝉之子杨班侯(1837—1892)、杨健侯(1839—1917),杨健侯之子杨少侯(1862—1930)、杨澄甫。杨澄甫先生曾任南京中央国术馆、浙江省国术馆教务长,著有《太极拳体用全书》。其弟子河北李雅轩(1894—1976),对太极拳的推广(特别是在全国的推广)做出了贡献。现在广泛流行的简化太极拳,以及八十八式太极拳,就是国家体委根据杨式太极拳整理编成的。

(三)吴式太极拳

满族人吴全佑从杨露蝉、杨班侯父子学拳,传其子吴鉴泉(1870—1942)而创吴式,其特点是架式紧凑,长于柔化。又称中架式,流行于我国南方及东南亚诸国。

(四)武式太极拳

由武禹襄创立。武师承陈氏十五世陈清萍,学得新架太极拳,并加以创新。其特点紧凑轻捷,尤以武氏太极推手著称于世。又称小架式。武氏太极推手,着重于身法、步法,其技击之听、引、化、拿之劲法又以多变而实用著称。

(五)孙氏太极拳

创始人孙禄堂(1861—1932)以形意、八卦名家而从武禹襄的再传弟子郝为真学艺而创孙式。特别小巧紧凑,步活身灵,也属小架式。由于用阴阳开合之说,故又称开合太极拳。

二、学太极拳前的准备

怎样学好太极拳,名家著述和介绍的经验已很多了,这里仅就大的方面简略地提出几点,供初学者参考;至于太极拳的保健作用、练拳应注意的问题、练拳歌诀、练拳释疑等,在此不赘述。

24式太极拳

(一)树立"三心"

一是要细心,太极拳的各种动作对手、脚、腿、身要求各有类型,动作起来又有不同的手法、脚法、腿法、身法，一招一式，只有细心学习，反复揣摩才能学会；二是要耐心，学会一路拳，往往要反复练习千百次，如要多学一点，学深一点，必须更加耐心，那种贪多图快、浅尝辄止的人是学不好的；三是要有恒心，要做到拳不离手，坚持天天练，年年练，练它一辈子，一曝十寒、朝三暮四也是学不好的。

（二）勤于"三学"

首先是向书本学。在未找到良师益友前，按照有关太极拳的书籍，学习前人练拳经验，按照图形及说明模仿练习，仍不失为初学入门的一种方法。其次是向朋友学。多多交结学习太极拳的拳友，互相学习交流，能者为师。三是拜师学艺。要想学到好一点、深一点的上乘太极拳功夫，必须找到好老师。参加一些学习班以及武术学校，是寻找良师的一个门路。如能拜到良师以至名师，学起功夫来就会事半功倍。

（三）抓住五个要点

一是细心学习套路动作，掌握一般规则和要领。特别要注意太极拳动作不离圆圈、圆弧、柔和缓慢、连绵不断的特点。二是在初步熟悉动作后，就要在师友的指导下，认真纠正不正确的姿势，打下良好的学拳基础。三是静心松身。学拳是否有进展，就是看静心（排除杂念）、松身（全身处处放松、柔软）达到何种程度。四是行气用意。对呼吸初步要求呼吸深长、顺畅，再进一步要求呼吸与动作相配合。行气用意即要求用意识去指挥动作，将意气贯注于每一动作上去。天长日久，便能培养中气，强身健体。五是要善于自我检验练拳效果。学会多少动作套路不是学拳的主要目的，主要是看你经过一段时间练拳后，筋骨是否比以前强壮，精气是否比以前更充实，大脑是否比以前更清醒了。具体的是看练完拳后，是否感到身体非常舒适，心情非常愉快，身心是否泰然。若是如此，说明练拳已得法上路了。若不是如此，反而会表现出口干舌燥，面青气喘，心躁体疲的症状，这说明练拳没有得法，应请师友指教，纠正练法了。

（四）避开"五忌"

学太极拳有"五忌"，若犯"五忌"，实难学好。一是择师不慎，误入旁门左道；二是有不良嗜好（赌、色、酗酒、吸毒等），会将自身精气耗尽；三是信师不坚，不按教师教法练习；四是离师太早，学到一点东西就自恃逞能；五是已练外家硬功，学太极拳会缺乏灵气。

三、太极拳的医疗保健作用

（一）提神健脑，改善神经系统功能

任何一种体育锻炼，如能增强中枢神经系统的机能，对于全身来说，就具有很好的保健作用。练习太极拳，强调要心静，排除一切杂念，将意念贯注于每一动作中。这与练气功要求入静是一致的。但气功多是在静止的坐、站、卧姿中进行，而太极拳是在动中求静的。练习太极拳要求动作完整一气，如江河奔流，绵绵不断。要求从眼神到掌（拳）、臂、上体、腿、脚相互协调。同时动作安排也是由简到繁，由一般动作到有较高难度的动作，这就需要神经系统要有良好的支配能力，需要大脑进行紧张地指挥和协调，这都是对中枢神经系统的一种良好的锻炼。大量的实践证明：系统地演练太极拳，能使人感到精神焕发，全身舒适，练习"推手"、"散手"，更能使人反应灵敏、全身灵活。一些人通过练习太极拳治愈了神经衰弱、失眠、神经痛等顽症。众多热爱太极拳的古稀老人，仍然耳聪目明、思维敏捷，就是太极拳的健脑益智作用的具体体现。现代人在紧张的工作、学习之余，如能挤出 8～20 分钟时间打一套太极拳，无疑是对大脑的一种良好的休息和保健。

（二）防治高血压，免除心血管疾病

高血压病是严重危害人类健康的最常见疾病之一，又是冠心病、脑梗阻（中风、脑溢血）、心及肾功能衰竭的最主要发病因素。其死亡率居世界第二位。

某市曾对太极拳能否防治高血压做过专门的试验和调查。在体委、卫生局、总工会联合组织的体育疗法试验班中，30 名高血压病患者，每日晨练四十八式太极拳半小时，两个月为一疗程。经一个疗程锻炼后调查，第一组机能障碍型轻症患者 14 人，有效率达 100%，其中疗效显著和血压恢复正常的分别达 35.7% 和 50%；第二组发生病变型 9 人，有效率达 88.8%，其中疗效显著和血压恢复正常的分占 33.3% 和 11%；第三组发生器质性病变（重症）型 7 人，有效率达 71.4%。

太极拳对高血压，包括其他心血管疾病，为什么有较好的疗效呢？经有关专家研究分析，其主要疗效表现在以下三个方面：一是早期高血压多是由于精神受强烈刺激，长期过度紧张、过度疲劳，使大脑皮层对全身小动脉的调控失常，从而使小动脉处于经常性或周期性痉挛收缩，使血液外周循环阻力增大，血压升高。而太极拳运动要求练习者"静心用意"、"以一念代万念"，把注意力集中在练习拳上，日久天长，这种自觉积极的定向心理活动不断强化，逐渐阻断了外来的不良刺激，抑制了原来的"不良兴奋灶"，逐渐恢复了大脑对全身小动脉的正常调节功能，解除了不正常的小血管痉挛，使血压恢复正常。二是部分高血压患者，往往是血液中的血脂（胆固醇、甘油三酯等）含量过高导致动脉粥样硬化（血管壁增厚、弹性降低、管腔狭窄）而形成高血压的，而太极拳活动要求"用意不用力"、"意动身随"，连续不断地肌肉轻缓收缩和放松活动，不少运动呈螺旋形，像拧毛巾似的，对全身皮下血管是一种良性的按摩，并有柔和的扩张作用。同时由于采用腹式呼吸，使胸膈上下运动，腹压周期性变化，这都大大有利于静脉血液的回流，有利于腹腔内和头部、四肢的血液循环，改善全身供血，促使血压恢复正常。三是太极拳运动能促进人体内的新陈代谢，使人体发生一系列有利于健康的生理化学反应。经研究证明，太极拳运动能促进部分腺体的分泌，增加纤维蛋白溶解酶，促进血脂的分解和消耗，防止血栓的形成。经过较长时间的锻炼后，血液中的蛋白含量会增加，球蛋白及胆固醇含量会明显下降。而这些作用对防治冠心病、脑血栓、心肌梗塞、脑中风、肾功能衰竭等心血管疾病都有重要的作用。

（三）改善呼吸，提高肺脏效能

人体依靠肺连续不断的呼吸活动，排出二氧化碳，吸入新鲜空气将鲜红的血液供应全身，维持生命活动。因此，肺呼吸功能的强弱，对于人的生命和身体健康，至关重要。太极拳运动要求呼吸均匀柔和，经过锻炼进一步达到呼吸深长，呼吸与拳势动作相配合，并提倡腹式呼吸（即主要用横膈膜的升降来呼吸）。研究结果证明：太极拳对保持胸部组织的弹性、胸廓活动度（即预防肋软骨骨质化）、肺的通气及气体代谢功能都有很好的影响。经常练拳的人，往往会出现"两增两降"的可喜现象，即肺活量和血（心）循环增加，每分钟呼吸次数和脉搏次数下降。经过练拳一些哮喘病患者症状逐渐缓解，甚至痊愈。

（四）强筋壮骨，预防骨骼病变

演练太极拳对全身骨骼、肌肉及关节的影响是明显的。打太极拳时全身肌肉、骨骼、关节都在活动，特别是颈、腰、臂、腿、脚、掌的活动量更大、更多些。动则血脉通，使细胞组织代谢活跃，病痛不易发生。经过对老年太极拳运动者的调查：发生脊柱畸形的为 28.5%，比一般老人低 18.7%；发生骨质疏松的占 36.6%，比一般老人低 27.2%；发生驼背的也远比一般老年人少。所以，经常练太极拳的人能够有效地预防颈椎病、关节炎、腰肌劳损、风湿性寒腿、股骨头坏死等疾病。

（五）促进消化，增强胃肠功能

首先，由于太极拳运动能够增强神经系统的功能，从而有利于全身其他系统正常、有效地协调工作，所以能预防和治疗某些因神经系统功能紊乱而产生的系统疾病，如胃肠功能紊乱、顽固性的溃疡、慢性炎症等等。其次由于太极拳是肌肉、骨骼和呼吸等的运动，对肠胃、肝、脾等都起着一种良性的机械刺激（类似按摩）的作用，改善了人体内脏的血液循环，也促进了食物的消化，预防便秘，这对于老年人和慢性病患者都是很重要的。所以，太极拳常常被选做疗养院体育医疗的重要项目。

四、才极拳练功心法诀歌

太极拳歌诀是前人根据长期练拳的实践经验编写的，是太极拳理论的重要组成部分，而且还有平仄押韵、易于背诵的特点，现选摘部分于此。供读者参考。

（一）太极拳歌

身法中正拳所宗，松静自然神如松。
柔和圆缓稳习作，入门五步处处功。
虚灵顶劲松腰胯，轻灵舒展体尽松。
垂臂正膝足根稳，静如山岳动如龙。
动中求静静犹动，动静合一更通融。
分虚实意存丹田，坠肘垂肩背含胸。
内外相合上下随，周身一家气势鸿。
风中杨柳任摇摆，上虚下实似劲榕。
理解圆周运动法，曲线运动自冶熔。
刚柔快慢在用意，意气运动心是从。
慢如行云快似电，刚硬似铁柔如绒。
练柔宜在三伏夏，练刚宜在三九冬。
拳分高低中架练，重复锻炼又复重。
能呼吸乃能灵活，隐现沉着寻无踪。
旋腰转脊运髓脑，旋螺腕转腿膀肱。
腰宰上下九节舞，力由脊发气如虹。
鼓荡内脏共按摩，骨肉经络如转筒。
对称协调圆满转，回旋形如入洞蜂。

意气相连提尻道，正尾神贯泥丸宫。
放长身肢节节贯，一动全动运膏肓。
气派大兮形象美，态势美比搏云鹏。
能解疲怠消寂闷，焕生朝气若勃蓬。
心情愉快引人胜，如服良药解忧忡。
促进代谢通血脉，通解郁血病滞臃。
增强机能强体质，人比松柏长青葱。
平和气性去骄躁，化育身心日壮雄。
通达事理增智慧，使人亨泰去痞凶。
防衰防弱治疾病，寿而康老常若童。
太极拳虽无限好，未知珍重鲜尚崇。
为国为民应普及，遍放鲜花大地红。

（注：原歌诀为60句，现删节为30句。删去的主要是关于武功技击的部分。）

（二）太极拳三步法歌

如站水中至项深，身体中正气下沉；
四肢动作有阻力，姿势变换要慢匀。

1. 领会

初练拳时如站在齐颈的水中，头不可前俯后仰。以合"虚灵顶劲""身体中正""尾闾中正""上下一条线"的要求。同时由于水的浮力，使人感到体轻，各关节压力减低，利于各部的放松。又由于水的阻力比空气大七八倍，举手投足，四肢活动对肢体都有均匀的阻力，有助于动作的慢匀和连续（不是轻飘或忽断忽续）。借助于此歌诀的想象或意念，可帮助初学者练好拳。

如在水中初悬空，长江大河浮游中；
腰如车轮精神涌，滔滔不断汩水行。

2. 领会

第一步练架式做到变换慢匀后，第二步要求以意气引导动作，敛心神，去杂念，凝耳韵，调呼吸，有如在长江大河中游泳一样，眼光放远，这样可使大脑皮层得到良好的休息。后两句强调练拳时腰部的"主宰作用"，全身达到松活，基础作用在腰。即所谓"其根在脚，发于腿，主宰于腰，形于手指，由脚而腿而腰，总要完整气，向前后退，乃能得机得势。有不得机得势处，身便散乱，其病必于腰腿求之。"做好腰胯松沉、敛臀圆裆，对练好拳有重要作用。所谓"精神涌"是指在大脑得到休息的同时调整好呼吸，"气宜鼓荡"，下沉丹田，内劲充盈，有如瀚海大江，滔滔不绝。

身体如在水上行，如临深渊履薄冰；
全身精神须合注，稍微不慎坠水中。

3. 领会

是指太极拳的第三步练法，此时太极功夫已达相当高深地步，苦练内功、轻功等绝顶功夫，更须精神高度集中。若有疏忽，必造成不良后果以上三首歌诀,用游泳做比喻,既生动易懂,妙趣横生;又相当深邃,引人深思。

五、关于练与养的问题

练太极拳,是指继承先辈练拳传统,保持有关的规矩法度,反复练习,达到静心松身,动作娴熟,体格强健;而养就是养气、养神、养性,包括广义的文化、体育、健身的知识修养在内,其内容相当广泛且博大精深。

如同学习书画要有书画以外的功夫,如有一定的文化、艺术修养一样。学习太极拳也要有拳外的功夫,要求有相应的文化及拳法理论修养等等。也就是说,拳既要练,更要养。现场要练,平时要养,练养结合,互相促进,才有长进。只练习不养,或养不得法,练拳就不能深入,学不好。

养的方面很多,下面仅做一些提示:

现场练拳,平时想拳,研学拳论,对照领会,默识揣摩,总结提高,有所收益。

练拳体力消耗极大,饮食营养应适当留意,防止入不敷出、体力下降。并注意劳逸结合。

性情急躁、暴躁的人,练拳时凝神敛气,平时注意修身养性,会更有益于敛性健身。

年老、体弱的练拳者,应偏重于养气、养神,练架式量力而行,只求意到,所谓"重意不重形"。但也不要马虎潦草、立身不正、腰胯飘浮。

太极拳要求"静、松、圆",这也体现在日常生活中,不该紧张时要尽量放松,喧闹时不妨"闹中求静",或者想一想各式各样的圆圈或圆弧形的动作,都是有益于功法和身体的。

第九章　健美操

第一节　健美操概述

一、健美操运动的概念

健美操是在音乐伴奏下，以身体练习为基本手段、以有氧运动为基础，达到增进健康、塑造形体和娱乐目的的一项体育运动。

健美操（三级）

健美操起源于传统的有氧健身运动，是有氧运动的一种。通常采用徒手或轻器械进行练习，是在氧供应充足的情况下，以人体有氧系统提供能量的一种运动形式，其运动特征是持续一定时间的中低强度的全身性运动，主要锻炼练习者的心肺功能，是发展有氧耐力素质的基础。

近年来，随着健身运动的不断发展，人们对健身的理解进一步加深，知识水平和健身的科学化程度不断提高，对健身的需求也更加多样化和个性化，因此出现了多种新的健身形式，如水中健身操和利用移动器械的集体力量练习以及在特殊场地进行的固定器械的有氧练习等。这些新的健身形式使健美操运动的内容更加丰富，适合的人群更加广泛，健身的效果更好，同时降低了损伤的可能性。健美操运动正是在此大环境下得到了迅速地发展，呈现出更加多样化和科学化的发展趋势。

健美操运动对人体健康具有良好的促进作用，尤其对控制体重、减肥、改善体形体态、提高协调性和韵律感具有良好的效果。

在长期的实践过程中，健美操已从一项单纯的健身运动逐步发展成为一项独立的体育竞赛项目，在运动形式、动作技术特征以及竞赛组织方法等方面有其自身特点。

虽然健美操运动发展历史不长，但深受广大群众的喜爱。健美操不仅突出动作的"健"和"力"的特点，而且更强调"美"，将人体行为艺术和体育美学融为一体，成为极具观赏性的体育运动项目。随着现代物质文明的进步，人们的健康观念不断增强，健美操运动已成为现代文明生活不可缺少的组成部分。

二、健美操运动的起源与发展

（一）国际健美操运动发展简况

健美操起源于1968年，最早出现在美国太空总署，是医学博士库伯尔（Cooper）为太空人设计的体能训练内容。后来加入音乐伴奏、特殊的器材等，使这种训练带有娱乐性并简单易学并逐渐形成了具有独特体系的运动。健美操是作为独立的体育运动始于 20 世纪 70 年代末，其标志就是"简·方达健美操"的出现。作为现代健美操运动的发起人之一，简·方达根据自己的亲身体会以健美操运动来保持身体健康和体态苗条的成功现身说法，编写了《简·方达健美操》一书，自 1981 年首次在美国出版以来一直畅销不衰，被译成 20 多种语言在世界 30 多个国家出售。

此后，简·方达义创造地推出一种利用专门器材进行的健美操锻炼方法，称之为"踏板健美操"。"踏板健美操"是在徒手健美操的基础上发展起来的，是利用一块专门定制的踏板（共三层，可通过调整高度来增减练习强度），做一些踏上、踏下的练习，通过克服自身体重来加强腿部力量、身体控制能力与心肺功能的目的。此种练习的优点是：提高踏板高度即可增加运动强度，不必改变原有的节奏；在加快运动节奏和频率时，可依据个人情况减少或保持踏板的高度，能有效地防止运动性损伤。简·方达对健美操运动在世界范围内的流行与发展起了巨大的推动作用，也使简·方达成为 80 年代风靡世界的健美操杰出代表人物。

健美操运动自 70 年代末、80 年代初兴起以来，以强大的生命力迅速在全世界流行起来。目前，健美操不仅在欧美等发达国家蓬勃开展，在一些发展中国家和地区也得到不同程度的开展。各种健美操俱乐部、健美操中心和健美操培训班如雨后春笋般到处涌现，许许多多的人选择健美操作为自己的健身方式，形成了世界范围的"健美操热"。

随着健美操在世界范围的广泛开展，人们逐渐认识到健美操是一项具有强大生命力和潜在商业价值的运动。一些热衷于健美操运动的有识之士分别发起并成立了各类健美操社团，使健美操成为一项有组织的体育运动。

首届国际健美操比赛是由国际健美操联合会于 1983 年在日本举办的，该协会现在每年仍举办健美操世界杯赛。比较著名的比赛还有由国际健美操冠军联合会每年举办一次的国际健美操冠军赛，国际体操联合会从 1995 年开始举办的健美操世界锦标赛。这些比赛的项目均由男子单人操、女子单人操、混合双人操、三人操（性别任意搭配）4 个项目组成。此外，各个健美操国际组织还单独或联合举办各种世界健美操巡回赛或大奖赛且许多比赛都增设少儿项目以扩大健美操运动在世界范围的影响。2001 年国际体操联合会决定世界健美操锦标赛每两年举办一次并增加六人操（性别任意搭配）的比赛项目。2005—2008 周期的健美操规则在艺术指南方面变化比较大，完成分值和难度动作的分值做了调整。这种变化令健美操评分规则更加完善和细化，更有利于项目的发展。

（二）我国健美操运动发展简况

健美操运动在 20 世纪 80 年代传入我国，当时由于我国的改革开放刚刚开始，人们的思想还不够解放，观念比较陈旧，对于国外的一些新鲜事物的接受还比较迟缓，对健美操运动的健身、娱乐功能还没有足够的认识。为此，1981 年 1 月 4 日的《中国青年报》发表了作者为陆保钟、牛乾元的特约稿《人体美的追求》。1982 年 2 月中国青年出版社出版的《美，怎样才算美》一书，刊登了陈德星编制的"女青年健美操"和牛乾元编制的"男青年哑铃健美操"。

追求人体健与美的"健美操"一词迅速被广大体育工作所采用。1983 年人民体育出版社《健与美》杂志创刊；中央电视台对人体健与美和健美操的一系列宣传，强化了人们对健美操运动的认识，就此拉开了我国健美操运动发展的序幕。1984 年北京体育学院成立了健美操研究组。1985 年由北京体育学院创编并推广的"青年韵律操"等六套健美操，在全国受到广大青年学生的喜爱。1986年北京体育学院编写的我国第一部《健美操试用教材》出版,此后许多院校将健美操列入教学大纲,由此扩大了健美操运动的社会影响,并使这一新兴运动项目的开展向社会延伸。

1985年4月在广州举行了我国第一次女子健美操邀请赛,同年7月在北京举行了首届"康康杯"儿童健美操比赛。1989年5月,国家体委(现国家体育总局)批准中国健美操协会在北京成立,这标志着我国此项运动进入了一个有序发展科学指导的新阶段。随后,健美操运动在全国风风火火地开展起来。先是在北京、上海、广州等地举办训练班,一些体育院系也将此项运动列入体操教学大纲的内容,为其推广普及培养了大批人才。此后,广州、天津、北京、南京等大城市相继举行全国性的健美操比赛。项目由少到多,内容不断充实,形式逐步完善,参与者的层次自然地进行分流,向国际接轨,逐步形成了竞技型和大众型两大类的运动架构。竞技型健美操水平提高很快,新人辈出,为我国的健美操运动的发展打下了坚实的基础。

今天,我国的竞技健美操已取得可喜的成绩并获得良好的发展机遇。2002年世界健美操锦标赛上,团体和单项跻身世界前八名,实现了初步突破;2004年5～6月在保加利亚的索菲亚举行第八届世界竞技健美操锦标赛,中国首次实现奖牌零突破——获得成人组六人操第三名。2005年7月24日在德国杜伊兹堡举行的第七届世界运动会中,中国队六人操项目取得了20.350分的好成绩,以0.050分的微弱优势险胜罗马尼亚队,勇夺金牌。这也是中国竞技健美操运动的历史性的突破,这是中国健美操在世界大赛中夺得的第一枚金牌。2006年5月在法国举行的健美操世界杯赛中,中国健美操队六人操又获得第一名,并首次在国际大赛中获得男双、混双、三人均获季军的佳绩。

(三)健美操运动的发展趋势

1. 人们健康意识的增强将使健身健美操的市场前景更加美好

随着社会的不断发展和人民生活水平的稳步提高,休闲娱乐时间增多的同时压力与疲劳也并存。因此,健身健美操成为人们把握健康、释放压力、追求时尚的首选运动方式,花钱运动买健康的观念意识不断增强,并且热衷于此,乐此不疲。健身俱乐部是以健身服务盈利为最终目的的,为大众提供商业性活动场地与健身设施,依靠市场机制和利益机制运转的服务性行业。在诸多体育运动项目进军体育健身娱乐市场的竞争中,健美操也被华丽地打造与包装,进行了广泛详细地宣传与传播,同时受到国内外一些时尚全新的健身形式的冲击,使其群众普及度与受欢迎程度不断提高,从而有着广阔的前景和持续发展的强大动力。

2. 健身健美操的种类和练习形式将更加多样化

近年来,随着健身运动的不断发展,人们对健身的理解进一步加深,知识水平和健身的科学化程度不断提高,对健身的需求也更加多样化和个性化,因此出现了多种全新的健身形式,如近年来兴起的水中健美操和利用移动器械如健身球、橡皮带、轻型杠铃等集体力量练习,以及在特殊场地进行的固定器械的有氧练习等,还有一些正在流行的特殊风格的健美操,如"拳击健美操"、"拉丁健美操"、"街舞"等。这些令人耳目一新的健身形式使健美操运动的内容更加丰富,适合的人群更加广泛,健身的效果更加突出,同时降低了损伤的发生率。健美操运动在此大环境下得到了迅速地发展,呈现出更加多样化和科学化的发展趋势。

根据最新资料显示,目前在世界范围内最受欢迎和发展最快的健身健美操项目是利用轻器械的集体力量练习和大脑—身体综合练习。

3. 健身健美操练习的科学性程度将不断提高

首先,科学性是保证健身健美操练习效果的关键。如对不同人群体质的测定和不同年龄段人群锻炼的最佳心率范围的研究可提供科学有效的运动处方。不科学的练习方法不仅导致锻炼没有效果,而且还可能引起运动损伤。因此,只有不断提高科学性,才能使参加健美操练习的人真正达到有效地锻炼身体的目的。对传统健身健美操来说,编排简单的低冲击力和高低冲击力混合的练习仍是世界各国健身中心的常规项目,而单纯高冲击力的练习由于容易引起关节的损伤已不再流行。

其次,科学性也是健身健美操运动自身发展的需要。随着科学素质的不断提高,人们不再满足于只是活动一下、出一身汗的锻炼形式,而是寻求更加科学的健身方式。是否科学是否能真正达到锻炼身体的目的是人们选择健身项目的一个非常重要的考虑因素,只有科学的锻炼才能得到人们的认可。因此,只有不断提高科学程度,健身健美操项目才有发展,才能有市场。目前,一些健美操从业人士已经认识到这一点,正在不断地探索健身健美操科学性的方法和途径。

三、健美操运动的分类

按照从事健美操运动的目的、任务和国外的惯例,健美操运动可分为健身性健美操和竞技性健美操两大类。

(一)健身性健美操

健身性健美操练习的主要目的是锻炼身体、保持健康。健身性健美操动作简单,实用性强,音乐速度也较慢,且为了保证一定的运动负荷和锻炼的全面性,动作多有重复,并均以对称的形式出现。健身性健美操的练习时间可长可短,在练习的要求上也可以根据个体情况而变化。但无论怎样变化,都应严格遵循健康、安全的原则,防止运动损伤的出现,在保证安全的基础上,达到锻炼身体的目的。

健身性健美操按练习形式可分为徒手健美操、轻器械健美操和特殊场地健美操三大类。

徒手健美操包括传统意义上的一般健美操和为满足不同人群兴趣和需求的各种不同风格的健美操。传统意义上的一般健美操目前仍很受欢迎,其主要练习目的是提高心肺功能和人体的有氧代谢能力。随着社会的发展和生活水平的提高,人们健身的需求越来越多样化,因此,近年来出现了多种新的徒手健美操练习形式,如目前流行的搏击操,其主要目的是增强肌肉力量、弹性与身体的柔韧性,尤其对腰腹有特殊的锻炼效果;拉丁健美操和街舞,多以集体练习为主,动作变化丰富,规律性不强,不仅能提高身体的协调能力,而且能调节心理,因此,深受年轻人的喜爱;瑜伽健身术有着独特的塑身理论,讲究自然、平衡与协调,是一种注重提高身体健康水平和力量素质、缓解精神压力的健身形式,它通过集中意念、调整呼吸并做出各种身体姿势来改善人体各个部位的功能,其主要目的是调节身体的平衡和控制能力,达到"联合整体"的目的,是一种较安全、有效的塑身练习。

轻器械健美操是利用轻器械、以力量练习为主的一种有氧健美操。轻器械健美操利用各种可移动的轻器械进行练习,既可增强健身的效果,同时也使健美操的练习形式更加多样化。目前,利用轻器械进行的集体力量练习是世界范围内最受欢迎和发展最快的健身项目,其主要锻炼目的是使练习者保持肌肉外形、增强肌肉力量和防止肌肉退化,从而延缓衰老,使人更强健。如踏板健美操加大了腿部的运动负荷,增加了运动量,但减轻了对下肢关节的冲击力,同时也使动作更加多样化;而哑铃操、橡皮筋操、健身球操等可锻炼到全身的每一块肌肉群,有效地提高肌肉力量,尤其是上肢力量,弥补了徒手健美操的不足。

特殊场地健美操,以其特殊的功效在国外发展很快,但在国内开展尚较少,目前我们了解到的有水中健美操和固定器械健美操。水中健美操是目前国外非常流行的一种独特的健美操练习形式,它可以减轻运动中地面对下肢关节的冲击力,有效减少关节的负荷,并利用水的阻力以及水传导热能快的原理提高练习效果,达到锻炼身体和减肥的目的,因此深受中老年、康复阶段病人和减肥者的喜爱。固定器械健美操(如功率自行车等),可以将器械固定在某一处(地面或水中任何地方),根据自己的需要进行练习,达到锻炼身体的目的。

(二)竞技性健美操

竞技性健美操起源于传统的有氧健身舞。目前,世界上较为公认的竞技性健美操的定义是:在音乐伴奏下,连续完成复杂的和高强度的成套动作的运动。竞技性健美操以成套动作为表现形式,在成套动作中必须展示连续的动作组合、身体的柔韧素质和力量素质以及7种基本步法的综合使用并结合难度动作的完美完成。竞技性健美操的主要目的是"竞赛",其比赛项目有男单、女单、混双、三人和六人。竞技性健美操在参赛人数、比赛场地和成套动作的时间等方面都必须严格按照规则进行。规则对成套动作的编排、动作的完成、难度动作的数量等也都有严格的规定。

由于竞赛的主要目的就是取胜,因此,在动作的设计上更加多样化,并严格避免重复动作和对称性动作。近年来,运动员为争取好成绩,均在比赛的成套动作中加入大量的难度动作,如各种大跳成俯撑、空中转体成俯撑等,这对运动员的体能、技术水平和表现力等提出了更高的要求。除了健身性健美操和竞技性健美操,在我国还有一种表演性健美操。表演性健美操的主要练习目的是"表演",它是事先编排好的、专为表演而设计的成套健美操,时间一般为2-5分钟。表演性健美操的动作较健身性健美操动作复杂,音乐速度可快可慢,为了保证一定的表演效果,动作较少重复,也不一定是对称性的。参与人数不限,并可在成套动作中加入队形变化和集体配合的动作。表演者可以利用轻器械,如花环、旗子等,还可采用一些风格化的舞蹈动作,如爵士舞等,以达到烘托气氛、感染观众、增加表演效果的目的。

因为表演性健美操的动作比健身健美操动作复杂多变,所以对参与者的身体素质要求较高,不仅要具备较好的协调性,还要有一定的表演和集体配合的意识。

四、健美操运动的特点

(一)健身健美操的特点

1. 保持有氧代谢

健身健美操的动作及套路设计,都是以保证健身者在运动过程中能够最大限度地摄入氧气并充分燃烧体内脂肪作为能量供给为前提的,以此实现加快体内新陈代谢,重新建立人体更高机能水平的目的。在有氧运动中,呼吸系统、心血管系统及神经系统都得到良好的锻炼,对于消除体内多余脂肪、保持健康、增强体质具有良好的作用。

健美操（一级）

2．广泛的适应性

健身健美操练习的形式多样,参加的人数可多可少,时间可长可短,运动量可大可小,易于控制,可以在室外、室内、广场、大厅、娱乐场所、健身房,甚至在家庭的居室中进行。因此各个年龄阶段、不同性别、不同身体素质、不同技术水平的人都能从健身健美操练习中找到适合自己的方式,都能从健身健美操练习中获得乐趣。如中老年人可选择低强度的水中健美操,青少年可选择动感强劲的街舞……都能达到锻炼身体、娱乐身心、保持健康的目的。

3．注重个体差异

健身健美操以其生动活泼、轻松自如、随心所欲的运动形式早已被大众所接受。健身健美操的动作套路形式多样化,节奏有快有慢,套路有长有短,动作有难有易,运动量和运动强度大小可任意调节,在实际运用中能够根据个人特点与要求各取所需。

4．健身的安全性

健身健美操所设计的运动负荷与运动节奏,都充分考虑了由此而产生的一系列刺激结果的可能性,使之适合于一般人的体质,甚至体质较弱的人都能承受的有氧范围。人们在平坦的地面上,在欢快的音乐声中,跟随快慢有序的节奏进行运动,十分安全而且有效。

（二）竞技健美操的特点

1．以传统健美操为基础

竞技健美操保留了传统健美操的基本特性,如:动作的弹性与控制、传统健美操中常用的七种基本步伐以及体现肌肉力量的动作。不同于传统健美操的是竞技健美操的动作幅度更大、力量更强、速度更快,给观众的视觉感受更深刻、更有刺激性。因此竞技健美操是以传统健美操为基础,是在普及的基础上求发展,从比赛中求提高。

2．高度的艺术性

竞技健美操是属于难、美项群的竞赛项目,竞技健美操的艺术性主要体现在其"健、力、美"的项目特征上。竞技健美操运动员必须具备高质量、好的、优美的、自信的和充满活力的完成动作的能力。运动员在比赛中所表现出的健美的体魄、高超的技术、流畅的编排和充沛的体力等,充分显示出热情、活力、魅力、情感以及非凡的气质,无不给观众留下深刻的印象,从而充分体现出健美操运动的"健、力、美"特征和高度的艺术性。

3．强烈的节奏性

竞技健美操强烈的节奏性通过音乐充分地表现出来,竞技健美操音乐的特点是节奏强劲有力、旋律优美,具有烘托气氛、激发人们热情的效果。竞技健美操音乐具有自己特有的形式,其主要作用是用来烘托成套动作的效果与气氛。运动员可以将音乐的风格用肢体语言和面部表情表演出来,同时音乐主体的选择、节奏速度、高低音和后期动效的制作可使运动员的表演得到升华,与观众达成共鸣。音乐的选择和制作质量好,与运动员的特点动作风格相吻合能激发观众的情绪,使竞技健美操比赛更具有感染力与观赏性。

五、健美操运动的功能

(一)增进健康美功能

"健康美"是一种积极的健康观念和现代意识,是机体最有效发挥其机能的状态。一个具有"健康美"的人应该具备的身体素质是良好的心肺耐力、肌肉力量、平衡性、灵敏性和柔韧性。心肺耐力的发展使心脏与循环系统、有效运作,将机体所需的营养物质、氧气及生物活性物质运送到肌肉和各组织器官,并把代谢产物运走,在有机体的生命活动中发挥重要作用。肌肉力量的发展不仅塑造强健的体魄,亦具备强大的活动能力。身体柔韧性和灵敏性的发展可增大肌肉与关节的活动能力,减缓肌肉与附着组织的退化和衰老过程,使身体动作机敏、灵活、富有朝气。

(二)塑造形体美功能

"形体"分为姿态和体型。姿态是我们平时的一举一动表现一直以来的行为习惯,受后天因素的影响较大。而体型则是我们身体的外形,虽然体育锻炼可适当改善体型外貌,但相对来说遗传因素起着决定性的作用。

良好的身体姿态是形成一个人气质风度的重要因素。进行健美操练习的姿态要求与我们日常生活中良好姿态的要求基本一致,因此,经过长期的健美操练习有益于肌肉、骨骼、关节的匀称与和谐发展,有利于改善不良的身体姿态,形成优美的体姿,从而在日常生活中表现出一种良好的气质与修养,给人以朝气蓬勃、健康向上的感觉。

参加健美操锻炼还可以消除体内和体表多余的脂肪,塑造健美的体型。如通过力量练习,可使骨骼粗壮、肌肉围度增大,从而弥补先天的体型缺陷,使人变得匀称健美。

(三)缓解精神压力,娱乐身心功能

随着时代的发展和社会的进步,人们在享受科学技术所带来的舒适生活和各种便利的同时,受到了来自方方面面的精神压力。研究证明,长期的精神压力不仅会引起各种心理疾患,而去许多躯体疾病也与精神压力有关,如高血压、心脏病、癌症等。科学研究表明:体育运动可缓解精神压力,预防各种疾病。而健美操作为一项体育运动,以其动作优美、协调、全面锻炼身体,同时有旋律优美的音乐伴奏而著称,是缓解精神压力的一剂良方。在轻松活跃的健美操锻炼中,练习者的注意力从烦恼的事情上转移,忘掉了失意与压抑,尽情享受着健美操运动所带来的欢乐,得到内心的安宁,使人具有更强的活力和最佳的心态。

另外,健美操锻炼增强了人们的社会交往。目前无论国内外,人们参加健美操锻炼的主要方式是去健身房,在健美操指导员的带领和指导下集体练习。参与健美操锻炼的人来自社会的各阶层,这种形式扩大了人们的社会交往面,把人们从工作和家庭的单一环境中解脱出来,可接触和认识更多的人,眼界也更开阔,从而为生活开辟了另一个天地。大家一起跳、一起锻炼,共同欢乐、互相鼓励,有些人因此成为终身的朋友。因此,健美操锻炼不仅能强身

健体,同时还具有娱乐功能,可使人在锻炼中得到一种精神享受。

（四）医疗保健功能

健美操作为一项有氧运动,其特点是强度低、密度大,运动量可大可小,容易控制,因此除对健康的人具有良好的健身效果外,对一些病人、残疾人和老年人也是一种医疗保健的理想手段。如对下肢瘫痪的病人来说,可做地上健美操和水中健美操,以保持上体并促进下肢功能的恢复。只要控制好运动范围和运动量,健美操练习就能在预防损伤的基础上,达到医疗保健的目的。

第二节　健美操基础训练

一、基本手型

健美操运动中的手型有多种,它们是从芭蕾舞、现代舞、迪斯科、武术中吸收和发展而来的。手型是手臂动作的延伸和表现,运用得好,会使健美操动作更加丰富多彩、生动活泼,更具有感染力。健美操常见手形(见图9－2－1)主要有以下几种:

并掌。五指伸直,相互并拢。大拇指微屈,指关节贴于食指旁。

开掌。五指用力伸直,充分张开。

花掌。开掌基础上,从小指开始依次内旋,形成一个扇面。

立掌。五指伸直,手掌用力上翘。

拳。握拳,拇指在外,指关节弯曲,紧贴于食指和中指第二指关节处。

(并掌)　　　(开掌)　　　(花掌)　　　(立掌)　　　(拳)

图9－2－1

二、基本步法

基本步法是健美操动作中的最小单位,是进行健美操练习的一个重要组成部分,通过基本步法的练习,能培养练习者的协调性和节奏感。健美操基本步法根据人体运动时对地面的冲击力大小分为无冲击力步法、低冲击力步法、高冲击力步法三大类。

（一）无冲击力步法

半蹲(见图9－2－2)。动作方法:两腿有控制的屈和伸。略分为并腿半蹲和分腿半蹲。技术要点:分腿半蹲时,两腿左右分开与肩同宽或稍宽于肩,脚尖稍外开。膝关节角度不小于90°,方向与脚尖方向一致,臀部向后45°,方向下蹲,上体保持直立。

弓步(见图9－2－3)。动作方法:两脚前后分开,平行站立,向下半蹲。技术要点:下蹲时,后腿膝关节向下,大腿垂直于地面;重心始终在两脚之间。

图 9 - 2 - 2   图 9 - 2 - 3

（二）低冲击力步法

踏步（见图 9 - 2 - 4）。动作方法：两腿原地依次抬起,依次落地。技术要点：下落时,踝、膝、髋关节依次有弹性地缓冲。

走步（见图 9 - 2 - 5）。动作方法：迈步向前走时,脚跟先落地,然后过渡全脚掌;向后走时则相反。

图 9 - 2 - 4   图 9 - 2 - 5

技术要点：落地时,踝、膝关节有弹性地缓冲。

一字步（见图 9 - 2 - 6）。动作方法：一脚向前迈一步,另一脚并于前脚,然后再依次还原。技术要点：向前迈步时,先用脚跟着地,然后过渡全脚掌;前后均要有并腿过程,每一拍动作膝关节始终有弹性地缓冲。

V字步（见图 9 - 2 - 7）。动作方法：一脚向侧前方迈一步,另一脚随之向异侧前方迈一步,成两脚开立,屈膝,然后再依次退回原位。技术要点：两腿膝、踝关节始终保持弹动状态,分开后成分腿半蹲,重心在两腿之间。

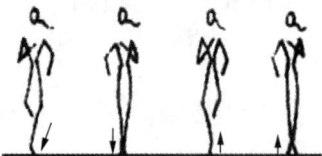

图 9 - 2 - 6   图 9 - 2 - 7

漫步（见图 9 - 2 - 8）。动作方法：一脚向前迈出,屈膝,重心随之前移,另一脚稍抬起,然后原地落下;或向后撤一步,重心后移,另一脚稍抬起,然后原地落下。技术要点：两脚始终保持交替落地,身体重心随动作前后移动,但始终在两脚之间。

并步（见图 9 - 2 - 9）。动作方法：一脚迈出,另一脚随之并拢屈膝点地;再向反方向迈步。技术要点：两膝始终保持弹动,动作幅度和力度可随风格而定。

图 9-2-8　　　　　　　　　　　图 9-2-9

侧交叉步(见图 9-2-10)。动作方法:一脚向侧迈一步,另一脚在其后交叉,随之再向侧迈一步,另一脚并拢,屈膝点地。技术要点:第一步脚跟先落地,身体重心快速随着脚步而移动,保持膝、踝关节的弹动。

图 9-2-10　　　　　　　　　　　图 9-2-11

脚尖点地(见图 9-2-11)。动作方法:一腿稍屈膝站立,另一腿伸出,脚尖点地,然后还原到并腿姿势。技术要点:支撑腿始终保持屈膝站立,并且随动作有弹性地屈伸。

迈步点地(见图 9-2-12)。动作方法:一脚向侧迈一步,两脚经屈膝移动重心,另一脚在前、后或侧方用脚尖或脚跟点地。技术要点:两膝同时有弹性地屈伸,重心移动轨迹呈弧形,上体不要扭转。

迈步吸腿(见图 9-2-13)。动作方法:一脚迈出一步,另一腿屈膝抬起,然后向反方向迈步。技术要点:经过屈膝半蹲,抬膝时支撑腿稍屈膝。

图 9-2-12　　　　　　　　　　　图 9-2-13

迈步后屈腿(见图 9-2-14)。动作方法:一腿迈出一步,另一腿后屈,然后向相反方向迈步。技术要点:经过屈膝半蹲,支撑腿稍屈膝,后屈腿的脚跟靠近臀部。

踢腿(见图 9-2-15)。动作方法:一腿稍屈膝站立。另一腿抬起,然后还原。技术要点:抬起腿要有控制,保持上体正直。

图 9-2-14　　　　　　　　　　　图 9-2-15

（三）高冲击力步法

弹踢腿跳（见图9-2-16）。动作方法：一腿站立（跳起），另一腿先向后屈，再向前下方弹踢，然后还原。技术要点：腿弹出时要有控制，保持上体正直。

跑步（见图9-2-17）。动作方法：两腿经过腾空，依次落地缓冲，两臂屈肘摆臂。技术要点：落地屈膝缓冲，脚跟尽量落地。

开合跳（见图9-2-18）。动作方法：由并腿跳起，分腿落地，再由分腿跳起，并腿落地。技术要点：分腿屈膝蹲时。两脚自然外开，膝关节沿脚尖方向屈，夹角不小于90度，脚跟落地。

图9-2-16

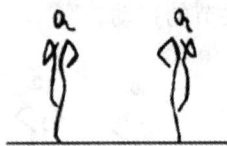

图9-2-17

并脚跳（见图9-2-19）。动作方法：两腿并拢跳起。技术要点：落地缓冲有控制。

图9-2-18

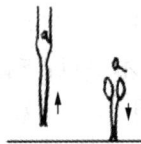

图9-2-19

三、健美操基本技术

健美操的基本技术主要有落地技术、弹动技术、半蹲技术和身体控制技术。所有这些技术要求都是从保证练习安全性的角度出发的，其中落地技术、弹动技术和半蹲技术实际上是紧密联系在一起的。

（一）落地技术

健美操的落地技术主要指的是落地缓冲技术。落地缓冲的主要目的是使身体尽可能地保持稳定，同时减少地面对关节、肌肉的冲击力，以避免造成运动损伤。健美操的落地技术为：落地时，由脚跟过渡全脚掌或由前脚掌过渡全脚掌，然后迅速屈膝、屈髋缓冲。所有动作在瞬间依次完成，用以分解地面对人体的冲击力。同时躯干与手臂保持良好的姿态，全身肌肉用力以保持动作的稳定与控制。每一个动作都要有一个全脚掌落地过程，以使练习者小腿肌肉得到放松，避免小腿始终处于紧张状态，从而减少由于小腿局部负担过重而引起胫骨或腓骨骨膜炎以及肌肉过度疲劳或拉伤的可能性。

（二）弹动技术

健美操的弹动技术是健美操最重要的基本技术之一，是健美操的最基本特征，是区别于其他运动项目的重要因素之一。健美操的弹动技术主要是依靠踝关节、膝关节、髋关节的屈伸来完成的，主要作用是减少运动对关节的冲击力，从而减少运动对人体造成的损伤。值得注意的是,在屈伸过程中,腿部的肌肉要协调用力才能有效地防止损伤,才能做出流畅的弹动动作。在练习弹动动作时,可以先从练习踝关节的屈伸动作开始。练习方法为:双腿并拢伸直,身体正直,立踵、落踵。在充分掌握了踝关节的屈伸之后,再进行膝与髋关节的弹动练习,练习方法为:双腿原地并拢伸直,身体正直,屈膝半蹲,膝关节不要超出脚尖的位置,同时髋关节稍屈。当这两部分动作熟练掌握后,可以把两部分连起来,使之形成完整的弹动动作。在踝关节的弹动过程中最主要的肌群为小腿的后部肌群,而膝关节、髋关节的运动主要由大腿肌群、臀部肌群、腹部肌群和腰部肌群参加运动。

(三)半蹲的技术

在健美操练习过程中,每一个动作都需要做半蹲动作,无论是落地缓冲技术,还是弹动技术实际上都是和半蹲动作联系在一起的。一些常用的力量练习动作,如分腿半蹲、弓步等,也和半蹲动作有很大的关系。因此,半蹲技术的掌握对健美操练习的完成质量具有重大影响。半蹲时,身体重心下降,臀部向后下45°方向用力,膝关节不应超过脚尖,腰腹、臀部和大腿肌肉收缩,上体保持正直,重心在两腿之间,起落要有控制。分腿半蹲时,脚尖自然外开,应特别注意膝关节弯曲的方向要与脚尖的方向一致,避免脚尖或膝关节内扣或过度外开,避免膝关节角度小于90度。

在徒手健美操练习中,分腿半蹲一般采取"宽蹲"的姿势,即两腿开度大于肩。而在轻器械操练习中,尤其是在负重的情况下,一般都采用"窄蹲"的姿势,即两腿开度同肩宽。这一差别主要是因为"宽蹲"有助于加大动作幅度,可有效提高身体承受负荷的能力和无负重状态下的练习效果,同时动作也更好看、更流畅;而"窄蹲"则更有利于负重,可提高在负重状态下的练习效果,同时避免运动损伤。但无论是"宽蹲"还是"窄蹲",都应遵循同样的技术要求。

(四)身体姿态的控制技术

健美操的身体姿态是根据练习的安全性和现代人体与行为美的标准而建立的。首先,在整个非特殊条件下的运动过程中,身体应该保持自然挺拔,头部稍稍昂起的姿态,颈椎、胸椎、腰椎处于正常生理曲线的位置,并始终保持腰腹和背部肌肉收缩,避免因腰腹部位的摆动和无控制而可能引起的腰部损伤。四肢的位置应根据具体的动作要求和练习者的个体情况而定,但无论肢体的位置如何变化都应有所控制,避免"过伸",尤其是无控制的"过伸",这是造成运动损伤的重要原因。总之,健美操练习过程中的身体姿态取决于肌肉用力地感觉和程度,正确动作感觉应是有控制但不僵硬、松弛而不松懈。

第三节　健美操的基本编排与训练

一、健美操音乐

音乐是声音的艺术。音乐作为完整的艺术形式,有独特、系统和完整的表达方式。健美操的动作在音乐的衬托之下,更具生命力与艺术性,可以说是为健美操插上两只翅膀,使健美操扩大了表现空间。如果说动作构成了健美操的结构,音乐则为健美操注入了灵魂,使练习者内心的情绪得以宣泄。

音乐的节奏与速度,严格地控制着动作的节奏与速度,因而在很大程度上控制着运动负荷的强度。仅就节奏与速度而言,时间相同,节奏越复杂、速度越快,强度就越大,反之越小。

音乐的风格决定动作的风格。音乐风格受时代、民族、地域、环境、作者等因素影响,因此我们应当尊重音乐的风格,唯有这样,动作与音乐才能协调,音乐才能有力地支撑起动作。

音乐的强弱变化为动作的力度与起伏创造了内在的条件,使动作与音乐在结构上产生联想,曲调与节奏的变化加上动作起伏从而产生韵律感,增加了健美操的韵律美,使健美操美学价值更高。

音乐有控制健美操动作和使人体脑细胞兴奋的作用,因此在音乐的伴奏下进行锻炼可以延缓疲劳的出现。同时音乐的情绪可以影响人的情绪,这也是健美操多选择曲调欢快、节奏强劲的音乐作为伴奏音乐的重要因素之一。

健美操常见的音乐种类有以下四类。

(一)爵士乐

爵士乐起源于19世纪末20世纪初的美国。爵士乐是欧洲文化朝欧洲文化的综合体。爵士乐主要来源于黑人社会的劳动歌曲以及婚丧仪式、社交场合上所滇唱、滨奏的散拍乐。他们所采用66和声手法是从欧洲音乐中吸收而来,最初以即兴演奏为主,以独特的切分节奏贯穿全曲。

爵士乐的主要特点如下:

旋律由连续不断的切分节奏组成,这种特别的方式对流行音乐影响很大。

即兴演奏。

强有力的打击乐器,这一点在当今流行音乐中表现突出。

变化多端的节奏。

音色鲜明而强烈。

和声丰富。爵士乐常常表现欢乐喜悦的气氛,"just fun(只是为了欢乐)"是爵士乐的格言。

(二)迪斯科

迪斯科音乐是由爵士乐演变而来的,多带唱,追求快节奏,重音不断地重复出现,而歌曲的内容往往不是主要表现的主题。迪斯科音乐流行于20世纪六七十年代的欧美,源于美国。迪斯科音乐的主要特点是旋律继承了爵士乐的切分节奏,更强调打击乐,多采用单拍子,不间断地出现重复,表现出一种旺盛的精力。

(三)摇滚乐

摇滚乐又称滚石乐,也是一种从爵士乐当中派生出来的音乐。它有快有慢,往往以一种节奏型反复出现,带有摇摆的感觉。它继承了爵士乐演奏的即兴性、打击乐的多样化和在乐队中的重要位置。

(四)轻音乐

轻音乐包括很多种类,至今没有一个固定的定义,现在所指的轻音乐是指那些轻松愉快、生动活泼而又浅显易懂的音乐,一般不表现重大的主题思想和复杂的戏剧性内容。

轻音乐大致分为 5 类:轻松活泼的舞曲;电影音乐和戏剧配乐;通俗歌曲和流行歌曲;日常生活中的舞蹈音乐和民间曲调;轻歌剧。

二、健身性健美操的编排

(一)健身性健美操编排的一般原则

1. 安全、有效原则

练习有氧健身操的目的是锻炼身体、增进健康,如果在练习中出现任何损伤都有违练习的初衷,因此在选择与编排动作时首先考虑的应是安全,其次是有效。有些动作非常有效,但不一定安全,如过度背伸运动对伸拉腹部肌肉非常有效,但同时也对脊柱造成很大压力,有可能引起腰部的损伤,属于不适宜动作,应该避免。也有些动作很安全,但不一定有效,因此需要在安全和有效之间寻求一个平衡点。

安全和有效原则在动作的编排中还体现在左右肢体动作的平衡、高低冲击力动作的平衡、原地与移动动作的平衡等许多方面。

2. 针对性原则

在健美操的创编中,首先应该了解练习对象的具体情况,不同人群的具体情况与要求各不相同,所以,在创编健美操时要对练习对象的具体情况进行分析,身体有无严重疾病、身体素质、运动经历、心理状态和周围环境等因素都是应考虑的。通过练习不仅达到锻炼身体的目的,而且能从中得到乐趣。

在考虑动作组合中,如改变方向、加大移动、节奏加快、重复做相同的动作、选择转身动作和转的度数及跳跃动作等,一定要顾全练习者的接受能力、协调性、方向平衡感、身体的肌肉力量等,了解这些身体素质情况才能使练习者很快领会动作的设计意图,真正做到融为一体,渲染气氛。

3. 有利于提高心率原则

在健美操中常用的最高心率公式为:220-年龄=最高心率。

有氧健美操练习的主要任务是提高心肺功能,改善人体心血管系统的机能,因此要求在锻炼过程中心率要达到一定的目标范围。因此,动作的编排应有利于提高心率,其方法有:

通过加大动作幅度和力度,特别是加大移动步幅,可以很快地提高心率。健美操老师不仅要教会动作,还要教会正确的动作技术,并且要做到位,无论是力度和幅度,特别是设计动作时,可用一些大的移动步伐代替原地动作。例如用交叉步代替原地侧并步,用向前走三步抬膝代替一字步及原地的踏步,虽加大了动作幅度,但动作特征没变。

设计上肢动作超过心脏水平线也能达到提高心率的效果。除了通过下肢动作设计改变外,通过改变上肢动作也能有效地提高心率。最常用的是设计动作在心脏水平线上,例如斜上举,上举,单、双臂绕等。但要注意不可在开始的前 5 分钟出现超过 8 拍以上、连续重复的这类动作。另外,不要用的时间太久,使心率一直处于很高的水平,要一点点增加才符合运动量逐渐递增的原则。

在基本动作中加入不同方向的变化和移动,充分利用教室空间达到提高心率的目的。例如:迈步吸腿可以把单调的前后移动变成 4 个对角线的移动,交叉步可以把单调的左右移动变成"L"形甚至"口"形。这里有一点必须提到,利用这一点编排动作时,开始做动作的位置与结束动作时的位置应在同一点上,这样可避免只运用教室一部分空间而使练习者挤在一起,否则既达不到锻炼效果也会引起运动损伤。

把低冲击力步改成高冲击力步也能提高心率。低冲击力步改成高冲击力步时难度提高、强度增大,势必引起心率提高。常用的方法,如踏步改成跑步,并步改成并步跳,脚跟前点地改成向前弹踢腿,吸腿改成吸腿跳等。

在编排中为了提高运动心率可利用的方法还很多,例如动作节奏加快,由 2 拍 1 动到 1 拍 1 动,甚至 1 拍 3 动;增加动作重复次数,例如由单次吸腿变成 2 次吸腿甚至 4 次吸腿,这些都是通过增加练习强度来提高心率。有的也考虑加快音乐速度。

4. 合理搭配与连接原则

根据人体生理解剖结构,动作之间的搭配要合理、科学,动作之间的衔接要自然流畅。有时候两类不同动作编排在一起时,因动作变化突然重心不容易掌握,对身体平衡能力弱的人来说易引起运动损伤。例如迈步后屈腿接脚跟前点地,前后动作幅度大则易失去平衡,改成接并步重心就容易控制了,又如迈步后屈腿接迈步吸腿,比接脚跟前点地更难,对初学者来说不易完成,在编排初级班动作时就要考虑得更详细些。

一堂成功的健美操课,动作连贯、自然、流畅很重要,否则练习者就会跟不上,就会停下来,势必影响心肺功能的提高。在创编这类操时应注意有顺序地安排动作,使动作与动作之间连接,有一定的规律并连贯,便于练习者最快、最顺利地掌握动作。有序流畅、合乎规律的步法是锻炼顺利、不间断的有力保证,也可以减少运动损伤的出现,从而更好地达到锻炼的目的。

(二)健身性健美操编排的基本方法

健身性健美操的编排被认为是按照音乐来计划、组织动作的艺术。健美操动作的编排主要以基本动作以及组合动作为内容来进行,它是有规律的,表现为以 32 拍为单位,即 4 个 8 拍动作为 1 组,这与音乐的结构完全相同。

基本动作的拍节例如:1 个踏步=1 拍,1×8 拍可做 8 次;1 个侧并步=2 拍,1×8 拍可做 4 次;1 个侧交叉步=4 拍,1×8 拍可做 2 次;1 个 V 字步=4 拍,1×8 拍可做 2 次;1 个开合跳=2 拍,1×8 拍可做 4 次;1 个吸腿=2 拍,1×8 拍可做 4 次。无论动作如何组合都要保持 32 拍动作的完整性。例如:4 次后屈腿(8 拍);2 次侧交叉步(8 拍);8 次踏步(8 拍):4 次吸腿(8 拍)。

(32 拍)的组合方式在一个 32 拍的组合中可以包含不同数量的基本步法,步法越多,可能的组合方式也就越多。一般来说,2~4 种步伐的组合动作适合于初学者,而 5~6 种步伐的组合为中等难度,还可以加入一些变化。但是要注意,如果在一个组合里编排的步伐太多,学生不易学会,失去锻炼的信心,从而影响锻炼的效果。32 拍的动作可以有以下 2 种组合方式:

8 拍完整的组合方式。即无论动作如何组合,都要保证每个 8 拍动作的完整性。绝大多数有氧操的动作编排都采取 8 拍完整的组合方式。

8 拍交叉的组合方式。即在 32 拍的组合中有 1~2 个动作是跨 8 拍进行的。一般采用

2个动作以 4－8－4 或 12－4 的组合方式。

（三）健身健美操的创编步骤

1. 创编前的准备

创编前的准备包括：明确创编的目的、任务、要求；了解练习者多方面的情况（性别、年龄、职业、文化水平、身体状况、运动基础等）；了解锻炼时间、场地、器材设备等条件；学习有关创编健身健美操的文字和音像资料。

2. 制定总体方案

在了解多方面情况的基础上，确定所编操的类别（健身健美操中的哪一种）、风格（活泼或稳健、优美或刚劲等）、难度（大、中、小）、长度（若干个八拍）、速度（x拍/10秒），设计操的结构顺序、主要动作类型（如头的屈、伸、转、绕、绕环）及高潮的安排等。在有了基本构思后选配剪接音乐，反过来音乐又可以启发编操者的构思，补充、修改总体方案。最后可通过总体方案表将总体构思归纳起来，以便从整体上检查总体构思的完备性和合理性，并以此为纲进行下一步的具体动作设计。

3. 编排与记录

遵循健身健美操创编的原则，按照总体方案逐节设计具体动作，并用速记或速写的方法记录下来。

4. 练习与调整

按设计好的动作进行练习。在练习过程中进行多方面的检查，包括运动量和强度的测试，对整套操结构顺序的合理性和艺术性的检查等。根据测试结果、练习者的反馈信息及创编者的观察研究，对操进行适当的修改、调整。

（四）健身性健美操编排中的变化因素

在编排中，充分利用基本动作来设计、丰富内容，有以下8个变化因素可供参考：

方向变化由于身体正面朝向的不同从而有10种不同的方向。正面、后面、左侧面、右侧面，对角线中的左前对角线、右前对角线、左后对角线、右后对角线，顺时针（包括90度、180度）方向转共10种。

节奏变化这一变化因素与音乐的节拍及动作速度的变化有关。常见的是一个动作由半拍或两倍节奏来完成。例如，跑步一般1拍1动，可以放慢动作变成2拍1动，也可以加快动作变成1拍2动。现在流行的街舞、拉丁舞，其中动作有特有的节奏，节律变化更为明显，有些甚至1拍3动。

动作重复次数的变化指重复单侧身体动作以后才换到反方向。重复次数常有1次、2次、3次、4次甚至6次，对培养节奏感非常有意义。

动作移动的变化这里是指身体从原地出发移动到不同方向的不同点。常用的有向前移动、向后移动、向侧移动、旋转。此外，可以不通过移动而改变动作方向，如4个V字步，每个V字步转90度；改变动作方向而移动，如交叉步接4步跳，始终面朝前，而向侧共移动了8步。这里还应特别提到旋转是指身体绕着中心轴转动，常用于前、侧、后移动组合动作中。旋转是在原地或朝某一点移动时采用的，360度转体是由4个90度或2个180度。转身组成。注意在一个1拍或2拍的动作中完成360度转体有潜在的危险性,应当避免。在做所有加旋转的移动时,应当认识到正在练习的身体部位不应承受压力,这是极其重要的。教师有责任选择安全的转体动作和转体形式。

动作杠杆的变化这里是指手臂和腿长度的变化。手臂长度的改变可把大幅度的侧上举改成小幅度的侧平举;腿长度的改变可以将提膝改成直腿踢腿。当然,动作杠杆长度的增加,在加大动作幅度的同时,也相应地加大了练习强度。

单、双侧动作的变化单侧动作指一次只练习一侧上肢和腿部动作;双侧动作指一次同时练习双侧上肢和腿部动作。例如,单、双侧混合的腿部动作有左腿提膝2次,右腿提膝2次,然后4次点跳。

动作模式的改变是指冲击力步的难度水平,既可以是无冲击力步或低冲击力步,也可以是高冲击力步。运用不同冲击力的步伐可改变难度水平和练习强度。例如,把低冲击力步的脚跟前点地改成高冲击力步地向前踢腿跳,运动强度就加大了。

动作平面的改变这里是指上肢和腿部运动时的运动平面。例如,脚跟前点、脚尖侧点、脚尖后点的运动平面都有所不同。

三、竞技健美操的创编

竞技健美操主要是用于比赛或表演的健美操,其成功与否取决于编排水平和完成质量。创编是完成的基础,搞好创编是竞技健美操成功的前提,因此开展竞技健美操活动首先要掌握其创编的原则和步骤。

(一)竞技健美操创编的原则

1. 针对性原则

目前我国竞技健美操比赛的种类较多,有全国性大型锦标赛,也有地方性小型邀请赛等,各种比赛的规程和规则不尽相同,因此创编首先要坚持针对性的原则。

(1)针对规则的要求进行创编

创编前首先要了解规则的要求,这是创编的法定依据,尤其要了解所设项目的时间、特定动作、特定要求及违例动作的规定,以免造成编排方面的重大失误。

(2)针对项目的特点进行创编

竞技健美操比赛一般设单人(男、女)、混合双人、三人(混合或非混合)、混合六人比赛,这些项目各有其不同的特点。单人是个人项目,无配合和队形变化问题(但要注意运动方向、路线的变化,充分使用场地),因此动作语汇的丰富独特和特定动作设计的难度是创编的核心。混合双人创编的关键是同步动作的协调一致和配合动作的丰富、巧妙与默契,如双人的上下起伏、左右交错、前后互换、分合交替等。三人项目增加了队形变化的因素,但三人的队形毕竟有限,因此三人换位的自然流畅、同步与配合动作的巧妙组合是创编的要点。

混合六人是人数较多、时间较长、创编难度较大的一个项目,它要求队形变化丰富、动作整齐、配合协调,并有创作多种多样健美组合造型的广阔天地。因此该项目的创编更强调整体而不是局部效果的完美,讲究队形画面的对称或均衡以及成套动作造型全景效果的理想。

（3）针对运动员的特点进行创编

竞技健美操基本上属于个性化的比赛项目，只有针对运动员的特点创编不同风格的操，才能充分发挥运动员的优势，表现其独特的风貌。例如：有的运动员弹跳力好，可多编排些跳跃性强、难度大的动作，令其弹性的跳跃步伐、轻盈的空中姿态得到充分的展示；对于那些柔韧性好的运动员，编排难度较大的劈叉（如横劈叉）、平衡、多种方向的高踢腿等动作，方能一展其舒展优美的形体和健美高超的身手；为力量型的运动员编排些加难的俯卧撑、支撑等动作，有利于表现其较强的力量和控制力。

2. 创新性原则

竞技健美操往往是为参赛或表演而创作的，若想在竞赛中脱颖而出，编排得新颖独特甚为重要。从某种角度来说，创新是竞技健美操的生命，没有创新就没有竞技健美操的发展。因此创新性是竞技健美操创编的一项重要原则。坚持创新性原则重要的是要了解国内外竞技健美操发展的现状和趋势，以便总结、继承和发展已有的创作结晶，选准创新的突破口。竞技健美操的创新可从多方面着手，如动作的创新、队形的创新、连接的创新、音乐的创新等，但其中动作的创新是其他创新的基础，应予以重视。

（1）造型和一般动作的创新

竞技健美操往往是从各种各样的造型开始，是给人的第一印象。新颖的开场造型能以其独特的艺术魅力把人们引进编导者精心设计的健美操表演之中。接下来全套操的一般性动作也要新颖丰富，可广泛研究和吸取体操、健美、舞蹈（如民族民间舞、迪斯科、爵士舞等）、武术中那些造型美、幅度大、有力度、有锻炼价值的动作，加以操化，创造出新颖的、具有健美操特色的动作。

（2）特定动作的创新

规则在规定特定动作规格要求的同时，也给编操者们一定的创编余地。如仰卧起坐上肢动作可自行设计，俯卧撑可加难编排等。教练员应据此大胆创新，例如，俯卧撑由双臂—单臂—指撑—举腿—移动—三点支撑—两点支撑等等。特定动作的创新加难有助于促进竞技健美操技术水平的提高，其创新要建立在体育、艺术等科学研究基础之上，注意不能创编单纯追求难度而有损身体的动作，特别注意避免编入违例动作（如倒立、空翻等），以把握健美操发展的方向。此外，竞技健美操的难度不仅表现在单个特定动作难度的发展上，还表现在由特定动作的布局所体现出的难度价值上。例如，在大运动量运动后做俯卧撑比做操伊始完成该项特定动作难度价值大。所以特定动作的加难不要忽略了难度价值这一因素。

3. 全面性原则

竞技健美操是健美操的一种，因此它也是以全面发展身体为根本目的，但竞技健美操创编中坚持全面性的原则与健身健美操不尽相同，它不一定要按照由远至近、自上而下的顺序全面设计身体各部位的运动，而主要是全面发展人体的力量、柔韧、灵敏、耐力等素质。它的创编除包括发展力量、弹跳、柔韧的特定动作外，还应多设计一些促进身体素质全面发展的动作，如显示和发展控制力和柔韧性的支撑、劈叉、平衡，高腾空有姿态跳等动作，并要编排一些具有健美操特点的对称组合动作，以使身体得到均衡发展。

4. 艺术性原则

竞技健美操是一种具有艺术性的体育竞赛项目,竞赛评判对其艺术方面的要求使它的创编比健身健美操的创编更注重遵循艺术性的原则。

（1）整体结构设计的艺术性

竞技健美操的艺术性首先体现在整体结构、布局的合理性上。竞技健美操虽然时间短（六人操 2 分钟 30 秒至 3 分钟,其他项目 1 分钟 50 秒至 2 分钟 10 秒）,但也应设计成几段,段落之间应有变化和对比,如动静、快慢、强弱、疏密的搭配。此外,特定动作要合理布局（避免过于集中）,高潮安排得恰当（一般来说一套操安排 3～4 个高潮,大高潮在操的后部分）。只有总体结构设计合理才能产生动人的节奏感和张弛有序、高潮迭起的美感。

（2）音乐选配的艺术性

竞技健美操的音乐除了与健身健美操的音乐一样,要求旋律悦耳动听、节奏鲜明强劲外,其艺术性主要体现在音乐与操的风格相一致,而操的风格是由项目及运动员的特点确定的。因此,竞技健美操的音乐应选配最有个性的音乐。同时因为竞技健美操的强度比健身健美操大,所以音乐的速度也要快一些,中国大学生竞技健美操的音乐速度在 24 拍/10 秒以上,方能产生强烈的动感。此外,音乐要伴随操的层次变化而有所变化,才不会单调。与操的结构相吻合的音乐,往往能起到锦上添花的作用。

（3）队形动作设计的艺术性

在竞技健美操集体项目的创编中,队形设计要丰富多样,变换自然流畅、灵活巧妙,并注意队形与动作配合适宜,即选择最能展示动作美的队形,创编最能体现队形美的动作。例如,六人在大横排上做高踢腿,显得动作更加有气势。此外,竞技健美操动作设计的艺术性还表现在:既要吸取舞蹈等艺术性项目的动作语汇又不能令操舞蹈化。这就要求对所吸收的动作加以改造,使之成为有较大锻炼价值、美观大方、有力度有特色的健美操动作;既要广泛吸取"艺术营养"又不能使操成为"大杂烩"。这就要求整套操的风格要鲜明、统一,不可将风格不同的多种艺术成分吸收在同一套操中;动作之间的衔接自然巧妙也是提高竞技健美操艺术性的一个重要因素。

四、健美操的训练

健美操的训练任务是通过机体训练,塑造矫健形体,提高身体素质,美化心灵。内容包括基本形态训练、专项技术训练和素质训练。

（一）基本形态训练

基本形态是指先天形体和后天塑造的身体姿态,如生活中的坐、立、行等各种动作姿势,通过基本形态训练,建立美的意识,使人潇洒大方、端庄健美。

建立正确的基本姿势

训练开始,应了解身体的正确姿势,即收颚立颈,闭唇微笑;沉肩挺胸,收腹紧腰;夹臀并腿,提气于胸。通过由简单到复杂的徒手操、持轻器械及其他专门练习,训练身体各部位的准确姿势和肌肉感觉,培养美的意识,形成正确的立、走、蹲、坐等姿态。

正确的动作姿势训练一般经过两个阶段:第一,建立正确的动作姿势及定型,通过持之以恒地运用正确意念控制动作训练过程,形成正确的动作姿势定型。例如,收颚必须立颈,挺胸必须沉肩,收腹必须紧腰,夹臀必须提气以及脚背的勾绷,上、下肢的屈伸、延伸、开度等准确的本体感觉意识。第二,在通过健美操训练塑造健美形体的同时,美化心灵。两者的统一,要求训练时寓情感于动作姿势之中,使其具有感染力。训练内容可借助于生活中富有情感的动作,如交际舞、拉丁舞、时装表演、登台讲演、诗歌朗诵等进行。

（二）基本姿势训练的手段

1. 身体各部位向不同方向定位的本体感觉练习

向不同方向的腿部屈、伸、踢、旋、绕、弹动、跑和跳;髋部平移、转动、翻动、掀动、扭动;躯干部胸腰肌肉群紧张与放松,上肢屈、伸、举、摆、绕、旋转等练习,以建立身体各部位的准确姿势所必需的本体感觉。

2. 语言强化练习

竞技健美操动作具有很强的节奏感,在训练中要正确地运用口令和节拍,轻重缓急、抑扬顿挫要鲜明,采用边数节拍边提示动作的方法,以简短的语言及时强化动作节奏和用力方法。

3. 把杆练习

紧密结合健美操的项目特点,重点选择脚背的勾绷;下肢的延伸、挺拔和开度以及对身体各部位肌肉的控制和用力等练习。如借助于把杆进行不同方向的踢腿、控腿、弹腿,身体屈伸、波浪、移动、转体等练习。

4. 变速练习

行进间不同速度地走、跑、跳及躯干练习。重点应练习各个方向的踢腿、转体等动作。

5. 律动练习

通过屈伸、绕环、摆动、波浪、弹性、松弛等律动性强的基本练习,掌握全身各部位参与运动的正确方法和用力节奏,使身体动作的幅度增大,韵律感增强。

6. 舞蹈练习

通过体育舞蹈的基本步法(特别是拉丁舞系列)及基本动作训练,充分发挥胸、腰、髋潜在的表现力,锻炼躯干部位的灵活性,同时能培养正确的姿态、漂亮的手势、灵活的关节和节奏感、音乐感及表现力。

（三）专项技术、技能训练

技术即指能充分发挥运动员机体能力的合理、有效地完成动作的方法。技术训练实质上是运动员重复完成既定的动作模式的过程,也是竞技健美操专项技术、专项技能的提高过程。

1. 专项技能训练

专项技能训练是指健美操技术能力的训练。除了重复训练达到技术"熟能生巧"之外,还包括力度、幅度、表现能力、音乐节律等的训练。技能的提高必然会带来专项技术的提高。

（1）力度训练

力度训练是指快速动作过程中,猛然停住力量,制动住机体,从而提高肌肉制动能力的方法。该训练可提高运动员在瞬间控制肌肉用力的能力。掌握力度的运用,合理调配肌肉用力的紧张与放松、速度的快与慢，使动作体现出刚柔相济、有控制、有速度、有爆发力。力度表现在身体的各个部分，如跑跳、踢腿，手臂的各种摆、绕等动作的瞬间加速和快速急停等。

主要训练手段有：① 运用语言刺激，使机体所练部位突然加速和快速急停，以正确掌握完成动作时肌肉的用力；② 力量训练是力度的基础训练，可以在相同的动作速度中，逐步增加负荷重复练习。

（2）幅度训练

动作幅度是指活动范围的大小，一般用角度和长度（弦）来表示。它取决于关节的灵活性和韧带、肌肉的弹性。

主要训练手段有：① 肢体关节一端固定，弹压、推拉关节带；② 将四肢向远端最大限度地延伸；③ 身体各关节最大限度地屈伸和旋转等。

（3）表现力训练

表现力是人们通过面部表情和身体动作来抒发内在情感的能力。竞技健美操要求成套动作表现得纯朴、自然、真实、富有激情，给人以感染、激励和美的享受。规则规定了表现力和优美性的综合评定标准。所以训练表现力的同时必须与优美性相结合，其内容有神态、气质和风格等。

主要训练手段有：① 神态训练，神态主要指表情和身体姿态的完美统一。需要通过教练员的启发、引导和运动员自身情感的投入，并经过艺术加工，使举止有情、动作有意。② 气质训练，气质是人们内在的品质，外部表现出刚强与柔韧的有机结合。健美操动作中很多具有"刚"与"柔"的双重性。如踢腿动作，既要快速有力，又要踢得高而富有弹性，同时上体挺拔显得刚毅自信，面部微笑、自然朴实。③ 风格训练，由于个人受文化教育、地域风俗、民族特点的影响不同，其技术风格、操的风格也不相同，而优秀作品必有自己独特的风格。

（4）节奏训练

节奏是人体神经系统协调参与下，机体动作的反应过程。节奏训练的目的是让运动员掌握单位时间里动作频率、振幅、力度等综合特征，并熟练运用。节奏训练就是训练运动员对动作力量、时间间隔恰当地运用，保证动作的协调、省力、效果。

主要训练手段有：① 识别音乐节奏和主旋律的练习，从学习乐理开始，进而听音乐节拍，并按节拍做对称动作和步伐练习。② 在相同节拍、相同旋律的音乐伴奏下完成身体各部位不对称动作（上肢、下肢、上体、髋部）的组合练习。③ 组合动作不变，在各种音乐风格和不同主旋律伴奏下进行练习，加深对节奏及其与动作关系的理解。④ 采用不同风格、不同节奏、不同特点的音乐伴奏，完成整套技术动作练习。把音乐节奏特点与主旋律内涵通过动作表现出来，达到动作与意境的结合。⑤ 采用同样的音乐伴奏、同样的组合动作，对节奏进行不同的处理，使运动员能从多方面来理解音乐节奏及节奏与动作的关系。

2. 专项技术训练

专项技术是在规则允许的条件下，所采取的各种专门动作方法的总称。专项技术训练实质上是健美操动作的训练。

（1）竞技健美操基本动作训练

跑跳动作配以手臂、身段、腿部等变化，是竞技健美操的基本动作。主要训练手段有：① 训练原地和行进间的各种弹跳步、踢步、姿态跳、分腿跳、交换腿跳等；② 以手臂、躯干、头部动作配合各种跑跳练习;③ 运用有氧操的练习达到活动关节,增加动作素材的目的;④ 以变节奏规范操的形式训练运动员操化手型,建立各个不同位置准确的本体感觉。以上各类动作可以在不同的音乐伴奏下进行练习或在双人、3 人、6 人配合下练习。

(2) 组合动作训练

它是把各种相同部位的动作作为主要内容组合起来进行练习。这类练习由于具有某一部位相同的解剖学功能和运动学功能,容易产生正诱导,使之较快完成健美操的动作基础练习。同时正是由于相继诱导出现错误,对纠正错误,建立动作的准确性具有好处。

主要训练手段有:① 运用各种相近、有特色的舞蹈动作为训练和发展机体局部而配套成各种组合练习。② 有针对性地选择不同组合。在训练中,初级阶段选择头部组合、手臂组合的第一、第二部分。中级阶段选择髋部组合、脚步组合等。到了高级阶段可选择声韵组合。③ 组合动作不变,选择不同类型的音乐,突出变化的节奏,提高识别和运用音乐与动作内涵结合的能力。

(3) 竞技健美操造型动作训练

造型分平面造型和立体造型。平面造型是在地面上完成,立体造型是在不违反规则规定的前提下,由地面支持分层于低空完成(不超过下面人的肩部),托、举、拉、撑、控、劈叉、平衡与负重是各种造型的枢纽动作。个人可以完成各种姿势及造型,但相互配合下的多人立体造型,必须互相支撑、互相借力、齐心协力,使造型整体平衡、稳定、准确、美观。

主要训练手段有:① 训练造型的支撑力,这是造型的基础立体造型中的底层运动员要进行各种支撑、托举等的力量训练;② 上层造型队员的平衡、劈叉、支撑能力的训练;③ 造型队员互相配合,进行借力、控制动作能力的训练;④ 把“造型”与其前后动作结合起来重复练习,提高力量分配能力和造型的稳定性;⑤ 在整套操练习时,容易发现造型存在问题,应及时改进。

由于造型技巧性很强,需共同努力,多次重复练习方能万无一失。

(4) 特定动作训练

特定动作是规则中规定的具有一定难度而又必须完成的动作。规则规定特定动作分为三类:显示上肢力量的连续 4 次俯卧撑、展现躯干力量的连续四次仰卧起坐和包含柔韧性的连续 4 次高踢腿。特定动作质量的好坏直接影响成绩的高低,故必须花大力气扎实地训练。

主要训练手段有:① 学会“三类”动作的正确做法,然后增加其力量、柔韧和速度训练的时间和次数;② 逐步加大负荷量和增大幅度;③ 采用等动、等张训练方法,对提高力量有显著效果。

五、身体素质训练

身体素质训练主要是为提高各项身体素质,改善中枢神经系统及内脏器官的机能,使之承受大运动负荷的训练,保持良好的竞技状态,并延长运动寿命,防止伤害事故,从而达到强身健体、提高运动成绩的目的。根据竞技健美操运动的特点,身体素质训练的内容主要包括力量训练、柔韧训练、耐力训练和心理训练等。

(一)力量训练

力量是指人体肌肉收缩时所表现出来的一种克服阻力的能力。采用不断加大阻力的练习,力量才能增长。健美操运动员所需要的力量与爆发力密切相关。其训练内容包括上肢、下肢和躯干力量的训练。

1. 上肢力量训练手段

(1)俯撑类力量训练,包括手脚在同一平面的俯撑屈伸、俯撑击掌和脚置于高位的俯卧撑。采用快速、慢速和变速进行练习。

(2)推撑力量的练习,如双杠的支撑摆动臂屈伸。初练者采用克服自身体重的臂屈伸,然后可在负重情况下练习臂屈伸,并逐步增加练习的次数。

(3)运用杠铃或哑铃练习各种卧举、坐举、颈后举等。

(4)引体向上至胸与杠齐平或颈后与杠平。

(5)各种支撑,包括分腿、屈腿、直角、半劈叉等的静力练习,控制 5～10 秒。

(6)加大难度进行练习。如双脚单臂、单脚单臂俯卧撑。

(7)在增加负荷情况下练习俯卧撑,如腕系沙袋,练习臂向各个方向摆动,以提高速度力量。

2. 下肢力量训练的手段

(1)负重练习,原地连续纵跳或负重连续纵跳。

(2)快速跳绳。

(3)连续综合跑跳练习或在增加负荷的情况下完成。

3. 躯干力量训练的手段

(1)仰卧起坐(两腿伸直、两腿弯曲、两腿垂直举等),上体前屈。

(2)仰卧举腿(快速、慢速、静力控制)。

(3)肋木或单杠悬垂举腿至两脚背触手握的横杠,不动。

(4)高低杠上,由高杠悬垂开始做两腿向左(右)绕低杠的练习,或直角悬垂,静止。

(5)前臂和脚分别置于体操凳上,俯卧静力控制练习。

(6)头和脚分别置于体操凳上,身体挺直仰卧静力控制练习。

(7)俯卧起上体或俯卧两腿伸直后上摆起。

(8)体侧屈肌群练习,固定下肢,上体向上侧屈。以上练习,均可负重进行。

(二)柔韧训练

柔韧素质是指肌肉、韧带的弹性和关节活动范围及灵活性。采用缓慢的等张力拉长肌肉韧带,直到能承受,能有效地提高柔韧性,并避免损伤。

发展柔韧素质的方法有两种:一种是依靠外力的作用,促进关节灵活性增大的方法,也称被动法。另一种是通过与某关节有关联的肌肉收缩来增加关节灵活性的方法,也称主动法。在健美操训练中,两种方法可综合运用,并可取静力性拉长肌群,动力性的压、踢、拉、搬、控等手段提高柔韧性。柔韧素质训练内容包括肩胸部、躯干、腿部的柔韧练习。

1. 肩胸部柔韧训练

可概括为压、拉、吊、转四种。主要训练手段有:① 面向肋木或横马站立,两手扶在与髋同高的位置上,做体前屈、挺胸、上体向下振动(他人可加助力)使肩角拉开;② 背对肋木站立,两臂上举(或侧举)两手握肋木,抬头、挺胸向前拉出,使肩角拉开;③ 背对肋木悬垂,另一人用肩和背顶练习者的背部,帮助顶开肩部;④ 俯卧地上,两臂伸直上举,同伴将实心球置于其颈背上,用膝顶住球向前下方用力,同时两手握其臂部向后上方拉;⑤ 握棍或绳转肩,手距逐渐缩短;⑥ 仰卧在鞍马背上,两手反握鞍马环悬垂拉肩或他人帮助将练习者的腿向鞍马身靠拢。

2. 躯干柔韧训练

躯干柔韧训练主要是发展躯干部分的前、侧、后肌群的伸展性和迅速收缩的能力及脊柱各关节的灵活性,需常用不同方向的压、振、摆、控等方式进行。

主要训练手段有:① 两腿伸直并立体前屈,手抱腿,静力停止不动;② 站立高处体前屈,两手尽量下伸;③ 分腿或并腿坐地,上体尽量前屈(同伴可帮助下压背部);④ 分腿站立体前屈,上体在两腿中间连续摆动,两手向下后伸;⑤ 身体最大限度地向左、右、前、后做屈伸或波浪(快速、慢速、变速结合进行)。

3. 腿部柔韧训练

腿部柔韧训练主要是发展腿部的前、侧、后肌群的伸展性和迅速收缩的能力以及髋、踝关节的灵活性。需用前、侧、后各个不同方向的压、扳、踢、控、劈叉等方式来进行。

主要训练手段有:① 向前、侧、后不同方向的压腿、扳腿。背对墙或仰卧地上,一腿前上举(侧举或后举),由同伴把前举腿扳起加助力按压至胸前;② 踢腿,可扶把杆原地踢,也可行进间踢,并可负重系沙袋踢,除了前、侧、后踢外,还有混合轴方向踢,如十字踢腿和偏腿;③ 不同方向的控腿练习;④ 纵劈叉和横劈叉。

(三)耐力训练

耐力是人体抵抗长时间工作产生疲劳的能力。运动时的耐力包括肌肉耐力、心血管耐力和神经过程耐力。耐力是健美操运动员竞技能力的基础。由于耐力具有消退快的特点,故要坚持不懈地进行训练。耐力训练可以间歇训练法为主,配以循环训练法和重复训练法。

1. 肌肉耐力训练

(1)逐渐增加机体负荷直到极限量。

(2)以轻重量多次数的练习,提高肌肉耐力。

2. 心血管耐力训练

(1)3～5 分钟连续跳绳提高小臂肌肉耐力和心血管耐力。

(2)0.5 小时以上的有氧操训练,提高心血管耐力。

3. 神经过程耐力训练

(1)同一段动作的多次数、多组数的重复练习,达到极限量。

(2)延长训练时间,在身体疲劳的情况下进行评定、考核。

(3)连续完成 2～3 遍整套操,能提高神经过程耐力。

(四)协调性训练

协调性是指运动员身体各部分在时间和空间上相互配合,合理有效地完成动作的能力。健美操运动员的协调性包括 3 个方面:① 音乐节奏与动作协调一致;② 动作与空间感觉相一致;③ 协同肌收缩与放松交替相一致。

1. 音乐节奏与动作节奏协调一致的训练

(1) 选择与健美操动作节奏相同的伴奏乐曲进行训练。

(2) 通过对动作记忆和对音乐的欣赏,使音乐主旋律与健美操动作形象在大脑皮层中形成一定的联系。在训练中身体出现疲劳征兆时,灵活性练习是提高协调的重要手段。

(3) 边做动作边默诵乐曲,并建立定型,使动作与音乐协调一致。

(4) 在各种不同节奏、不同风格的音乐伴奏下练习同一组动作快与慢交替进行训练,努力表现出相应的风格。

2. 各种动作与空间感觉的训练

(1) 静力练习肢体停放在某位置上,然后闭目,利用本体感觉这个角度,当肢体疲劳而改变肢体位置时,则停止练习。

(2) 选择躯干的含胸、挺胸、身体波浪至复杂有节奏变化的动作。

(3) 髋部前后、左右扭、绕。

(4) 脚步复杂变化的练习。

(5) 选用体育舞蹈中拉丁舞系列的身段、舞步训练,以提高动作的空间感觉。

(6) 通过观摩比赛、录像、分组练习,有针对性地相互观察,进行研讨,交流心得体会,提高各种动作与空间感觉的认识,以利进一步提高。

(7) 采用同侧与异侧、上肢与下肢协调配合的动作进行练习。

3. 主动肌与协同肌协调收缩与放松训练

(1) 在慢动作中体验肌肉的协调收缩、定型。

(2) 由慢到快完成动作时,控制相对应肌群的紧张与放松,并多次重复。

第十章 形体与健美

第一节 健美运动发展概况

一、健美运动的概念

健康——身体与自然环境和社会环境的动态平衡。即在身体上、精神上和社会适应上状态正常。

健身——指获得人体健康、延长寿命的行为。

健美——指在人体健康的基础上，使外表和谐优美，具有艺术感的举止和行为。

健身运动——是一门根据人体相关学科，运用不同的运动方式或方法，以研究增强人的体质、提高生活质量、延长人的寿命为目的的体育科学。

健美运动——是一门通过各种徒手和器械练习，运用专门的动作方式和方法进行锻炼，根据人体相关学科，结合美学的发展，以研究增强体质、发达肌肉、修塑体型、陶冶情操、促进人体健美为目的的体育科学。

从上述基本概念可见，健身运动与健美运动是既有区别又有联系的。健身主要以增强人的体质、延长人的寿命为目的；而健美主要以锻炼身体、增强体质、发达肌肉、改善体型、陶冶情操、促进人体外形健美为目的。因此，从强健身体的角度来看，健美由健身发展而来，也是健身的一个方面；而从身体强健的运动水平来看，健美是健身运动水平的一种展示形式。

二、健美运动的发展

（一）国际健美运动发展概述

近代健美运动于 19 世纪末、20 世纪初由德国人山道首倡。山道具有当时举世无双的健美体格，掌握高度的肌肉控制技术，创造了人体健美体格的造型艺术，编写了诸多健美锻炼书籍。他创办《山道体育文化》杂志，首创健美比赛，创建了进行健美训练的体育学校和健身组织。鉴于他对健美运动所做出的贡献，后人尊其为"健美之父"。

然而，尽管健美运动是 19 世纪末在德国及欧洲国家兴起的，但它却是从美国走向世界的。当时的美国人麦克法登大力宣传健美运动，利用人们对山道的狂热崇拜，仿照山道出版的《山道体育文化》杂志，于 1903 年在美国举办了"体格发达、最完美的男子比赛"。他把比赛的情况和照片都刊登在杂志上，在美国国内引起了轰动。他一共撰写了 50 多部健美专著。

国际健美运动从当时由少数国家兴起发展到今天,其中也有加拿大健美创始人乔·威德和本·威德兄弟俩的贡献。乔·威德创办的《你的体格》《肌肉与健康》《形体》《柔韧》等健身健美杂志如今已是世界畅销的体育杂志;他经科学研究和实践总结撰写的《威德健美训练法则》也是目前国际上最具权威性的专著之一。

1946年,在加拿大和美国等国的积极支持下,本·威德创建了"国际健美协会"(简称IFBB),由本·威德任主席。半个多世纪以来,本·威德为发展国际健美运动做出了巨大的贡献。健美运动自1947年正式成为单项的国际性竞赛项目以来,每年都举行一次国际业余健美锦标赛,此外,还有世界上水平最高的"奥林匹亚先生"(始于1965年)、"奥林匹亚小姐"(始于1980年)职业比赛。现在国际健美协会已拥有200多个会员国,成为世界最大的单项体育协会之一。本·威德本人曾获得过十几个国家授予的非凡荣誉以及1984年诺贝尔和平奖提名,并被推选为国际健美联合会终身主席。

女子健美运动是在20世纪40年代才兴起的运动项目。当时,美国著名体育家阿勃依·斯托克登经常在《力与健》杂志上发表有关女子应进行力量训练和发达肌肉的文章,并由此引起了各国对女子健美的重视。到20世纪50年代,在男子健美比赛后,往往都会安排一些女子健美表演,从而女子进行肌肉训练的做法被越来越多的人接受。到60年代,美国一些大学已把女子健身健美列为体育选修课。70年代开始出现正式的女子健美比赛。1977年10月,在美国俄亥俄州举行了世界上第一次穿"比基尼"泳装的健美比赛。1980年,国际健美协会正式成立了妇女委员会。80年代初起,健美运动的锻炼项目——健美操波及全球,从此长盛不衰。这是以形体练习(包括发达肌肉的练习)为基础,并以舞蹈、体操动作配以节奏鲜明、强烈的音乐为主要内容的综合运动项目。由于其健身健美价值,健美操已成为风靡世界的、最受欢迎的体育活动之一。

(二)国内健美运动发展概述

20世纪初期,国外健美运动信息已传入中国。1917年4月,毛泽东(1893—1976年)在《体育之研究》一文中曾介绍德国山道(Sandow1867—1925年),把他誉为是由柔弱变为强健的世界体育家(文中将山道译为孙棠)。20世纪20年代前后,国外健美函授学校甚为活跃。约在20世纪20年代末,现代健美运动由欧美传入我国,最初仅在上海、广州等沿海城市兴起。开始用杠铃和哑铃作为发达肌肉和改善体形的现代健美器械。1924年,在上海沪江大学上学的赵竹光(1907—1991年)为了使身体能支撑紧张的大学生活,积极寻求健身之道,以便能胜任繁重的学业。于是他积极参加了美国查理斯·爱技斯举办的健身函授科,开始进行练习自抗力的锻炼,并成立了锻炼小组,将国外健美函授学校教材集中,择优采用训练方法,拟订科学锻炼计划进行研习和训练,因效果卓著,吸引了大量爱好者参加练习。1930年,经学校批准,成立了"沪江大学健身会",后因该组织的锻炼效果显著,校方还做出了凡是参加健身会的同学都可把他的锻炼成绩作为体育课成绩,而免修体育课的规定,它是中国乃至亚洲第一个健美运动组织,使中国健美运动进入组织化层次发展。中国健美组织的出现,为近代中国健美运动理论与实践的发展奠定了基础。在20世纪30年代,健美运动的理论与实践得到迅速发展。

1932年,上海健美社开始发行半月刊《健美画册》。1934年和1937年,美国人著述的《肌肉发达法》和《力之秘诀》两本健身著作,由赵竹光先后翻译在中国出版问世。1938年,

《健与力》杂志由上海健与力杂志社开始发行。它们为中国健美运动的开展奠定理论基础，创设了舆论环境。到 20 世纪 40 年代，健美运动组织化发展得到加强，并显露出制度化发展的端倪。

1940 年 5 月，赵竹光与其学生曾维祺，创办了上海健美学院，成立了中国第一所健美学校，开始培养中国健美运动教师。当时的校训为：健全的身体，健全的人格，健全的头脑，健全的灵魂。翌年 7 月，由赵竹光出任主编，该校开始出版《健力美》杂志。至此，在健美运动组织化发展得到加强的同时，由《健与力》和《健力美》共同构成的 20 世纪 40 年代在中国宣传和传播健美运动知识和训练方法的文化氛围业已形成，为中国健美运动制度化发展做出了准备。

1942 年，曾维祺先生又在上海开办了现代体育馆，致力于健美运动的训练事业，培养了中国历史上第一位健美冠军柳颐庵。此后，各种健身院和健身活动竞相在各大城市出现。在上海，娄琢玉和胡维予分别在业余时间担任上海基督教青年会和精武体育会的健美教练员。在广州，谭文彪创办了谭氏健身院，并有刘英和卢伟等为健美运动的开展做了大量工作。在南京，戴毅创办首都健身院。20 世纪 40 年代后期，在北京和苏州分别有林仲英和李钧祥开展健美活动。至 1950 年，仅在广州和上海用于健美训练的健身馆和体育馆就增加了十多家。这些共同构建了中国健美运动初步繁荣的图景。

1944 年 6 月 7 日，在上海八仙桥青年会礼堂，由现代体育馆、上海健身学院和上海基督教青年会体育部联合发起并举办了上海健美男子比赛，有 20 余人参加了按身高分为甲（高）、乙（中）、丙（矮）34 组的角逐。赛会聘请健美专家赵竹光、梁兆安、曾维祺，雕塑家张充仁和印度的摄影家泰泰 5 名裁判员，按当时在美国盛行的美国先生比赛办法，从 4 个方面进行评分。结果上海银行职员柳颐庵获全场冠军，大光明电影院职工黄辉获全场亚军。比赛由著名医学博士余新思主持。这是中国第一次健美比赛，它是健美运动进入制度化层次发展之始，标志着中国健美运动的诞生。

新中国成立后，健美运动深受广大青年群众欢迎，各地健美运动蓬勃发展，仅广州、上海等地就有 30 多家健身院和健身馆。20 世纪 50 年代中期以后，封建主义"露体不雅"的思潮悄然泛滥，由于缺乏宣传，错误地把健美运动作为西方资产阶级体育进行批判，健美运动遭到扼杀停止了发展，出现健美文化断层。1958 年，加拿大魏特（B. Weider）访问中国，希望启动健美运动在中国的发展，但未获得成功。

20 世纪 80 年初期开始，由于中国改革开放政策的实施，重新启动了中国健美运动的发展，使停滞近 30 年的健美运动重又引起人们的重视。健美运动被认为是一门可以陶冶情操，改造社会风气，增强体质和塑造人体健美的体育科学。全国各地群众性的健美运动又蓬勃兴起。1981 年，健美运动首先在上海、广州和北京等地恢复，是年《健与美》杂志问世，它们共同敲响了中国健美运动复苏的音符。

1981 年，由体育报编辑部编辑、人民体育出版社出版体育报增刊《健与美》，后成立《健与美》编辑部，先由双月刊杂志后定为月刊。专门刊登健美史话、健美人物、健美运动、健美方法、健美体形和健身知识等方面的文章，对中国健美运动的发展，起到了积极的推动作用。

20 世纪 80 年代初。中国健美运动走向复苏，为了检验复苏后健美运动所取得的成绩和推动中国健美运动的开展，中国《健与美》杂志社创设"力士杯"健美邀请赛，比赛受到国际健美联合会主席魏特(B. Weider)提供比赛规则资料的帮助。并于1983年6月2~4日在上海举行了首届全国健美邀请赛。虽然只有9个单位的39名运动员参加,但对刚刚复苏的中国健美运动的发展起到加速促进的作用。后在陈镜开、薛德明和娄琢玉等人的倡导下,决定每年举行一届,成为中国健美运动由复苏走向初步发展的标志。"力士杯"健美邀请赛的创设是新中国健美运动向制度化层次发展的一个标志。

1984年,应国际健美协会邀请,国家体委派出许放和娄琢玉二人,组成中国体育代表团,以观察员身份出席在美国举行的第38届国际健美联合会年会,并观摩国际业余健美锦标赛。会上国际健美协会主席魏特(B. Weider)重点介绍了中国健美运动迅速恢复和发展的情况。娄琢玉应邀做了题为"健美运动在中国"的发言,并介绍了中国健美运动的发展历史和目前开展的情况。在年会上国际健美联合会主席本·韦德授予娄琢玉"功劳奖状"。这是中国首次参加国际健美联合会的活动,为中国取得国际健美联合会会员国资格奠定了基础。

1985年6月,国际健美联合会主席本·韦德和他的两个儿子(爱力克和麦克)应邀来北京进行访问,并观摩了在北京举行的第3届"力士杯"健美邀请赛。比赛期间,本·韦德主席对来自全国的360名裁判员、教练员和运动员作了有关健美运动的学术报告,表彰了我国在健美运动中做出贡献的陈镜开、娄琢玉、赵竹光、曾维祺等9人,并颁发了奖章或奖状。

1985年11月,第39届国际健美联合会在瑞典哥德堡举行年会。在会上赵启鑫和许放二人代表中国,提出了中国台北健美协会使用组织名称、会旗、会歌及会徽的有关条件后,正式申请参加国际健美联合会。国际健美联合会执委会和出席本届大会的全体会员一致通过了接纳中国为第128位会员国,确立了中国健美运动的国际地位,为中国参与国际健美活动创造了条件。

1986年10月,中国举重协会健美委员会成立,成为领导健美运动的专门机构。是年的1986年11月28~30日,第4届"力士杯"全国健美邀请赛在深圳举行,这是我国健美史上规模最大的一次比赛。来自24个省、市、自治区及香港地区的48个参赛队和228名运动员,是历届"力士杯"参赛总数最多的一次。历届为表演项目的女子健美运动,首次列入了正式的比赛,并按国际健美比赛规则统一着三点式比基尼泳装出赛,引起了国内外的关注。本届比赛基本按国际比赛规则组织竞赛,比赛的项目也从原来的男子个人,增加了女子个人和男女混合的比赛项目,设立了男子、女子、男子集体和元老杯的比赛。而其中女子健美比赛的服装,经国家体委批准,按照国际健美比赛规则,穿"比基尼"(俗称三点式)。至此,中国健美运动全面地进入组织化、制度化和国际化发展层次。

1986年10月,国家体委邀请了国内有关学者,根据中国近年来举办健美比赛的经验、并参考国际健美规则,制定出版了中国第一部竞技健美比赛的正式规则和裁判法。

1987年4月29日~5月3日,全国首届长城杯健美邀请赛在北京举行。来自21个省市的286名选手,参加了男子4个级别,女子2个级别男女混双等健美运动项目和男女单人操、男女三人操、混合双人操等健美操项目的比赛,这是中国首次将两种健美运动内容安排在一起的比赛。

1987年10月14日,在安徽屯溪市举行了全国第5届"力士杯"健美锦标赛。前四届"力士杯"比赛均属于邀请赛,从本届开始国家体委将一年一度的"力士杯"全国健美邀请赛正式改为全国健美锦标赛。并规定每年举办一次全国健美锦标赛和一次全国健美冠军赛。

1988年9月,中国高等教育委员会决定将"健美运动"列入全国高等院校学生必修的体育科目。

1988年10月,由中国健美协会秘书长古桥先生任领队,健美运动员何玉珊和孙伟毅为代表的中国健美队,参加了在澳大利亚昆士兰州的黄金海岸城举行的第42届世界业余男子健美锦标赛。他俩参加的级别分别是中量级和轻量级。这是中国首次派选手参加世界性健美比赛,中国健美运动走向世界的一个标志。

1988年12月,应《中国体育》杂志社的邀请,由美国、英国、荷兰和加拿大等国的10名职业健美明星来华,为中国观众进行了精彩的表演。这是中国自恢复健美运动以后,首次来访的国际健美队,也是水平最高的健美队。这次来访促进了中国健美运动的发展。

1989年9月20日,中国健美协会正式加入亚洲健美联合会,并参加当年的亚洲健美锦标赛。确立了中国健美协会在亚洲的合法地位。

1989年11月27日~12月7日,在莫斯科举行了苏联国际健美邀请赛。美国、西德、西班牙、希腊、保加利亚、荷兰、芬兰、苏联和中国9个国家的10支代表队参加角逐。中国煤矿体协健美队的王力劲、张树文、王宪军和魏媛4名选手参加了比赛。依次分别获得70公斤级第5名和第6名,90公斤级第6名,王宪军和魏媛夺得混合双人第5名。这是中国健美运动员参加国际健美比赛,首次取得进入前6名的好成绩。

1990年,国家体委举重处处长薛德明同志被选任为亚洲健美联合会副主席。

1990年10月,第26届亚洲健美锦标赛和第5届亚洲青年健美锦标赛,在马来西亚巴州举行,中国首次派队参赛。中国运动员王力劲、甘清春和杨新民分别夺得70公斤、75公斤和80公斤等级别的第3名、第5名和第6名。王力劲还荣获了"最佳表演奖"和"进步最快奖",成为获奖最多的选手之一。这是中国首次恢复开展健美运动以来,在正式的亚洲健美比赛中获奖。它是中国健美运动被亚洲健美文化圈认同的一个标志。中国健美选手,在体形和肌肉发达度上具有优势,体现了中国健美运动员的潜力,但也因绝大多数选手缺乏比赛经验而未能发挥出水平。

1990年11月2~4日,全国健美冠军赛在南京举行,19个省市及行业体协的60名运动员参赛。全国健美冠军赛是国家体委指定的全国性的健美比赛,每年一届。本届设男子8个级别、女子6个级别、混合双人和女子双人表演项目。参赛者限第8届全国健美锦标赛各级别前10名的运动员。大会组委会针对中国运动员的特点,特设"最佳表演""最佳动作配乐""男子最佳小腿三头肌"和"女子最佳腹肌"等奖项。这一举措是中国健美运动竞赛项目向科学化、定量化和完善化层次发展的标志。

1992年初,国家体委首次公布了《健美运动员技术等级标准(试行)》。等级最高的为健美大师,凡在世界健美锦标赛中获得前8名的,均可荣膺此称号。其次为健美先生(小姐)。凡符合下列条件之一者,可申请授予健美先生(小姐)称号:① 获亚洲健美锦标赛前3名者。② 获国际健联批准的6国以上参加的国际健美邀请赛前4名者。③ 在全国健美比赛中获第1名者或1年内两次获得全国比赛第2名者。最后一种称号为健美士,共分3级,凡符合下列条件之一者,可申请授予一级健美士称号:① 获全国健美比赛第2—6名者。② 获省、自治区、直辖市健美比赛第1名者。凡符合下列条件之一者,可申请授予二级健美士称号:

① 获省、自治区、直辖市健美比赛第2~6名者。② 获地、州、市健美比赛前2名者。凡符合下列条件之一者,可申请授予三级健美士称号:① 获地、州、市比赛第3名者。② 获县级健美比赛第1名者。在上述所有比赛中获得名次的运动员,在同级比赛中至少须有8人参加,方可授予等级称号。

1993年5月20~23日,中国健美协会第1届代表大会在安徽铜陵举行,来自全国各地的近30名代表参加了会议。中国健美协会的前身是中国举重协会健美运动委员会。由于它已不能适应形势发展的需要,因此国家体委决定成立中国健美协会,以更好地推动该项运动的发展。中国健美协会的成立,是我国体育战线上深化体制改革采取的重要措施之一。大会期间,代表们就协会的章程等3个文件进行了积极热烈地讨论,最后达成共识。并经过协商推选产生了由11人组成的协会第一个专门委员会——裁判委员会。大会最后选举产生了第1届协会领导机构,国家体委四司司长李斗魁当选为主席,健美界老前辈曾维祺被聘为顾问。

1994年11月24~30日,在上海举行了第48届世界业余健美锦标赛。这是在我国第一次举办规格最高的国际性健美赛事,有力地推动了我国健美运动的发展。

1997年在湖北武汉举行的全国健美锦标赛期间,召开了中国健美协会第2届全国会员代表大会,共商我国健身健美事业的发展大计,这次会议对我国健身健美运动发展起到积极促进作用。此后,国家相关部门和中国健美协会先后出台并颁布了健身健美运动行业管理政策法规文件,为我国健美运动和健身健美产业市场持续、健康和有序的发展保驾护航。

1998年4月1日,中国健美协会颁布了《关于健身指导员技术等级(暂行)制度的通知》和《健身指导员技术等级(暂行)制度》(以下简称制度)。《制度》强调健身指导员是中国健美协会为发展我国健身健美事业、增进全民身心健康,提高生活质量,建设社会主义精神文明的一支专业技术力量雄厚的队伍,是在各类健美组织和群众性健身活动、健美锻炼和健身操示范(以下统称健美)教学、经营活动中从事技能传授、锻炼指导和组织管理工作的人员,其等级分为三级、二级、一级、国家级和荣誉级。为保证各阶段培训工作的实施,国家体育总局社会体育指导中心和中国健美协会成立了健身指导员考级教材编审委员会,该委员会收集了当今世界最具权威的健身健美专业理论,编写了《健美理论与实践》《健身指导员基础理论教程》《现代健身房服务指南》《健身法教程》《全国健身指导员考级大纲》和《韦德健美训练法则》等专项培训教材。这套丛书由古桥任主编、相建华、田里、张盛海、郑庆继、田振华等专家、学者撰写,为我国健身指导员队伍的知识化、专业化、法制化建设打下了坚实的基础。

1998年7月1日,中国健美协会颁布《健美运动员参加全国比赛代表资格注册管理办法(试行)》。1998年10月27日,中国健美协会颁布《关于加强健美运动竞赛、表演及技术培训工作管理的规定》。1999年1月27日,中国健美协会颁布《关于委托举办健身指导员培训工作的通知》。

1999年12月29日,经国家体育总局和民政部核准并颁布《中国健美协会章程》。中国健美协会,简称"中国健协",缩写为"CBBA"。中国健美协会接受国家体育总局和民政部的业务指导和监督管理。中国健美协会会址设于北京。

2000年5月9日,中国健美协会修订发布《健美运动员技术等级标准》。2000年5月23日,中国健美协会颁布《关于坚决禁止在健美比赛中使用兴奋剂的通知》。

2000 年 5 月 23 日,为了禁止和防范健美运动员使用违禁药物,在浙江省宁波市举办的首次全国体育大会期间采取了一系列的强制措施:先是下发了《严禁健美运动员在全国体育大会中使用违禁药物的通知》;后在运动员报到后要求所有参赛人员填写《禁止使用违禁药物保证书》;三是在赛前召开的组委会上由国家体育总局社体中心主任做禁止使用违禁药物的报告,从国家利益和项目生存发展的高度,反复强调使用违禁药物的危害和对国家体育事业带来的负面影响,重申国家体育总局对待违禁药物行为"严令禁止、严格检查、严肃处理"的一贯政策;四是邀请大会药物检查人员对运动员讲解接受检查的操作程序。从不同层面加大宣传攻势,对服用成分不明营养产品的运动员,做了相应安排,确保了健美比赛的公正性。经对 6 名健美运动员抽查,其结果均为阴性。

但在 2001 年的全国健美锦标赛上,经对 5 名男子健美运动员的抽查,其中一名男子运动员的测试结果为阳性,中国健美协会按规定对其进行了严肃处理。但该事件的发生成为本年度中国健身健美界的一大"丑闻",在健身健美行业内产生了极为恶劣的影响。

1999 年和 2002 年两届全国体育大会的成功举办为健美运动进入综合性的体育运动会打下了良好的基础,比赛第一次把健美和健身小姐竞赛融为一体,提高了健美竞赛的可观性,让人们了解和感受到健美运动的魅力。

2000 年 7 月,在北京中国健美协会成功举办"首期国家级健身指导员、全国健美裁判员培训班",来自全国 20 个省市自治区的 91 名学员参加了培训,并审批了第一批 76 名国家级健身指导员。

2000 年 10 月,中国健美协会组织了评选先进健身健美组织和个人活动。

2000 年 10 月,在安徽亳州市举办了首届全国健身健美科研论文报告会,其目的是为提高健身健美项目开展的科技含量,提高健身健美运动的科研水平。这次报告会,共收到论文60 余篇,汇编了首届全国健身健美科研论文报告会论文集,这项工作的开展带动了中国健美运动和健身健美产业市场的科技化进程。

2000 年 11 月,在深圳市召开全国首届健身健美俱乐部会议,这是我国健美运动恢复开展以来,中国健美协会为推动我国健身健美市场发展举行的第一次会议。会议的主题是《把握机遇,开创健身健美运动的新纪元》,会议介绍了我国开展健身健美运动的基本依据和我国健身健美项目管理的主要途径,介绍了健身指导员的培训工作意义,对我国健身市场开发前景进行了分析。因会议主题顺应了健身健美市场和项目发展的规律,取得了圆满成功。

2001 年 1 月 28 日,中国健美协会颁布《关于加强健身指导员培训工作的通知》。

2001 年 9 月,中国健美协会选派许勤华(上海)、曹新丽(新疆)、梁月云(广东)、程丹彤(北京)、杨新民(山东)、钱吉成(海南)、吴哲(北京)等 10 余名运动员参加在韩国釜山市举行的第 37 届亚洲男子健美锦标赛、第 5 届亚洲健美大师、第 18 届亚洲女子健美锦标赛、第 3届亚洲健身小姐锦标赛,取得 5 金 1 银的佳绩。

2001 年 9 月,在江苏省无锡市成功组织举办了全国首届健身先生大赛,填补了世界健身健美竞赛的一项空白,参加比赛的运动员共计 27 名。2001 年 11 月 2 日,国家标准计量局和中国健美协会联合制定《中华人民共和国国家标准(健身房等级的划分及评定)》。

2001 年 12 月 29 日,中国健美协会制定《中国健美项目管理(试行)办法》。

2002 年 7 月 25 日到 8 月 3 日,中国健美协会在北京成功举办了全国等级健身指导员、健美裁判员培训班,参加培训的学员人数达 450 人,创下中国健美协会专业培训班历史上一期参加培训人数的最高纪录。

从 2000 年 7 月至 2002 年 8 月,中国健美协会分别在北京、西安、成都、郑州、沈阳、福州、杭州、广州、上海、武汉、山东、吉林等省地市举办了近 20 期全国等级健身指导员培训班,审批了近 4 000 名不同等级的健身指导员,为我国健身健美运动的开展奠定了坚实的人力资源基础。

2004 年,国内开始出现健身私人教练。

20 世纪 80 年代末至 90 年代后期,我国健美运动迅速发展,不仅每年举办了"力士杯"全国健美邀请赛、全国健美锦标赛、冠军赛和全国健身小姐大赛,而且成立了国家健美集训队并多次参加亚洲和世界健美比赛,取得了较好成绩。

进入 21 世纪,我国竞技健美运动和群众性健美活动蓬勃发展,健美组织日益壮大,各种类型的健美比赛和健美活动不断丰富和发展,深受人们喜爱。健美运动之花目前正在全国各地竞相开放,充分显示了现代健美运动的魅力和广阔的发展前景。

目前,随着全民健身计划的推广和实施,越来越多的人加入健身健美行列,"花钱买健康""请人吃饭不如请人出汗"等健身健美理念日益为广大健身健美者所接受。尤其是 20 世纪末以来,由于我国经济的快速发展,以健身健美为主体内容的经营和消费逐渐形成市场,其中,以健身健美指导有偿服务为职业的人员(健身指导员、健美操指导员、健身私人教练等)已形成一支强大的队伍,活跃于全国各地的健身房或俱乐部中。各地的健身健美市场正在从消费、经营、管理等方面不断地规范发展。

三、健美运动的特点和作用

(一)健美运动的特点

1. 锻炼身体,增保体质

健身健美运动首先强调的是身体的健康,旨在通过各种形式和方法锻炼身体,保证人的身体健康并保证机体的正常运行状态,从而提高生活质量。

2. 强壮体格,修塑体型

健身健美锻炼的主要目的之一就是采用各种方式来活动人体的各个部位。在健美比赛中,就是以全身肌肉的发达程度为主要评分依据的。

健身健美锻炼采用各种各样的负重方式、动作组合等进行重复次数练习,以及通过"超负荷"获得"超量恢复"和促进人体的新陈代谢。这些都是为了使体格强壮,使全身各部位的肌肉得到协调发展,从而塑造和保持较好的体型。

3. 美化形体,净化心灵

健美,顾名思义,就是要在健康的基础上体现人体美。这不仅要求增进健康、增强体质,而且有较高的审美要求。健美将体育和美育有机地结合在一起,既讲究力的激发,又追求美的享受。这在练习的动作和手段,教学训练的内容和方法,以至比赛的内容和评分标准中,都得到了充分的体现。这就促使锻炼者注重身体的匀称、协调、优美发展,提高自己的各方面修养,规范自己的行为,从而实现形体美与心灵美的统一。

4. 设备多样,方便易行

健身健美锻炼,有条件的可在较高级的健身房或会所进行;若条件有限,也可以徒手进行或依靠自抗力进行,或利用各种简单的轻重器械进行,甚至可采用自制的器械乃至依靠简单的家具进行锻炼。它一般不受时间、场地、器械的限制,无论室内、室外,只要有几平方米的地方就行。因而可根据各人的实际条件选择锻炼的内容,相对简单易行。

5. 适应面广,人人皆宜

健身健美锻炼的方式多种多样。即使是使用综合器械或采用杠铃和哑铃,也可根据需要自由调节重量。训练的次数、组数和运动量也可根据各人的体力状况进行相应调整。所以,它能够充分满足男女老幼各不相同的需求。

6. 促进交往,改善生活

健身健美锻炼常是数人集体进行的。锻炼时大家相互帮助,交流心得,由此可促进人们相互间的交往。又由于这种交往一般不带有任何利益或工作关系,故可帮助一些人走出自我封闭的状态,摆脱工作、事业、学习、生活上的一些不良情绪,克服弱点,改变不良习惯,从而提高人们的生活质量。

（二）健美运动的作用

1. 发达肌肉,增强肌力

人体运动器官由肌肉、骨骼、关节和韧带组成。人体的运动是靠骨骼肌产生肌张力,引起肌肉的收缩和伸展,从而做出各种动作。按照生物界"用进废退"的自然规律,健身健美锻炼中的各种动作方式,就是由运动器官产生积极作用,引起人体各部位的积极反应,从而使肌纤维质量逐渐强壮,使肌力大大增强。进行持久的负重锻炼,能使肌肉生理横断面增大,肌肉饱满、发达,肌肉的力量增强;同时能促进骨骼的生长和新陈代谢,提高骨骼抗拉、抗压和抗扭力的机能;对关节、韧带的生长发育也能起良好的促进作用。

2. 改善和提高内脏器官机能水平

健身健美锻炼可使心肌功能增强,心脏的容量增大,血管弹性增加,从而提高心脏和血管的舒张能力,使心搏有力,心输出量增加,心率减慢至约 60 次/分;还能增加血液中的红细胞、白细胞和血红蛋白,从而提高人体吸收营养的水平,提高代谢能力和对疾病的抵抗能力。

健身健美锻炼还能提高呼吸深度,增加每次呼吸时的气体交换量,有利于呼吸肌的休息,提高呼吸系统的功能储备,从而保证在剧烈运动时能满足气体交换的需要,提高机能水平。

健身健美锻炼也可提高消化系统的机能。因为肌肉活动时要消耗大量的营养物质,这需要及时加以补充,同时,肌肉的活动可促使胃肠蠕动增加,消化液分泌增多,从而提高消化能力和吸收的能力。

3. 提高中枢神经系统机能水平

中枢神经系统由脑和脊髓构成,它的功能主要是管理和调节人体内部各器官系统的活动,保证人体内部环境的平衡,同时维持人体与外部环境的平衡。通过健身健美锻炼时的血流量改变和运动时的不同动作变化,可促进运动神经系统功能,改善人体对内外环境的适应能力,同时调节思维神经功能,促进智力开发,提高思维的敏捷性,从而提高中枢神经系统的机能水平。

4. 调节心理,陶冶情操

人的心理活动的本质是人脑对外界客观事物的反映。紧张的体力或脑力劳动以后,机体必然产生疲劳的感觉。现代生活的紧张节奏,会使人产生压抑感或其他一些不良的情绪。经常进行健身健美锻炼,可以起到调节心理活动、陶冶情操的作用。如伴着优美明快的音乐进行的节奏鲜明、协调有力的集体健身操,以及各种锻炼效果明显的肌肉活动,均可对日常的紧张劳动和工作起到良好的调节作用,从而产生积极的心理影响,使人产生努力向上,追求美好未来的健康情绪,陶冶美好的情操。

5. 改善体型体态,矫正畸形

体型包括全身各部位的比例是否平衡、协调、匀称、和谐等;体态则指整体和各部位的形态展现是否具有人体的自然美。健美锻炼能促进人体某些部位的改变,因而选择特殊的适当的训练方法,可以改善和塑造较理想的体型和体态,使男子体格魁梧、肌肉发达,使女子体态丰满、线条优美;还可使体态肥胖臃肿者达到减缩多余脂肪、减轻体重、增强体质、美化形体的目的,并使瘦削衰弱者达到发达肌肉、增加体重、增强体质、改善体型的目的。

各种具有针对性的人体运动,对矫正人体的某些畸形或某些缺陷,有特殊的康复和治疗效果。不论是由先天还是后天造成的身体畸形或缺陷,如鸡胸或因病引起的局部肌肉萎缩,或因外伤和骨折外科手术后引起的肌肉萎缩或肌力衰退等,都可以通过选择有针对性的肌肉活动,达到一定的辅助治疗效果。

第二节　健美运动训练

一、健美运动训练方法

因组数、强度、动作组合形式和练习程序不同,健美锻炼的方法也较多,现介绍几种常用的训练方法。

(一) 固定间歇法

在每次锻炼中用的重量、组数、每组次数等都是固定的,组间的间歇时间为1～2分钟,此法适宜于初学者。

(二) 循环锻炼法

根据具体情况,选择若干同类的或不同类的动作编排在一大组内,分设4～8个站,然后按序依次循环练习。此法运动量大,锻炼全面,适合于减肥、健身为主的初学者采用。

(三) 组合锻炼法

用一种或几种器械练习3～4个不同动作,每个动作做一组,中间不休息,形成一个组合组。练习完一组后,间歇3～8分钟再做另一组合。此法密度较大,适宜于有一定锻炼基础者采用。

（四）塔式锻炼法

其方法是负荷重量可根据本人的情况由轻到重，再由重到轻进行安排。锻炼时，练习的次数与重量的增减成反比。重量增加，练习的次数相应减少；重量减少，练习的次数相应增加。此法动作组数较多，适合有一定基础的人采用。

（五）超量负荷锻炼法

要使肌肉的体积和力量不断增大、机体功能逐步提高，就必须承受超量的工作和重量负荷锻炼。只有不断进行科学的超量工作和超量负荷锻炼，才能使肌体不断适应和接受新的运动量和负荷。

二、身体部位训练方法

人体的运动器官是由肌肉、骨骼、关节和韧带等组成的。人们各种复杂精细的运动正是依靠这些肌肉的收缩和放松来完成。人体约有骨骼肌 600 余块，其重量男子约占体重的 40%～50%，女子约占 35%。它不仅是人体运动器官的组成部分，还构成人体的外表——体形、体态。健美锻炼者应首先了解和掌握全身主要肌肉的分布情况，根据体形需要，选择相应的锻炼手段，有针对性地发展各部位肌肉，达到形体、形态美的目的。

（一）颈部肌肉的练习

双手正压颈屈伸作用：主要锻炼胸锁乳突肌、斜方肌等。技术要点：身体直立，双手交叉按在脑后，然后臂、颈同时反方向用力，使头慢慢上抬或低下。要求：头上抬用力，逐渐加力。

负重颈屈伸作用：主要锻炼胸锁乳突肌、斜方肌等。技术要点：俯卧凳上，两手握杠铃片压在头后，头部下垂。颈部用力抬头到可能的最高点。颈部放松，让头部徐徐下垂到原位置。要求：头部上抬时，目光上视，下垂头部时，目光下视，这样屈伸才能彻底。

（二）胸部肌肉的练习

俯卧撑作用：主要锻炼胸大肌和三角肌。技术要点：两手与肩同宽，支撑在地面或俯卧撑架上，两腿向后伸直并拢以脚尖支撑。接着屈臂下降至背部低于肘部时，随即两臂用力向上伸直成原位。也可根据需要用头高脚低或头低脚高的俯卧撑或背上加重物进行练习。要求：要保持全身伸直姿势，腰腹不能下沉呈"凹"形，也不能使臀部拱起呈"凸"形。

卧推（可采用平卧、上斜卧、下斜卧位置）作用：主要锻炼胸大肌、背阔肌、三角肌、肱三头肌等。技术要点：仰卧凳上，两腿分开，两脚踏地，两手握杠铃置于胸前，将杠铃向上推起至两臂伸直。稍停，慢慢下落还原再重复进行。要求：快推慢放，要用胸大肌发力，上举时背部、臀部要平贴凳面，两脚用劲下踏。

仰卧飞鸟（可采用平卧、上斜卧、下斜卧位置）作用：主要锻炼胸大肌、前锯肌、三角肌前部等。技术要点：仰卧凳上，两手持哑铃（拳心相对）；两臂向上伸直，两脚平踏地面；两手向两侧分开下落（肘微屈），缓慢下落最低处。稍停，让胸大肌完全伸展，然后将两臂从两侧向上，内收到开始位置。要求：两手不要紧握，分臂时，背部肌肉要收紧，意念集中在胸大肌的收缩和伸展上。

（三）背部肌肉的练习

立式耸肩作用：主要锻炼斜方肌。技术要点：身体直立，两手正（反）握杠铃或哑铃，握距稍宽于肩。两臂伸直下垂于腿前，肩部尽量下倾，两臂不使劲，然后耸起两肩至最高处。稍停，再松肩下降回至原位。要求：身体保持直立，两肩尽量高耸，两肘不能弯曲，不得借助蹬腿力量。

俯立拉（划船）作用：主要锻炼背阔肌、斜方肌和三角肌。技术要点：两脚开立与肩宽，上体前屈近90°两腿伸直，臀部稍后移，抬头，两臂垂直七握杠铃。将杠铃拉至小腹，稍停再还原；或做贴身弧形上拉至胸前，稍停后还原。可采取"窄握距"和"宽握距"练习。要求：挺胸收腹。不得借助外力。

双杠臂屈伸作用：主要锻炼背阔肌、胸大肌、三角肌和肱三头肌。技术要点：两臂伸直支撑在双杠上，接着屈臂下降至两臂充分屈曲，随即向上用力伸直成原位，也可腰上吊重物练习。要求：保持挺胸收腹，两腿自然下垂，不得借助身体前后摆动的惯性。

引体向上作用：主要锻炼背阔肌、斜方肌、三角肌和肱二头肌等。技术要点：两手用宽握距正握（掌心向前）单杠，两脚离地，身体自然下垂伸直。两臂用力将身体往上拉起。直到单杠触及或接近胸部。稍停，让身体徐徐下降，直到回复完全下垂，重复再做。要求：把身体尽可能地拉高，不要让身体摆动。下垂时脚不能触及地面。

（四）肩、臂部肌肉的练习

哑铃前平举作用：主要锻炼三角肌前束。技术要点：直立，挺胸收腹，两手握铃，两臂下垂于腿前。直臂持铃由下向前向上举起成前平举，稍停后顺上举路线徐徐下落还原。如用哑铃，可左右手各一只，连续交替做。要求：上举和下落时全身保持直立，两臂保持直伸，意念集中在三角肌。

哑铃侧平举作用：主要锻炼三角肌、斜方肌。技术要点：两脚自然开立，两手握铃下垂于身体两侧，直臂向两侧上方举起与肩平。稍停，再让两臂徐徐下落至原位。要求：上举和下落时，全身保持直立，不要摇摆弯曲，臂部保持直伸。

直立肘弯举作用：主要锻炼肱二头肌。技术要点：身体直立，两手正握哑铃，两臂下垂。上臂保持不摆动，屈肘，弯起前臂到胸前，稍停。再让前臂徐徐下落到两臂完全伸直。也可坐着练习，或两臂交替做弯举练习。要求：做练习时肘关节要固定，身体保持平衡，下降时，肘关节要充分伸直再弯举。

颈后肘屈伸作用：主要锻炼肱三头肌。技术要点：全身直立或坐在凳上，两手正（反）握杠铃，将其高举于头上，两上臂贴近两耳，保持竖直。屈肘，将杠铃慢慢向后下垂至最低处。稍停，逐渐伸展肘关节，把前臂向上挺伸，直到臂部完全伸直。稍停，再屈肘，让前臂徐徐下垂到开始位置。要求：练习时，上体保持固定，挺伸前臂时切勿摆动上臂。

腕屈伸作用：主要锻炼前臂屈伸肌群。技术要点：坐在凳上，两手反握杠铃或哑铃，前臂固定，腕屈伸最大限度，稍停再还原。要求：前臂固定不移动，手腕充分屈伸。

（五）腹、背部肌肉的练习

仰卧起坐作用：主要锻炼腹直肌和骶脊肌。技术要点：仰卧在垫上和凳上，两脚伸直固定，两手抱头，然后上体前屈坐起至胸触及大腿，还可负重、头低脚高在不同斜度上练习，或仰卧左右转体起坐,有利锻炼腹外斜肌。要求:动作速度按上快下慢的节奏进行。

俯卧体屈伸作用:主要锻炼骶脊肌和臀大肌。技术要点:俯卧在长凳上,两脚固定,随即上体下屈,两手交叉抱在头后处,接着向上伸起上体至不能再伸,稍停,再慢慢下屈恢复原位。也可负重练习。要求:上体尽量向上伸屈,背肌充分收紧,按向上伸快、向下屈慢的节奏进行。

(六)腿部肌肉的练习

负重深蹲作用:主要锻炼臀大肌、股四头肌、缝匠肌、阔筋膜张肌及腰背肌等。技术要点:将杠铃置于颈后肩上,两手扶持杠铃。两脚平行开立略宽于肩,抬头、挺胸,屈膝下蹲,然后大腿和臀部用力蹬地,使身体恢复到直立。要求:抬头挺胸腰收紧,慢蹲快起。

单腿蹲起作用:主要锻炼股四头肌、缝匠肌、阔筋膜张肌和臀大肌。技术要点:上体正直,身体重心放在左腿上,左手扶固定物(墙、柱子等物),右腿向前伸出并抬离地面,然后左腿屈膝下蹲到最低限度,接着左腿慢慢伸直站起成单腿站立。

腿后弯举作用:主要锻炼股二头肌、半腱肌和半膜肌等。技术要点:俯卧长凳上,两脚钩住橡皮筋拉力器(或练习器上的滚筒),两手抓住身前支撑物,两腿向后弯起,稍停,然后伸直小腿到原来位置。要求:弯起小腿时,大腿平贴凳面,臀部不要抬起。小腿复位要控制下降速度,调节好橡皮筋的拉力度。

负重提踵作用:主要锻炼小腿腓肠肌、比目鱼肌。技术要点:将杠铃放在颈后肩上,两脚平行开立,前脚掌站在垫木上,提踵至最高点,稍停放下脚跟,还原。要求:向上提踵要充分,膝关节始终伸直;上提和下降,要保持重心稳定。

三、健美运动锻炼计划

(一)男子健美的锻炼原则与计划安排

1. 男子健美锻炼的原则

在健美运动中,尽管各人情况不同,锻炼目标也不完全一样,但为了使健美锻炼卓有成效,还需要制定相应的训练计划。健美训练一般分三个训练阶段:初级阶段、中级阶段、高级阶段。初学者在半年至一年内的训练安排主要是为锻炼健美体格打下基础,使健康水平和体力有明显的提高、体格形态有明显改进、全身各部肌肉获得均匀增强,同时具有健美运动的基本知识,掌握各项基本动作的正确做法。但要注意遵循以下几个共同性原则:

(1)以器械练习为主,以体型练习为辅;

(2)动作设计要符合解剖和生理特点;

(3)要循序渐进,因人而异;

(4)要全面、匀称、协调地发展。

2. 男子健美计划的安排

初学者半年到一年内的锻炼安排,主要是掌握动作技术,体会肌肉感觉,发达上肢肌肉,使身体向均衡的方面发展。这一阶段一般每周锻炼三次,或每隔一天锻炼一次,每次约60~90分钟,以后逐步延长。每次锻炼应包括准备(暖身)活动(约10分钟)、锻炼性活动(45~70分钟)、整理(放松)活动(5~10分钟)。

（1）锻炼应包括开始 6～8 个动作到后来 10 个动作，并能练到全身各部位。每个动作可练 1～4 组，一次锻炼课不宜超过 30 组。

（2）可编排 2～3 个全身性锻炼的初级课程，具体锻炼动作要各不相同。每练 1～2 月换练一个课程，使锻炼有所变化以增进效果。

（3）每周运动负荷安排，周一中等运动量，周三偏小运动量，周五偏大运动量。后半段在原来基础上加大运动负荷。

（4）每一课程包含锻炼身体的不同部位的动作。安排顺序有四种，可任选其一：① 练上半身的排在前，练下半身的排在后；② 练下半身的排在前，练上半身的排在后；③ 练大肌肉群的排在前，练小肌肉群的排在后；④ 练小肌肉群的排在前，练大肌肉群的排在后。

（二）女子健美的锻炼原则与计划安排

1. 女子健美的原则

在健美运动中，女子健美的原则与男子有相同之处，但女子的生理特点与男子有别，健美锻炼追求的目标也不完全一样，因此，应注意遵循以下几个原则：

（1）以器械练习和体型练习相结合；

（2）重点预防肥胖锻炼；

（3）突出胸部健美锻炼；

（4）加强全身柔韧性锻炼；

2. 女子健美计划的安排

初学者一般每周锻炼三次，每次锻炼应安排健美操体型训练的内容（约 30 分钟），器械习 6～7 个动作。每个动作练 2～3 组，对发达肌肉者每组练 8～12 次，对着重减少脂肪者，每组至少做 30 次以上，一次锻炼课一般不超过 2 组。

经过半年时间的训练后，在肌肉群初步得到发展的基础上，应加大运动量，对重点部位、局部肌肉群适当增加练习动作和动作训练组数，一次锻炼课一般不超过 30 组。

四、健美运动标准

按"指数"健美健身是现代人的新理念。充分理解相关指数的内涵，并按其行事，对于提高生活质量、促进体格发展、改善自我形象和提高工作效率有着十分重要的意义。

（一）标准体重指数

身高在 165 厘米以下者：体重（公斤）＝身高（厘米）－100。身高在 166～175 厘米者：体重（公斤）＝身高（厘米）－105。身高在 176 厘米以上者：体重（公斤）＝身高（厘米）－110。正常人体重的波动范围大致在＋10％或～10％左右，超过标准体重 25％～34％为轻度肥胖，超过标准体重 35％～49％为中等肥胖，超过标准体重 50％为重度肥胖。

（二）肌肉健美指数

肌肉健美指数－［（两上臂围＋胸围＋两大腿围＋两小腿围）÷2］／（两腕围＋两股围＋两腿骨围）＋21。上述公式得出的数值越大越好，表明肌肉发达的程度。

（三）身体脂肪指数

我国男性 17～35 岁的身体脂肪指数推算公式为：脂肪（％）－0.911 37×上肢皮褶＋

0.178 1×背部皮褶＋0.153 8×腰部皮褶－3.601 46。女大学生的身体脂肪指数推算公式为:脂肪(％)－0.990 09×上臂皮褶＋0.464 26×腰部皮褶＋2.445 23。正常成年人身体脂肪含量约占身体总重量的10％～30％。

(四)健美体形的标准

人类对自身体魄的理解和欣赏具有永恒的魅力,而优美身材的形成要依靠体育锻炼。美学家对人体美的见解,可归纳为以下标准:

骨骼发育正常,关节不显得粗大突出;

肌肉平均发达,皮下脂肪适当;

五官端正,与头部配合协调;

双肩对称,男宽女圆;

脊柱正视垂直,侧看曲度正常;

胸廓隆起,女子乳部丰满而不下垂,侧看有明显曲线;

腰细而结实,微圆柱形,腹部扁平,男子有腹肌垒块隐现;

臀部圆满适度;

腿长,大腿线条柔和,小腿腓部突出;足弓高。

第十一章 体育比赛的组织

第一节 体育比赛的组织

一、体育比赛的筹备组织工作

举办任何体育竞赛之前都要做一些筹备组织工作,如讨论决定组织方案、制定竞赛规程和工作计划等。

（一）组织方案

组织方案是体育竞赛的工作依据,具体内容包括:比赛的名称、目的和任务;比赛的规模;比赛的组织机构;比赛的经费预算;工作步骤。

（二）竞赛规程

竞赛规程是进行竞赛工作的依据,具体内容包括:比赛日期和地点;主办单位和承办单位;参加单位与分组办法;参加办法,包括参加人数、队数以及比赛方式;报名办法,要说明报名表填写方法、报名开始和截止日期、报名表送交地点及其他要求;比赛方法,如球类比赛分几个阶段、是淘汰赛还是循环赛等;录取名次和奖励办法,主要根据个人得分之和(或各队积分)排列名次,奖励办法,包括分个人奖、团体奖和体育道德风尚奖等;比赛采用的规则;裁判,选派裁判员的标准及要求;其他,如参赛单位的注意事项和特殊要求等。

（三）工作计划

制定工作计划可保证比赛有条不紊地进行。体育竞赛的工作主要有以下几方面:思想动员:向全体人员明确比赛的目的、任务和要求,明确分工,动员大家全力以赴投入工作;裁判工作:组织裁判员认真学习规则和裁判法、进行实习,做好赛前一切准备;场地布置及竞赛器材的准备工作;编印比赛秩序册及各种比赛表格;召开领队、教练员会议,研究有关比赛问题;竞赛的进行、入场式、开幕式、闭幕式等;组织观众和宣传工作;组织经验交流和赛前训练的安排。

二、大型体育竞赛的组织机构与职能

组织是对人员的有意安排以达到一些特别的目的。体育赛事组织的建立与赛事计划和实施有密切的关系,计划没有组织的存在就无法进行有效的运作,而赛事的实施必然要有组织去承担和落实,因此赛事组织的作用较大。建立组织机构是体育竞赛组织、管理工作的关

键环节。机构设置要合理,职能划分要明确,对圆满完成竞争任务至关重要。

(一)体育赛事组织原理

建立组织是存在于计划和实施阶段之间的一项任务,组织能够划分资源、指导资源的使用,指明完成下级目标的责任。建立组织是一个创造组织机构的过程,组织结构是工作任务被分解、集中和协调的正式框架。对管理者来说,设计一种合适的组织结构让工作有效率和有效地完成是个艰巨的任务。组织结构的设计涉及六个因素:劳动分工、部门化、指挥链、管理跨度、集权和分权、形式化。组织结构设计的主要功能是降低复杂性,把全局目标分解成可以管理的下级目标层次,所有的任务都有必要被分工成为每个下级部门的目标,这是划分和委派任务的基础。组织的结构有许多种,管理学上通常分成简单结构、职能结构、矩阵结构和网络结构等几种。

1. 简单组织结构

这是一种复杂性较低的简单结构,所有决策都由负责所有员工活动的管理者做出,在小规模赛事中运用较为普遍。这种结构具有灵活性和适应性,赛事管理者负责所有的赛事活动,责任明确。这种结构的灵活性表现在工作人员具有多项技能,能行使不同的职能。其局限性在于没有专门化技能的工作人员而难以取得高水平的表现。如果管理者具有独裁作风,工作人员会因为技能得不到充分发挥而沮丧。又由于管理信息者集中在个人身上,因个人原因而不能行使职责时,对组织的管理将起到很大的破坏作用。

2. 职能组织结构

这是一种将任务部门化、鼓励劳动分工的结构。这种结构的有利之处在于个人或者群体被指派专门的任务领域,从而避免职责的重叠。另外,这种结构能够轻易地按照组织的要求附加其余的职能。其局限性在于问题的协调,当部门试图做他们视为自己关心的事情的时候,职能部门之间会对其他部门的任务缺乏理解并由此引起部门冲突。许多种方法可用来防止这种情况发生,包括多技能战略,要求工作人员在不同职能领域轮转;所有部门管理者或者领导之间的定期会议;工作人员全体大会和用简报进行沟通,以便于工作人员对组织现有状态的了解(如对财政和工作进度情况的了解)。

3. 矩阵组织结构

这种结构是把计划的不同方面看作一个独立的实体,成立单独的委员会负责所有项目的某项任务,其工作人员受一种双重指挥链的领导。在这种结构中,可以省掉一些任务的布置,从而避免一些工作重复,但要不断提高协调性。其优势包括允许群体或者个人能够直接地承担和完成任务,促进群体之间的沟通和合作,局限性在于难以协调各职能部门或人员的活动,以便按时、按计划地完成任务。

4. 网络组织结构

这是一种管理者将主要职能都通过合同等形式包出去的一种网络结构。这种结构在组织不可能在短期内寻找到大量工作人员时非常有用。优点在于预算非常清楚,因为大部分的成本都在合同内得到明确和事先知晓。管理工作者把大部分时间花在协调和控制这些外部关系上,在核心管理群体人数少时,能较快地进行决策。其局限性在于依赖合同的质量控制和可靠性,较难协调不同组织的雇员。网络组织结构得到降低规模、寻求核心活动和外部承办的现代管理理论支持,对于一些职业巡回赛事是非常有效的。

总之,对于不同规模、不同层次、不同要求的体育赛事,应该有针对性地进行分析具体情况,有选择地采用恰当的组织管理机构,这样才能体现出管理的工作质量和工作效果。对于简单小规模的赛事,设立一般简单组织结构就可以完成赛事运作任务;对于综合性运动会,根据国外奥运会等组织结构形式表现,采用职能型组织结构可以完成赛事运作任务;对于商业职业赛事,由于时间紧、人员少,采用签订合同,借助外界组织力量来完成赛事任务是常见的,这时的组织结构表现为一种网状结构,是针对商业赛事的一种非常有效的组织结构模式。

（二）我国大型体育竞赛的组织机构与职能

我国对于综合性运动会的组织结构一般采用职能组织结构形式。各种竞赛的组织机构一般采用委员会制。竞赛组织委员会通常在主办单位的领导下,由各方面代表组成,负责组织和领导竞赛的全部工作。组委会下设办公室、竞赛、新闻宣传、安全保卫、行政、后勤等职能部门。竞赛组委会的建立要与竞赛规模相适应。规模小的比赛应以完成各项任务为准,尽量精简组织机构。另外,也可根据竞赛的规格和规模的需要,增设大型活动、外事、工程、集资等职能部门。综合性运动会每一个单项比赛都必须设单项竞赛委员会,直属大会组委会领导,有的竞赛由于特殊需要,为提高规格,扩大影响,还可以成立大会主席团,邀请层次较高的党、政领导人担任大会名誉职务。

组织委员会是整个竞赛组织工作的最高领导机构。一般由主席、副主席及委员若干人组成。在组织大型综合性运动会时,必须有相当级别的政府官员担任这个机构的主席或副主席,以便增强这个机构的权威性。组委会的职能一般有以下几项:① 审议通过组委会或竞委会的参加范围及人员组成;② 审议批准各职能机构的设置及主要负责人名单;③ 审议批准竞赛组织的各项实施方案;④ 审议批准大会经费的使用原则、范围及大会预、决算方案;⑤ 裁决竞赛组织过程中的重大问题。

组委会办公室是组委会的综合职能部门。办公室的组成、任务和工作范围是根据体育竞赛的规模、项目的设置、比赛的形式而灵活设定的。一般综合性运动会办公室设办公室主任岗、联络岗、综合管理岗、文秘岗和专职人员岗,它的主要任务是拟定文件、组织会议、督促协调、上传下达、文档管理。

竞赛部是体育竞赛组织管理中专业性很强的办事机构,在整个竞赛组织过程中处于核心地位。一般各类运动会竞赛部设有竞赛部领导岗位、综合文秘岗、竞赛管理岗和行政内勤岗。其主要任务是负责运动会竞赛方案的制订和实施。

新闻宣传部是组委会统一领导下的职能部门。它的主要任务是宣传教育和组织新闻传播工作,运用各种形式扩大运动会的社会影响。一般规模较大的综合性运动会或单项运动会的宣传部门由负责人、内勤工作人员和分别负责运动会的环境布置、思想教育、新闻宣传等工作的专职工作人员若干名组成。

安全保卫部门是体育竞赛组织管理中不可缺少的重要机构之一。它的主要任务是负责组织和实施体育竞赛的各项安全保卫工作。竞赛安全保卫机构一般由竞赛活动主办单位或承办单位的内保组织、公安机关和有关单位及部门共同组成。

行政后勤工作机构,是大型运动会组织机构中的重要部门。其主要任务是加强财物管理,做好生活接待,在食宿、交通、通信、医疗卫生等方面为全体与会人员提供良好的生活环境和工作条件。行政后勤部门一般由财务管理岗、行政管理岗、生活管理岗、交通管理岗、接待服务岗和医务岗组成。其人员数额,可根据不同的工作量,采取一岗多人或一人多岗的原则配备。

一般是根据规格较高,规模较大的综合性运动会开、闭幕式的需要设立的专门组织机构。其主要任务是负责运动会开、闭幕式等大型活动的组织工作。大型活动部一般设办公室内勤岗、服装器材财务管理岗和表演排练业务岗。

外事接待部是运动会的一个重要组成部分。其主要任务是负责运动会的外事礼宾活动。一般设有内勤岗和外勤岗,内勤岗包括综合协调岗、日程岗、大型活动岗、礼品岗、会计岗,外勤岗由陪同翻译及司机组成。

单项竞赛委员会是综合性运动会组织委员会领导下的执行机构。它的主要任务是负责本项目竞赛组织工作,并配合有关部门做好本项目比赛的安全保卫、宣传教育、生活接待、急救医疗和性别、兴奋剂检查等工作。单项竞赛委员会由主任、副主任、委员组成,一般下设与组织委员会对口的职能部门(大型活动部除外)。另外,单项竞赛委员会,还要设仲裁委员会,并为各参赛队配备联络员。

其他根据大会的规格、规模和需要,还可设兴奋剂检测中心、场馆建设部、集资部、财务部、监察审计部、信息技术部、对外联络部等机构。组织机构成立后,应根据精简高效的原则,并视实际使用情况分批借调工作人员。工作人员总数不宜过多,要避免机构臃肿、人浮于事的现象。

(三)国际综合性赛事的组织机构

国际综合性体育赛事具有时间长、规模大、层次高、要求高、影响大等特点,涉及大量的人力、物力和财力等问题,因此,组织一次国际性综合运动会需筹备的时间较长,参与组织与管理的人员较多,因而势必要求组织者事先认真精心策划,尤其是像奥运会这样的重大赛事。

北京奥运会组委会到 2006 年已设立的机构有秘书行政部、总体策划部、国际联络部、体育部、新闻宣传部、工程和环境部、市场开发部、技术部、法律事务部、运动会服务部、监督审计部、人事部、财务部、文化活动部、安全保卫部、媒体运行部、场馆运行部、物流部、残奥运会部、交通部和信息中心。随着工作的展开,组委会将根据需要扩大编制。

从近三届奥运会和北京奥运会组委会组织结构设置来看,组委会一般下设 15～20 个部门,这些部门主要包括公共关系部、市场开发部、文化部、人力资源部、信息技术部、场馆建设部、体育部、接待服务部、交通运输部、财务部、计划监督部、联络协调部、安全保卫部、运动会执行部等。悉尼奥运会除设立上述有关部门以外,还设立了一些委员会来加强重要部门的管理,这些委员会包括奥运会广播组织委员会、体育委员会、财政委员会、文化委员会、审计委员会、多元文化咨询委员会、人力资源委员会等。各组委会均设一名首席执行官(或称执行主席)管理和监控组委会的总体工作进展,同时设 2～3 名副首席执行官,分别负责管理下设部门的工作。组委会一般并不是在成立之初建立所有的部门,而是根据奥运会筹备工作的进程先成立比较重要的部门,先启动重要的工作之后再建立其他部门。一般先期成立的部门主要有组委会办公室、场馆规划建设部、联络或公共关系部、人力资源管理部及市场开发部等。

根据组织结构类型理论可以看出,近几届奥运会在组织机构类型上表现为是一种职能结构,是一种对作业任务部门化的安排。赛事组织各部门要承担和完成的任务实质上是竞赛、人力资源、财政预算、后勤、信息与技术、营销(包括媒体宣传与公共关系)、法律风险等任务。赛事的每一种任务均可以由不同称呼或表现形式的部门去承担完成,同时每一种任务可以被分化而由不同部门承担,表现出不同类别的部门分担同一种任务的分化职责。赛事的计划要由专门的部门,即赛事管理者来完成,然后才是对制定的任务进行分工和作业任务部门化,伴随这个过程的完成必须成立以组织职能结构类型为蓝本的赛事部门组织结构。就近几届奥运会组织结构的表现形式,有的设立了赛事协调部门,有的设立了负责协调的个人。从组织类型理论来看,不同的类型组织结构都存在着优势,同时又存在一定的局限性。对于这种职能组织类型来说,处理缺乏理解和解决冲突的有效方法就是进行协调,成立负责专门协调的部门或者指派个人都是管理的一部分,是必须的。因此,赛事协调是管理者重要的职责,进行赛事协调的管理者在表现上可以是组织结构中的个人管理者,也可以专门成立部门来负责。

三、田径运动会秩序册的编排

田径运动会秩序册是举办运动会的关键。科学、合理的比赛秩序能保证运动会的顺利进行,有利于运动员提高成绩,使裁判员和其他工作人员有条不紊地进行工作,还能起保持会场观众高昂情绪的作用。因此,竞赛组要尽可能安排有一定编排工作经验和工作认真细致的人员,组成编排和记录公告组进行秩序册编排工作。

为了编好秩序册,编排和记录公告组成员在编排前必须认真学习竞赛规程和比赛规则,了解运动会的期限和每单元可安排的比赛时间、组别和项目、参加办法、计分和奖励办法、场地器材条件和裁判员人数与水平等情况,然后进行编排。编排的具体步骤与方法如下。

(一)审查报名表

按照竞赛规程规定的参加办法,对各单位的报告单进行审查,如发现超人、超项等问题,应立即与当事单位联系,及时解决。

(二)编排运动员姓名、号码对照表

在报名单(表11-1-1)"会编号码"栏中编排运动员号码然后编写运动员姓名、号码对照表。学校运动会的编号,可与年级、班级对应起来,号码以四位数组成,第一位数代表年级,第二数代表班级,第三、四位数是运动员的顺序号。

表 11 - 1 - 1

单位编号：　　　　　单位名称：　　　　组别：　　　　领队：　　　　教练：　　　　填表日期：														
会编号码	姓名	出生年月	二百米	三百米	四百米	八百米	一千五百米	五千米	一百米栏	…	铁饼	链球	七项全能	十项全能	备注

注：单位编号及会编号码由大会统一填写　　　　　　　　　　联系人：　　　　填表人：

按竞赛规定，在参加项目格中划"√"　　　　　　　　　　　医务室盖章：　　　电话：

写明运动员的最近成绩

（三）统计各项目参加比赛人数

为了掌握情况，为分组和编排工作做好准备，需要统计各项目参赛人数，然后填入各项比赛参加人数统计表（表 11 - 1 - 2）以及运动员兼项统计表（表 11 - 1 - 3）。

表 11 - 1 - 2

项目　参加人数　单位					
竞赛					
田赛					
全能					

表 11 - 1 - 3

项目人数单位	100 米	200 米	……	跳远	跳高	铅球	……
100 米	×						
200 米		×					
……			×				

项目人数单位	100 米	200 米	……	跳远	跳高	铅球	……
跳远				×			
跳高					×		
铅球						×	
……							

（四）编排各项竞赛分组

1. 竞赛分组的方法

（1）径赛项目

分道跑和部分分道跑项目

在短距离跑、4×100 米接力跑、跨栏跑等分道跑项目和 800 米跑、4×400 米接力跑等部分分道跑项目中，如果参加比赛的人数和队数超过跑道的分道数时，必须进行分组，经过预赛、复赛后再进行决赛。分组前，首先要根据参赛人数、跑道分道数以及比赛时间是否充裕等情况，拟定"径赛分组计划表"（表 11－1－4），然后根据"径赛分组计划表"进行分组。

表 11－1－4

项目	参加人数	预赛			次赛			复赛			决赛			备注
		组数	共计时间	录取人数	组数	共计时间	录取人数	组数	共计时间	录取人数	组数	共计时间	录取人数	

分组时要注意以下几点。

要使各组的人数尽量均等，同一单位的运动员尽量避免分在同一组内。

如按名次录取参加下一赛次（是指预赛、次赛、复赛和决赛），分组时应将所了解的成绩好的运动员分别编在各组。如按成绩录取参加下一赛次，分组时则应将所了解成绩好的运动员相对集中于一组。

如不掌握运动员的成绩，分组时可将各单位运动员依次上下分排，然后按斜线通过法分组（表 11－1－5、表 11－1－6）。分组后，各组参赛的顺序由大会抽签排定，然后编入秩序册。

表 11－1－5

顺序号码单位	北京	上海	天津	武汉	河北	西安	成都	广州	沈阳	吉林
	1	4	7	10	13	16	19	22	25	28
	2	5	8	11	14	17	20	23	26	29
	3	6	9	12	15	18	21	24	27	30

表 11-1-6

顺序号 码道次	一	二	三	四	五	六	七	八
A	1	5	9	10	14	18	19	23
B	27	28	2	6	7	11	15	16
C	20	24	25	29	3	4	8	
D	12	13	17	21	22	26	30	

注:当以上分组与编排原则不符时,可以适当调整。

不分跑道项目不分道跑项目一般不分组。若必须分组时,应注意把成绩好的运动员集中在一组。关于不分道跑项目各单位运动员的起跑位置,由大会抽签决定,然后编入秩序册。

(2) 田赛项目

田赛项目比赛一般不分组,运动员应按抽签排定的顺序参加比赛,如有可能应将排定的顺序编入秩序册。人数过多时,可在正式比赛前举行及格赛。基层举办的运动会如不举行及格赛,正式比赛时也可分组,要在条件基本相同的场地上比赛。

2. 填写各项竞赛分组表

分组结束后,应将竞赛分组表抄写清楚,以便付印编入秩序册。同时,填写"径赛检录表"(表 11-1-7)"田赛高度项目成绩记录表""田赛远度项目成绩记录表",于赛前分别交径赛裁判长和田赛裁判长,以便比赛时使用。

表 11-1-7

男、女子组		项目:		赛次:		组次:		
道次	一	二	三	四	五	六	七	八
号码								
姓名								
单位								
成绩								
备注								
检录长:		记录员:		年 月 日				

(五)编排竞赛日程

竞赛日程是运动会一切项目比赛的时间依据,它直接影响整个比赛的进行、运动员水平的发挥和赛场的气氛。因此,必须认真细致地做好竞赛日程的编排。

1. 编排比赛秩序的注意事项

要正确估算各项比赛所需的时间,看其是否与运动会比赛时间相符。如不相符应从减少分组、减少赛次、增加场地、适当延长单元比赛时间等方面考虑解决。

如有可能,任一赛次的最后一组和后继赛次的第一组或决赛之间,保留允许的比赛最短时间间隔。具体需求为:200 米及 200 米以下各项为 45 分钟;200 米以上至 1 000 米各项为 90 分钟;1 000 米以上各项不在同一天举行。

为了减少兼项的冲突,可按兼项的一般规律,将某些项目分开穿插编排。

某些性质相近的项目,编排时要注意其先后顺序,如:先 500 米后 10 000 米;先推铅球后掷铁饼;先跳远后三级跳远等。

径赛中不同组别和性别的同一项目比赛,最好衔接进行。这样有利于裁判工作和场地器材布置工作。

各种跨栏跑项目的比赛,不安排在同一天进行。由于跨栏跑比赛需要摆放栏架,因此跨栏跑比赛一般安排在每一比赛单元的第一项进行,也可安排在长距离跑比赛的后面进行。

不同组别和性别的同一田赛项目,在时间允许的情况下,不要安排在同一时间进行。另外,在场地允许的情况下,布局不要过分集中。

200 米以下的径赛项目最好安排在一天内结束比赛。

要注意把决赛项目和比较精彩的项目分开安排,使运动场上始终保持热烈的气氛。接力跑是引人注目的集体项目,应安排在每一单元结束前进行。

运动会的最后一项比赛可安排长距离跑,也可以在最后一项结束后安排不计总分的表演项目。这样能便于编排和记录公告组统计总分。

每一单元的比赛,应尽可能使田赛和径赛同时结束。

2. 编排竞赛日程的方法

先根据各项比赛分组表把全部比赛项目的组别、性别、项目、赛次、参赛人数和组数、比赛所需的时间等,按组别分别写在不同颜色或做有不同颜色标记的纸条上。

纸条写完和检查无误后,应准备好一块标明日期、单元、径赛、田赛的台面,然后开始正式编排。

编排时,若有全能项目,应按照田径竞赛规则规定的比赛顺序,先行安排。然后根据编排比赛秩序的注意事项,把径赛项目按运动会的日期、单元进行安排。

编排完径赛项目,再编排田赛项目。在编排田赛项目时,仍应注意兼项冲突的一般规律和性质相近项目的先后顺序。

全部比赛项目编排完毕后,应仔细地进行检查,并征求有关人员意见和送总裁判长与竞赛组审查。如有问题再进行调整。

(六)编印秩序册

为了使田径运动会竞赛和各方面工作协调配合,顺利地进行,并使全体与会人员行动有所遵循,需要印发秩序册。田径运动会的秩序册一般包括下列内容:开幕式、闭幕式程序;大会主席团、筹备委员会、工作人员、仲裁委员会、裁判员名单;各代表队名单;各代表队运动员、工作人员人数统计表;田径运动最高纪录;竞赛场地平面图等。

四、田径项目竞赛的组织

奥运会田径项目分为径赛项目和田赛项目。径赛(24 项):短跑(100 米、200 米、400

米),中跑(800 米、1 500 米),长跑(5 000 米、10 000 米),跨栏(男子 110 米栏和 400 米栏,女子 100 米栏和 400 米栏),接力(4×100 米、4×400 米)和 3 000 米障碍。田赛(16 项):跳远、三级跳远、跳高、撑竿跳高、铅球、铁饼、标枪、链球。公路赛(5 项):男、女 20 公里竞走,男子 50 公里竞走,男、女马拉松。全能赛(2 项):男子 10 项全能,女子 7 项全能。全国田径比赛或基层田径比赛项目依据比赛规程来确定。

(一)径赛项目的分组原则

按参赛人数、跑道数、赛次、录取方法和裁判人数进行分组,各组尽可能人数均等。

同一项目、同一单位的运动员尽量避免在同一组。

不分道的比赛项目,各组人数不应超过跑道数的 2 倍。

长距离跑分组决赛时,一般把成绩好的集中编在一组。

一次性决赛的径赛项目,按成绩优劣分组。

全能项目每组最好 5 人或 5 人以上,不少于 3 人,最后一个径赛项目应把前面各单项累积分较多的运动员编在一组。

(二)径赛项目的分组方法

1. 预赛(第一赛次)的编排

根据报名人数和场地的跑道数,决定赛次与组数,按照报名成绩,可用蛇行排列法进行编排。

如果在小型运动会中无运动员的报名成绩,人数又较多,可用斜线分组法斜线分组。然后将斜线分组结果填入分组表。

2. 后继赛次的编排

上一赛次的比赛结束后,100 米到 400 米、4×100 米、4×400 米接力应根据运动员前一赛次的名次和成绩按下列顺序录取,并按排序采用蛇形分组法进行分组。

首先录取最快的第一名,次快的第一名,第三快的第一名……所有的第一名被录取后,再录取最快的第二名,次快的第二名,第三快的第二名……所有的第二名被录取后,再录取最快的第三名,次快的第三名,第三快的第三名……按名次录取后,在剩下的运动员中录取按成绩递补的运动员。其他项目应继续按运动员的报名成绩排序后分组,只有在前面赛次中提高成绩的运动员才可进行调整。

3. 道次的确定方法

第一赛次抽签排定道次。后继赛次的道次确定,应根据运动员的排序,排序前 4 名的运动员或运动队,抽签排定 3、4、5、6 道;排序第 5 和第 6 的运动员或队抽签排定 7、8 道;排序最后两名的运动员或队,抽签排定 1、2 道。

4. 分组和分道后抽签排定各组的比赛顺序

(三)田赛项目的编排

1. 及格赛的编排

一般情况下,及格赛尽量只安排一组,当人数较多时并有必要时,可用随机方式分为两个组,尽量将同单位的运动员调整到不同的组别。按随机方式抽签决定每个运动员的试跳或试掷顺序。如果同单位运动员处于相邻位置,尽量调整到不相邻的位置上。

2. 决赛的编排

无及格赛的编排方法,随机抽签决定运动员的试跳或试掷顺序;有及格赛的决赛,应先录取所有达到及格标准的运动员,如果人数不够则在未达标的运动员中,按成绩进行递补,补满决赛名额,然后随机抽签决定每个运动员的试跳或试掷顺序。

(四)全能项目的编排

全能项目的径赛分组、分道和田赛比赛顺序的编排方法与单项的编排方法相同,只能最后一项的分组,应将倒数第二项比赛后积分领先的运动员分在一组。全能项目的每个单项,均匀、单独抽签,不能用一次抽签结果排定所有单项。在当天的比赛结束后,应在第二天的编排中,先删除已失去继续比赛资格的全能运动员,再进行分组、分道和排序。

(五)赛后编排记录工作

及时交总裁判长宣布成绩。

填写成绩证明表和破纪录申请表。

编写总成绩册。

各类相关资料整理、归纳、存档。

五、学校田径运动竞赛的组织工作

(一)学校举办田径运动会的意义和要求

竞赛是体育运动的特点之一。在学校中,通过举办田径运动会,能够推动全校田径运动的开展,吸引广大的学生积极参加到田径运动的活动中来;能够检阅学生参加田径运动锻炼和训练的效果,促使田径运动的普及和提高;能够丰富学校的课余生活,向学生进行思想品德教育,振奋精神,加强团结,使学校教育朝气蓬勃,奋发向上。举办学校运动会,属于群众体育比赛的性质,其要求如下:

学校举办田径运动会要有学校自身的特点,要坚持以"团结、奋进、文明、育人"为宗旨;

在制定运动会方案和竞赛规程时,应考虑吸收更多的学生参加比赛,让他们在运动会中当运动员,而不是当观众;

在项目设置上,要从学校条件和广大学生体质和体育水平的实际情况出发,把一些《体育教学大纲》和《国家体育锻炼标准》规定的项目作为主要比赛项目,另外也可设置一些集体项目和表演项目;

在分组上,要尽量考虑学生年龄和身体发育情况的差异,比如中学举行运动会时最好按年级分组进行比赛;

在比赛规则上,也应从学生实际情况出发,适当降低比赛规则的要求,制定符合学生实际并能调动学生参加比赛积极性的规则;

学校运动会的时间,一般以一天到一天半为宜,以使运动会起到积极休息的作用,不应给学生造成过度疲劳。

总之,学校举办运动会应有学校自身的特点,要使运动会开得简朴、隆重,有节日气氛,使学生兴高采烈,从而收到良好的教育效果。

(二)学校田径运动会的筹备工作

学校筹备田径运动会,应在主管体育工作的校长领导下,成立一个领导小组,负责领导运动会的筹备工作。领导小组由校长办公室、教务处、总务处、体育组、共青团或少先队等单位负责人参加,讨论决定运动会的组织方案、竞赛规程、组织机构等。

1. 组织方案

组织方案由运动会筹备领导小组根据实际情况制定,它是筹备召开运动会工作的依据。组织方案通常包括以下内容:

(1)运动会的名称和目的任务,根据学校体育的目的、任务和其他特殊要求来制定;

(2)运动会的日期和地点,学校运动会通常放在一学期的中间举行;

(3)运动会的规模,主要应包括参加单位、参加人数、竞赛组别和项目等;

(4)运动会的组织机构,根据工作需要确定,包括组织形式、各工作部门的分工及负责人名单、各工作部门的工作人员名额等内容;

(5)运动会的经费预算,本着勤俭办一切事业的精神,根据实际需要做出计划,通常应包括会场布置、场地修建、器材、宣传、奖品、印刷、文具、医药等费用;

(6)工作步骤,主要说明运动会筹备工作分几个阶段进行以及各阶段主要工作安排等。

2. 竞赛规程

竞赛规程是进行竞赛工作的依据,通常包括:

(1)运动会的名称、目的、任务与要求、主办单位、比赛日期及地点、参加单位及组别等,根据运动会的组织方案拟订上述内容;

(2)比赛项目,根据运动会的性质、规模、参加组别、运动员的水平拟定,基层单位举办田径运动会,比赛项目设置一定要注意具有群众性和广泛性;

(3)参加比赛办法,包括每单位可参加多少人、每人可报几项、每项限报几人、接力项目参加办法以及参加者的资格规定等;

(4)报名办法,说明报名表格填写方法,规定报名开始和截止日期、报名条件以及身体检查规定等;

(5)记分及奖励办法,说明各项录取的名额,个人和集体、全能和破纪录以及团体总分的计算与奖励办法等,一般运动会各项可录取前 6 名,按 7、5、4、3、2、1 记分,集体项目和全能项目得分加倍;

(6)比赛规则,说明采用中国田径协会审定的某年田径竞赛规则和补充规定等;

(7)参加单位应注意事项,包括对各单位准备比赛和参加比赛的要求等。

学校举办田径运动会的竞赛规程,要根据学校的实际情况来制定,并于运动会前 2～3 个月公布。

3. 组织机构

田径运动会的组织与进行,是一项复杂而细致的工作。为了统一领导,便于工作,必须建立一定的组织机构。机构的形式和规模根据实际需要决定。通常设 3 个组开展工作。

（1）宣传组：负责宣传教育、会场布置、开幕式与闭幕式组织、奖品奖状发放等各项工作。

（2）竞赛组：负责编印秩序册、配备与培训裁判员以及竞赛裁判等各项工作。

（3）后勤组：负责场地与器材准备、奖品奖状购置、赛场、饮水供给和医务人员配备。为了保证运动会按计划有条不紊地进行，各组要制定工作计划，紧密配合地开展工作。体育教师应分配到各组参加工作。体育组应成为领导小组的办事机构，在领导小组领导下，取得各方配合，积极完成举办学校运动会的各项工作。

4.田径运动会的其他工作

为了保证运动会的顺利进行，在运动会的组织筹备和进行期间，除了制定好竞赛规程、组织好报名、编排好秩序册和做好竞赛裁判工作外，各组应根据职责与分工，责成专人在运动会召开前、进行中和结束后做好下列工作。

（1）运动会召开前的工作：① 召开领队、教练员会议 ② 组织裁判员学习 ③ 准备场地器材 ④ 布置好会场。

（2）运动会进行中的工作：① 组织好入场和开幕式 ② 根据比赛要求，做好场地布置及器材供应和回收工作 ③ 编排和记录公告组要登记好比赛成绩，及时公布径赛项目第一赛次之后的后继赛次的运动员分组名单，及时公布各项决赛成绩，整理好每天比赛结束有关资料以及保证闭幕式前统计好团体总分名次和破纪录情况 ④ 做好比赛成绩宣告与发奖和大会宣传、教育、鼓励工作 ⑤ 加强安全措施，维持好赛场内、外秩序，做好医务工作 ⑥ 根据比赛进程，在必要时调整比赛秩序 ⑦ 组织好闭幕式

（3）运动会结束后的工作：运动会结束后，要整理好运动成绩和记录等资料，有条件和有必要时编印成绩册，清理好场地、器材和各种用具，做好运动会工作总结。

第二节 体育竞赛的特点与分类

一、体育竞赛概述

（一）体育竞赛的概念

体育竞赛是竞技体育的重要组成部分，也是竞技体育的本质特征。对运动竞赛的认识可从狭义和广义两个层面来理解。

从狭义层面来看，运动竞赛是根据各运动项目特定的评定行为，为争取优胜而专门组织实施的竞技能力之间相互较量的方式。运动竞赛是伴随着运动员的竞技能力相互较量的结果——运动成绩的产生而结束。运动成绩要想得到社会的认可，必须是在专门组织的正式比赛中表现出来的才能得到确认。为此，要求运动竞赛组织与管理工作一定要按照竞赛的有关规定和国际惯例来进行，否则将影响参与竞赛运动员竞技水平的发挥，直至影响其运动成绩的优劣。虽然运动成绩的排定次序主要取决于运动员竞技能力的水平以及比赛中发挥的程度，但如果竞赛的组织与管理工作不到位，运动员的竞技水平和比赛中的发挥程度在不

同程度上还受到影响,将关系比赛结果的好坏。总之,运动员竞技能力的较量过程及其相关的因素较多,是较为复杂的、多变的一个社会活动现象。

从广义层面来看,运动竞赛不仅仅是运动成绩的评定、比赛或展现的方式,还是一种多功能和多形态的社会现象,对社会的精神文明建设具有特殊的作用。运动竞赛的成绩不仅反映参赛者的竞技能力和竞技水平,而且反映所在国家或地区的政治、经济、文化和科技的综合水平。为此,就运动竞赛的组织与管理工作而言,一定要从大局出发,采取有关措施,做好竞赛参赛者和广大观众的教育工作。同时,运动竞赛在社会意识形态、经济等方面也具有比较重要的意义。

除此之外,从运动竞赛的形式,就体育竞赛概念而言,体育竞赛是指以体育运动项目为主要内容,在裁判员主持下,依据统一的规则组织与实施的运动员个体或运动队之间的竞技较量。从其概念内涵来说,一是体育竞赛是一场竞技较量。运动员(或队)在比赛中表现出的竞技水平,主要取决于自身所具有的竞技能力以及比赛时的发挥程度。在运动员竞技水平相对不变的前提下,遇到较弱的对手,可能取得比赛的优胜以及好的名次;若遇到强劲的对手,则又会遭到失败,只能取得差的名次。二是体育竞赛必须有若干参加者。参加者可以是运动员个体,也可以为运动员集体。不同比赛的参加者数量有很大的区别。大型的马拉松比赛参加者可逾万人,而一场世界拳王争霸战则只需两名选手登场。三是体育竞赛必须按事先规定的统一规则进行。竞赛规则是竞技体育此赛的规范与准则,它规定了参赛者的条件,制约着参赛者在比赛中的行为,保证着比赛的顺利进行,是每个参赛者都必须遵守的法则。只有按统一的规则进行比赛,才能保证运动员竞技的可比性和竞争的公平性。四是体育竞赛由裁判员主持进行。裁判员是竞赛规则的执行者,对比赛的计划做出安排,对比赛的进程进行监督,对比赛的结果进行裁决。裁判员的道德水平与业务水平常常严重地影响着其执行裁判职责的质量。裁判员有意或无意的错判,都会对比赛的结果带来不利影响。

(二)体育竞赛的构成

任何一次大型体育赛事都是由若干个运动项目的体育竞赛组成的。任何竞赛的成功举办,都是由各个构成要素的条件、水平或程度,以及各构成要素的协调配合决定的。任何一项体育竞赛活动(无论是规模宏大的世界大赛,还是两、三人之间的趣味性角逐),从宏观层面上来看,都是由竞赛参与者、竞赛物质、竞赛组织、竞赛保障和媒体宣传等五个子系统组成。缺少了其中任何一方,都无法构成完整的体育竞赛活动。

1. 竞赛活动参与者

参与竞赛活动的人群包括参赛运动员、教练员、裁判员、组织领导者、服务管理者和观众等,其中最为核心的不可缺少的是参赛者。其他参与竞赛活动的人群的一切活动都是为使参赛者更成功、更出色地进行竞技较量服务的。简单的初级形式的比赛不一定包括所有这些人员,但是阵容越完整,比赛则越完善、越精彩。

2. 竞赛物质条件

竞赛的物质条件有竞赛的场地,必需的设备、器材,以及供参赛者的食宿和交通等。竞赛物质条件的优劣对于创造运动成绩的好坏是非常重要的。水平越高的参赛者对竞赛的物质条件要求越高。

3. 竞赛组织

竞赛的组织委员会是竞赛管理的核心，它管理着竞赛规则、竞赛规程和组织编排、组织运行等各个方面，同时对竞赛参与者的资格认定、成绩的纠纷和纪录审定、新闻发布等负有责任。

4. 竞赛保障

竞赛保障主要包括必要的资金投入、安全保卫和药检等。竞赛保障的建立对于竞赛能否按期顺利进行，能否使竞赛参与者满意以及运动成绩的确认至关重要。随着我国社会主义市场经济的深入和社会条件的改善，现在举行一次大型竞赛活动需要投入相当的费用，为此，竞赛组委会必须走市场化、社会化的办赛之路。

5. 媒体宣传

媒体宣传的作用在大型体育竞赛中显得越来越大，它不仅保证每个运动员（队）的国家和地区的观众及时了解比赛的战况，而且对宣传运动员不屈不挠、顽强拼搏的精神和协助判定成绩的公平性起到较好的作用。据报道，中央电视台 2008 年北京奥运会赛事转播方案为：央视一频道界定为展现北京奥运会全貌的频道，每天除了保留"新闻 30 分""新闻联播"等三档节目之外，其余时间将全部用于报道奥运会，以游泳、跳水、举重、田径为主要项目，汇总全景奥运资讯进行适当的深度报道；央视二套停止所有经济性节目，24 小时转播奥运会比赛的直播和实况录像；央视五套以转播中国运动员参加的比赛为主；央视七套也将全部用于转播奥运会比赛，成为顶级赛事重播频道。由此可见，中央电视台对北京奥运会的报道力度是史无前例的。同时，媒体宣传也是组委会通过市场筹集资金的主要有效办法之一。体育爱好者通过媒体对竞赛活动的宣传报道，极大地丰富了文化生活，对促进社会的文明建设具有一定的意义。

全面地了解和把握运动竞赛的构成要素，对于成功组织与管理运动竞赛是至关重要的。从微观层面来看，任何竞赛的成功举办，离不开大量具体的各个构成要素的协调与配合。

运动竞赛组织与管理工作的成功与否，已经不仅仅是对其构成横向并列要素的把握，而且还要充分地协调纵向层次构成要素的协同作用。越是大型或重大的体育竞赛，其系统要素就越复杂，如 2000 年悉尼奥运会成功的举办，与组委会成功地把握相关要素和系统地筹划是分不开的。

二、体育竞赛的特征与分类

（一）体育竞赛的特征

1. 参赛目标的竞争性

竞争是一种较为普遍存在的社会现象，优胜劣汰是自然界和人类赖以进步的客观规律。体育竞赛中的竞争是社会竞争的一种基本形式，竞争的目标是为击败其对手，最终获得比赛的胜利。体育竞赛具有强烈的排他性，其竞争的结果是只产生一个优胜者。这就要求参加竞争者各方面要通过训练，不断提高自身的体能、心理水平、战术意识和团队精神，以及把握机遇的能力。体育竞赛强调公平竞争,奥林匹克精神所倡导的"重要的不是获胜,而是参与"与之是不矛盾的,该精神提倡的是参与竞赛的态度和前提,并非是追求竞赛的结果。如果光有参与竞赛的激情,而没有竞赛过程中的拼搏进取的意识,那就失去了运动竞赛的本质意义。

2. 参赛目的的综合性

任何一场比赛,不论参赛者有多少,竞赛结束时,只有极少数的选手能够成为优胜者。获奖者享有巨大荣誉,并获得相应的经济收益,尤其是奥运会等重大的综合性比赛。因此,参赛选手们都竭力争取比赛的胜利,将其作为参加训练和比赛的最高目标。由于体育竞赛具有的社会功能和对竞技体育特殊的作用,使得参赛的动机变得具有多重性和复杂性。这里有通过体育竞赛来增强国家与国家之间、民族与民族之间的交流,缓解相互间的矛盾的;有为树立国家或地区在世界上的地位与威望的;有为国家或地区争得荣誉的;有为证实自我价值的;还有的则是为了切身利益的;等等。然而,无论竞赛要达到何种目的,其中获胜并取得优异成绩仍是最根本和最直接的目的。绝大多数的目的都必须通过"获胜"这一目的的达到才能实现。第23届奥运会上许海峰为我国获得了有史以来的第一枚金牌,第26届奥运会上中国香港特区的李丽珊实现金牌"零"的突破,使得国人无不振奋,也在世界体坛上掀起轰动。

3. 竞赛对抗的激烈性

体育竞赛是运动成绩评定和比较的方式,也是竞技体育领域中独特对抗的调节方式。运动成绩是比赛的结果,而这种结果则是在对抗过程中产生的。现代体育竞赛对抗的激烈程度是有目共睹的,造成的原因有:一是随着现代科学技术的普及和情报收集的完整,任何提高运动成绩的方法难以成为秘密,某一先进的训练方法很快就会得到推广;二是科学训练的程度有了质的变化,在有些项目中,过去被称为人类"极限"的成绩相继被打破;三是现代体育竞赛的社会功能所带来的效益如此之大,以至于不少国家专门制定了"奥运战略"这样的"举国体制";四是运动员、教练员如果在竞赛中获胜,可望获得丰厚的物质奖励和殊荣,有时一场比赛的胜负就可决定运动员、教练员的一生;五是由于媒体的操作,使得体育竞赛的激烈程度不断增强。这些原因无疑成为体育竞赛中激烈对抗的强刺激因素。

4. 竞赛条件的制约性

对竞赛行为、竞赛条件予以严格的制约,是体育竞赛与自发的游戏和个体自身的运动行为的一个很重要的区别。为了使体育竞赛能够顺利地进行,必须建立相应的结构体系与运行机制。这一体系及机制对参与竞赛活动的所有人群(首先是参赛运动员)和整个的工作提出了严格的制约条件,使比赛按预定的规程予以组织,按统一的规则顺利进行。比赛规则对竞赛的进行有着明显的制约作用。例如,对于羽毛球、乒乓球等隔网对抗性项目来说,当竞赛的竞技性和观赏性下降时,就会通过竞赛规则的改变,促进技战术的发展,进而提高竞赛的观赏性与竞技性。

5. 竞赛过程的随机性

体育竞赛的全过程充满着动态的变化,而且这些变化常常是事先无法预料的。双方同时出场的直接对抗性的比赛过程尤其如此,比赛的双方都在不断地观察比赛场上的形势,并及时采取新的技战术措施，力求抑制对方所具有的技战术优势及各种竞技能力的发挥；对方也是如此。这就构成了竞技场上不断变化发展的尖锐矛盾与激烈斗争。

6. 竞赛结果的不确定性

体育竞赛的结果同样表现出随机性的特征。不仅各种对抗性运动项目的结果难以预测，而且比赛的竞技水平可以被准确进行客观测量的体能主导类项目（如跑步、游泳、举重）的比赛结果也具有很强的不确定性。有人通过对"克拉克现象"（是指在重大体育竞赛中，具有夺冠竞技能力和水平的运动员由于种种原因没有获得冠军的现象）的研究表明，我国及世界居年度首位的田径、游泳选手，在当年度举行的全国运动会及奥运会中，冠军获得率仅为69.7％及63.5％。体育竞赛过程及结果的不确定性，正是其巨大魅力所在。对于比赛结果的预测、期盼、等待、参与是广大观众热衷于观看比赛的重要心理动力。

7. 竞赛信息的扩散性

随着社会的发展，各类体育竞赛的战况及结果已成为人们业余文化生活的重要组成部分，加之体育竞赛的商品价值的开发，人们对体育竞赛的关注程度日趋增高。为此，竞赛信息具有迅速扩散的特性：一是因为运动竞赛的结果为人们所密切关注；二是现代传播组织拥有高效率的信息传播手段；三是体育社会化与商品化的需要，为公司和企业投资竞赛活动提供了条件；四是体育职业化的必然选择，各类体育俱乐部联赛、大奖赛、系列赛的出现，为体育信息的扩散增添了商业价值；五是运动竞赛信息扩散的手段主要依靠影视手段（录像、电视、网络视频、手机视频传输等），文字手段（成绩册、报纸、杂志等）以及语言手段（广播等）。

8. 竞赛成绩的可比较性

尽管运动竞赛发生的时间、地点不同，但是对于同一级别、类型的国际运动竞赛或一场正式比赛，由于预先对运动竞赛的各种条件的严格规定和规范，使得各项目运动员在条件均等的情况下参加比赛，对于所创造的成绩是可比的。比如对运动员参赛资格的认定，包括运动员年龄、性别、运动级别、成绩资格等条件的限定，以及对比赛场地、器材、地理气候、裁判员水平、记录成绩的评定手段、竞赛规则执行标准等条件的认定。这些条件对于参赛运动员都是公平的。

（二）体育竞赛项目的分类

依不同的分类标准，可对竞技运动项目进行不同的分类。不同项目体育竞赛的结果是运用不同的评定方法予以确定的，这些不同的评定方法又都反映着各个项目本身固有的特点，因此，依运动成绩的评定方法建立竞技项目的分类体系，对于竞赛规则的制订与改进以及竞赛活动的组织进行都有着积极的作用。现介绍主要的几种分类。

1. 依据运动成绩评定的方法分类

依据运动成绩评定的方法，可将竞技运动项目分为测量类、评分类、命中类、制胜类和得分类五种类型。

（1）测量类竞赛项目

测量类的竞赛项目的运动员，在比赛中所表现出来的竞技水平的高低可以客观准确地予以测量。测量指标包括速度指标（时间）、距离指标（远度与高度）、重量指标与环数指标。

其中,电子测时系统的研制与应用大大地提高了竞速项目成绩判定的准确性。

(2) 评分类竞赛项目

由裁判员根据比赛规则确定的标准和方法对运动员在比赛中的成绩给予评分,按分数的高低排列其名次。在水上、陆上、冰上、雪上、床上(如蹦床)多种场地进行比赛的技能类项目都属于此类。武术中的套路比赛亦属评分类。

(3) 命中类竞赛项目

命中类项目比赛中,计算命中对方防守的特定目标区域的次数,命中数多者获胜。篮球的球筐,足球、手球、冰球、水球、曲棍球的球门,以及击剑、拳击选手身上的有效得分区都属计分的目标区域。大多数项目比赛中,命中一次得一分,在篮球比赛中,为了区别不同位置及不同条件下投篮命中难度的不同,每次投中分别可得 1~3 分。

(4) 制胜类竞赛项目

此类项目评定运动成绩的方法较为特殊。在一般情况下,与命中类项目一样,比赛中命中对手设防的特定区域即可得分,最后按得分多少决定胜负。但若在拳击比赛过程中出现将对手打倒在地定时不起或柔道中的一本胜利等情况时,则可判为绝对胜利,也就不再去计算比较双方命中得分的情况了。

(5) 得分类竞赛项目

隔网比赛的乒乓球、羽毛球、网球及排球均属得分类竞赛项目。依比赛中得分的多少(表现为比赛中的一方首先获得规定的取胜分)判定比赛的胜负。比赛中的得分手段既包括运动员主动进攻,将球击落命中对方设防的特定区域,也包括对方自己失误的送分。

2. 按体育竞赛结果的比较方式对运动竞赛项目分类

按照竞赛的性质,可将其分为竞争类和对抗类比赛两种,其中竞争类项目可按其项目的特点,分为以时间、距离、重量、评分等指标来划分项目;对抗类项目可按同场或隔网、人数的多少来划分。

3. 按体育运动竞赛的方法对体育竞赛项目分类

体育竞赛的各类小项目,夏季和冬季项目有 300 多个,这些项目虽各有自己的特征,但它们之间却有着共同的特点,根据它们的共同特点可将所有运动比赛项目的竞赛方法划分成如下几类:

(1) 直接对抗性项目。直接对抗性竞赛项目有篮球、足球、排球、手球、曲棍球、网球、羽毛球、乒乓球等各类球类项目和拳击、摔跤、击剑、柔道等重竞技个人项目。这类竞赛项目比赛时,裁判员按照规则规定的条件来判断运动员的得分或失分,作为衡量比赛或成绩的依据,判断比赛的胜负。

(2) 对比性竞赛项目。对比性竞赛项目有体操、艺术体操、跳水、花样游泳、花样滑冰等。这类项目性质是对比,所以要求运动员按规定条件和动作质量来完成比赛的技术动作,比赛中强调动作难度、美观和富有艺术性。

(3) 纪录性竞赛项目。纪录性竞赛项目有田径、游泳、举重、射击、射箭、划船、赛艇等。这类项目计算成绩有客观指标,以时间、距离、重量、命中率等作为具体指标评定运动员的名次,并设立世界和奥运会等各种不同等级的纪录。

（4）综合性竞赛项目。综合性竞赛项目是将对比、纪录性等竞赛项目综合起来而形成的一种全能项目，如现代五项，其中游泳、射击、越野跑为纪录性项目，击剑为对抗性项目，马术为对比性项目。这类综合性竞赛项目将各种项目的比赛成绩根据规则规定的拆分表，换算成分数，最后以总分来评定运动员的比赛名次。

（三）体育竞赛的分类

依不同的分类标准，可建立不同的体育竞赛的分类体系。

1. **按照比赛不同的对象与标准进行分类**

（1）依比赛参加者的年龄：可分为儿童比赛、少年比赛、青年比赛、成年比赛和老年比赛等。

（2）依参赛者的行业：可分为职工运动会、农民运动会、军人运动会、学生运动会等。

（3）依参加者身体健康状况：可分为正常人比赛、残疾人比赛和智障人比赛。

（4）依比赛所包含项目的数量：可分为综合性比赛及单项比赛等。

（5）依比赛的组织形式：可分为集中组织的比赛和分散组织的通讯赛等。

（6）依竞赛的制度化程度：可分为非正式的竞赛、半正式的竞赛、正式的竞赛、职业竞赛四种。

2. **依比赛的规模对比赛进行分类**

（1）基层单位比赛。学校、厂矿、街道、机关等组织的比赛。

（2）地区性比赛。按行政计划组织的区、县、市、省级比赛。

（3）全国性比赛。包括全国性综合运动会、单项运动会，全国性行业、部门运动会等。

（4）国际比赛。包括地区性国际比赛及组合式国际比赛。

（5）洲际比赛。如亚运会、非运会、北美加勒比海运动会。

（6）世界大赛。主要包括奥运会、世界锦标赛及世界杯赛，通常2年或4年举行一次。另外，还有多项目的系列大奖赛及某些项目的特定比赛。如F1一级方程汽车拉力赛、"苏迪曼杯"羽毛球比赛。

3. **依比赛的性质与任务对比赛进行分类**

（1）运动会。不同参赛国家、地区或行业竞技运动实力的综合较量。特点是项目多、规模大，大多一年或几年举办一次。

（2）冠军赛或锦标赛。一定范围、一定规模的单项比赛。我国体育竞赛将不同项目据性质不同分为一类、二类比赛。竞技体育管理部门更加关注的是全国一类比赛（最高水平的比赛）。

（3）对抗赛。由两个或两个以上单位联合举办的对抗性计分比赛，以促进强化训练，提高专项水平为主要目的。

（4）邀请赛。一个单位主办，邀请其他单位参加的竞赛。通常依主办者竞技发展的需要（或准备参加洲际级、世界级大赛，或重点提高某一项目的竞技水平）而举办。

（5）选拔赛。为选拔高一级比赛的参赛选手而组织的比赛。

（6）等级赛。按竞技水平或运动等级分别定期举行的比赛。如：甲、乙级联赛等。

（7）友谊赛。为互相观摩、学习，提高竞技水平，促进友谊和团结而组织的比赛。

（8）表演赛。为举行庆祝或纪念活动，或宣传运动项目发展状况而组织的比赛。参赛者重在演示运动技巧，而不过分追求取胜。

（9）达标赛。为争取达到对竞技水平的特定要求而组织的比赛。有优秀运动员争取通过大赛参赛标准的达标赛，也有群众性体育活动中争取达到各种体育锻炼标准、各种考试标准的达标赛。

三、体育竞赛的价值与功能

（一）体育竞赛的价值

根据体育竞赛的本质属性，体育竞赛活动具有竞技价值、健身价值、观赏价值、经济价值和宣传价值等多种价值。正是因为体育竞赛所具有的这些价值，使得体育竞赛越来越受到人们的重视，随着社会的不断进步和社会经济的发展，人们的物质文化活动的内涵越来越丰富多彩，其中对体育竞赛的关注与欣赏已成为日常生活的一部分内容，体育竞赛的价值获得不断地提升与发展。

1. 竞技价值

体育竞赛是参赛者竞技能力的较量，参赛者通常都以取胜为参赛目标。在比赛中都会全力以赴，力求最大限度地发挥自身所具有的各种竞技能力（包括体能、技能、心理能力与智能）。因此，运动员在体育竞赛中将最大限度地动员机体的潜力参与角逐，并承受着最大强度的运动负荷。处于高度动员状态的运动员的竞技能力能够得到更好的锻炼，更集中地发挥，而且往往会通过一次次的比赛，逐步提高到一个新的水平。

基于体育竞赛的上述特点，在运动训练过程中也常常把体育竞赛作为一种有效的训练手段，用于专门发展提高某一种竞技能力或对训练的效果进行检查评定。就体育竞赛自身的意义来说，可以认为竞技价值是其第一位的价值。随着竞技体育的不断发展，运动队参与各类体育竞赛的机会较多，为此，平常训练的时间将受到影响，教练员只能采用"以赛代训"的方法来处理。

2. 健身价值

健身价值可从两个方面来说明：一方面作为运动训练的一个重要组成部分，体育竞赛的参加者在竞赛中都要承受较大的运动负荷，这就对参加者的机体施加相应的刺激，从而促使机体的不断强壮，使身体更加健壮、健美。另一方面，健身价值在群众性健身体育活动中的体育竞赛更加突出。体育竞赛以其活动的竞争性、取胜目标的强烈吸引力、比赛形式的生动活泼而更能够激发广大体育爱好者的参与动机，甚至常常会吸引一些很少进行体育锻炼的人参加到比赛中来。显然，体育竞赛在普及群众性体育健身活动，促进全民健身计划的实施方面具有很高的社会价值。

3. 观赏价值

不论是优秀选手参加的竞赛，还是体育健身活动爱好者组织的竞赛，都有着很高的观赏性。这是因为：在现代竞技体育运动一百余年的发展历程中，经过不断地优胜劣汰，人们选择了那些有着优美表现形式，有着巨大吸引力的运动项目，人们在观看这些运动项目的竞赛时，在看到运动员完成各种运动技巧时，受到美的陶冶，得到美的享受。

运动项目的选择与确定,为参加者充分发挥和表现其竞技能力,准备了充分的空间,运动员通过不断提高其竞技能力,更加强壮,更加有力,更加聪慧。在运动竞赛中表现出更高的速度、更大的力量、更高的技巧、更充沛的勇气、更娴熟的配合。这些表现,强烈地反映出人类自我完善的强大动力和不断发展的前景,体现着人类面向自然、面向未来的有力挑战。观众在观赏优秀选手比赛时,会自然地产生人类的自豪感,更加热爱人生,使生活更加充实,更加丰富多彩。

非竞技性运动选手参加比赛,对于他们有着多种社会联系的观众亦具有很高的观赏价值。当然,与优秀选手相比,他们在竞赛中所表现出来的竞技水平是比较低甚至非常低的,但是一旦人们建立起相应的参照系和评价标准,对参赛者表现的竞技水平的态度就会产生明显的变化。大量比赛的结果具有高度的不确定性,从而也就对观众产生了更加强烈的吸引力,大大地提高其观赏价值。

4. 经济价值

在现代社会中,整个体育与经济的关系日益紧密,在这一大趋势的背景之下,体育竞赛的经济价值也在各个方面、许多场合有力地表现了出来。

社会对竞技体育给予巨大的投入,自然要求竞技体育给予相应的回报。这一回报,在很大程度上是通过优秀选手们在体育竞赛中的杰出表现而体现出来的。得到财力雄厚的公司、企业赞助的选手的竞赛结果,自然会对这些公司、企业事业的发展产生巨大的推动作用。如南钢篮球俱乐部的建立对南钢的建设与发展所起的作用就是一个很好的例证。

围绕着现代体育竞赛的经济活动是多领域、多渠道、多层次的。如广告宣传、比赛彩票、专用赞助等等。近年来,电视转播费不断上涨,已成为重大比赛重要的经济来源。尤其是奥运会的电视转播权的出售,对于国际奥委会的经费来源和组委会办赛是一笔非常可观的资金。

5. 宣传价值

体育竞赛具有蓬勃的生命力。运动员在竞赛中风格各异的表演,竞赛各方激烈的角逐对抗,竞赛过程的千变万化,都会引发观念情绪的起伏激荡。一场重要比赛的实况转播,往往有上亿人在同时收看,人们关心着明星的表演,关注着比赛的结果,这就为传播媒介的宣传提供了广阔的市场。体育竞赛的政治功能、经济功能、文化教育功能也由此得到进一步地发挥与体现。运动竞赛除了上述的主要价值之外,还有社会价值、教育价值等。

(二)体育竞赛的功能

竞技体育运动作为社会文化所特有的形式和活动,它不仅是以体育竞赛这种竞争方式来充分体现人的体能、技能、心理、智力等方面的发展程度,而且还以取得优异的运动成绩来展示它的社会功能,即政治功能、经济功能、文化教育功能、科技功能等。

1. 体育竞赛的政治功能

竞技体育作为社会文化的组成部分,是由运动员选材、运动训练和运动竞赛三部分组成的,其中的体育竞赛已经对人类赖以生存的社会产生了深远的影响。一个国家在国际比赛中所取得的成绩,不仅能振奋民族的精神,激发人民群众的爱国热情和民族的自豪感,而且在一定意义上反映了一个国家的政治、经济、科学文化状况和发展水平,对于国家在世界上的威望与地位十分重要。不同的国家、不同的民族、不同发达程度的国家和地区的运动员，在公平竞争的原则下，本着"更快、更高、更强"的奥林匹克精神，站在同一竞技场上，往日的仇恨、种族歧视已被和平、团结所代替。奥运会已被公认为当今世界上规模和影响力最大的社会文化运动，举办奥运会对建立一个更加和平、更加美好的世界做出了重要贡献。

2. 体育竞赛的经济功能

当今世界的体育竞赛与经济已密不可分。前国际奥委会主席萨马兰奇曾说：对于我们所有奥林匹克运动内部人士来说，市场已日渐成为具有重要意义的事；源于电视、赞助商和集资的收入已使奥林匹克运动走向独立；然而，在开发这些计划和项目过程中，我们必须记住的是，体育在掌握体育自身的命运，而不是商业利益。奥林匹克运动是人类运动精神的体现，挑战人类自我极限是我们必须坚守的。但是。体育离不开商业的支持，需要运用商业的手段进行市场开发，以保证全世界人民的体育盛会——奥林匹克运动会的持续进行。因此，体育在与商业同行之中，一方面要保持自身的独立性，不能为商业所支配；另一方面要与商业很好地配合，获得双赢的效果。

大到奥运会，小到俱乐部间的一场体育竞赛，无不渗透着商业价值与利润。1984 年在美国洛杉矶举办的第 23 届奥运会上，由于利用商业化运作获得了较大的盈利，从而为以后几届奥运获得巨大的盈利带来了可供借鉴的模式。1998 年 12 月在泰国举办的第 13 届亚运会，为泰国带来了 560 万美元的收益，暂缓了泰国正在低迷的经济。大型体育竞赛的举办还为推动体育产业的发展、创造就业机会、改造市政建设，美化环境、促进旅游、改善交通等方面带来了巨大的经济效益。体育竞赛已经被越来越多的国家或城市看作是推动经济发展的重要手段之一。

3. 体育竞赛的文化教育功能

体育竞赛已在人类生活中扮演着重要的角色，它对人类的生活改变起到了较大的作用。对于体育竞赛参加者的运动员来说，在竞技项目较量过程中身心经受着疲劳、冒险、疼痛、失败、胜利、喜悦和自豪等真实的感受，使运动员可以在自我发现、自我发掘、自我否定过程中逐渐成熟起来，这蕴含着丰富的生物学、心理学和美学的教育。而作为观众不仅可以从激烈的竞赛中得到优美、协调、节奏、崇高、悲壮与谐趣等美的感受。而且，一些优秀运动员（如篮球运动员姚明和男子 110 米栏奥运会冠军、世界纪录创造者刘翔等）已成为青少年崇拜的偶像，他们用运动员的行为与精神鼓励和鞭策自己。

4. 体育竞赛的科技功能

科学技术对于体育竞赛和成绩提高的作用是众所周知的。从外部而言，大众传播媒介从卫星转播、因特网和手机上快递比赛的快讯，充分体现了高科技的含量。从内部而言，运动成绩的提高与评定手段、场地、器材等条件的改善有着密切的关系，而这些条件的改善离不开科学技术的进步。随着科学技术的日益发展，在大型体育竞赛活动的组织与管理中，高科技技术的运用（如计算机应用、软件开发、多媒体技术、数码技术等）也越来越广泛，其效果也越来越明显。

四、体育竞赛的制度

随着社会的发展、人们生活水平的提升,体育运动正在世界各地广泛传播,带动了体育竞赛水平的不断提升与规模的不断扩大,使得建立相对稳定的体育竞赛制度成了现代体育竞赛中的一个重要方向。

体育竞赛制度,按照字面意思可以理解为不同体育竞赛组织肯站在不同的高度对相关的体育竞赛进行宏观体系的构建,以及围绕此体系所制定的相关政策条文。目前,从最为宏观的角度来讲,各洲际、国家以及各单项体育协会组织所制定的体育竞赛制度均是围绕以每四年一个周期的奥运会竞赛以及职业化水平较高的国际足联世界杯竞赛所制定。从微观方面来讲,国家或单项联合会根据综合性运动会或单个项目所制定的体育竞赛体系,但同样围绕宏观方面进行,此外,还有围绕不同竞赛体系所制定的相应的政策法规。

体育竞赛都是由其特定的竞赛结构的特点所决定的。因而,不同类型的体育竞赛,则应制定不同的竞赛制度予以规范,如综合性体育竞赛制度、单项性体育竞赛制度。同时,围绕体育比赛的进行,还会出现服务体育比赛的制度,比如运动员等级制度、竞赛奖励制度、体育仲裁制度、体育竞赛招投标制度等均是围绕体育竞赛正常和更好地开展所设定作为体育竞赛制度,它最终的目的都是为了利用各方面有利因素,营造良好的体育竞赛氛围,保证各体育组织或动员在奥运会以及其他重大国际比赛中取得好的成绩,为国家与民族争取更多的荣誉,促进体育运动的发展。

第三节　体育竞赛的基本方法

20世纪50年代以来,体育发展进入了一个新的阶段。无论是群众性的身体锻炼活动和学校体育,还是以提高运动技术水平为主的竞技运动,都有了长足的进展。竞技运动向国际化和高水平方向发展,从1896年开始的现代奥林匹克运动会,第1届只有9个项目、13个国家和地区的285名运动员参加比赛,到1992年第25届奥运会,增加到25个项目,184个国家和地区的172个代表团的10 055名运动员参加比赛。直到2004年的第28届奥运会,增加到28个大项的10 500个运动员参加。1924年开始又增加了冬季奥运会。除奥运会之外,还有各大洲的综合运动会、地区性运动会、世界大学生运动会、世界中学生运动会,以及各个运动项目的世界锦标赛、世界杯赛、洲锦标赛、洲杯赛、大奖赛、邀请赛等。每年举行的世界的、洲际的、国家的、地区的运动竞赛有数千次,几乎每天都有令人瞩目的具有国际影响的体育竞赛。

综观在全世界开展的各项体育运动,可以说竞赛是体育运动的基本特征,各个体育项目竞赛都是在进行竞争与对抗。为了进一步对体育竞赛进行理论研究,以下就竞赛方法展开进一步的探讨。

一、体育竞赛方法的基本原则

体育竞赛可以从运动训练学和体育竞赛学两个不同的学科角度加以审视。从体育竞赛的角度而言,体育竞赛的直接目标是合理比较参赛者的竞技水平,公正地排定参赛者的竞赛名次。由此可见,竞赛的目的是"排名",排名的手段是"比较",比较的实施离不开"方法"。竞赛方法是体育竞赛过程中,为合理比较参赛者的竞技水平,公正排定参赛者的竞赛名次所采取的活动方式、程序和手段的总和。竞赛方法形成于长期的体育竞赛实践之中,并随着体育竞赛的发展而不断完善。公正性、合理性和效益性是竞赛方法赖以生存和发展的三条基本原则,既是确立竞赛方法的基本要求,也是衡量竞赛方法的基本标准。

(一)公正性原则

体育竞赛是一种规范化的竞技活动,体育竞赛需要竞赛方法,竞赛方法必须力求公正。所谓公正,就是摒除一切歧视、特权与偏见,享有争夺优胜的同等机遇和同等条件,即做到一视同仁、机会均等、公平竞争。只有公平竞争,竞赛过程才能优胜劣汰实现优选;只有公平竞争,竞赛方法才能求得竞赛者的公允;只有公平竞争,竞赛结果才能得到社会的认可;只有公平竞争,体育竞赛才能促进体育运动的健康发展。

公平是竞赛方法的灵魂,必须融贯于整个竞赛的全过程,但竞赛方法的公平性绝不是无条件的,而只能是相对的。公平总是相对于某一标准而言,出于不同的立场,依据不同的标准,会有不同意义上的公平。那种面面俱到的所谓绝对公正的竞赛方法,在现实竞赛中是无法找到的。体育竞赛是一项复杂的实践活动,公平竞争是体育竞赛的不断追求,然而,实际竞赛中要在竞赛方法上完全保证公平竞技往往是困难的,甚至是不可能的。贯彻公平性原则时,应该对此有清醒的认识和科学的态度。

(二)合理性原则

因为体育竞赛的实质是"选优",为此竞赛方法应该确保竞赛过程真正实现优胜劣汰,使竞赛结果符合或基本符合参赛者的竞技水平。倘若竞赛的结果不能客观反映参赛者的真实水准,那么这样的竞赛便失去意义,而且这样的竞赛必然产生恶劣影响,甚至导致严重后果。

竞赛方法的合理性原则与公正性原则,既互相统一又互相对立。公平是合理竞赛的前提,公正竞赛是合理竞赛的基础。只有一视同仁、机会均等、公平竞争,竞赛过程才能够真正实现优胜劣汰,竞赛结果才能符合或基本符合参赛者的竞技水平。但是,公正与合理不是统一的,公正竞赛与合理竞赛是有矛盾的。因此,在体育竞赛中要注意处理好公正性原则与合理性原则之间的辩证关系。

(三)效益性原则

体育竞赛不仅要求公正、合理,而且要求讲究效益,因此竞赛方法必须注重以较小的投入去获得较大的产出。竞赛的投入涉及人力、物力、财力和时间等众多因素,竞赛的产出包括事业效益、经济效益和社会效益等几个方面。出于不同的竞赛目的,基于不同的条件,必然需要和产生不同的竞赛方法。可见,效益性原则既是衡量竞赛方法的客观标准,确定竞赛方法的重要依据,也是竞赛方法不断发展的动因。

竞赛方法的公正性、合理性、效益性三条基本原则,既互相区别又互相联系,既互相统一又互相对立,是一个不可分割的有机整体。无论是从理论上研究竞赛方法,还是在实践中竞赛方法的应用,都必须充分认识三者之间的辩证关系,正确处理好三者之间的各种矛盾,全面有效地贯彻其基本原则。

二、体育竞赛方法的类型

根据体育项目的性质和特点,体育运动项目竞赛可分为竞争性体育竞赛和对抗性体育竞赛两种基本类型。

(一)竞争性体育竞赛

田径、游泳、自行车、射击、射箭、举重、体操等一大批体育运动项目的竞赛,都是为了争夺某个时空参数的优势。这一类体育竞赛,虽然也具有对抗的性质,但从根本上说,其争夺的对象是对所有竞争者都是同样的客观标准,竞争者之间不能相互进行干扰或破坏,竞争的结果主要取决于竞争者自身的各种素质。所以,这类体育竞赛的本质是"竞争"。我们把这一类体育运动项目的竞赛称为"竞争性体育竞赛"。按其具体的竞争目标性质,我们还可以将它们分为三类。

1. 以"时间"为奋斗目标的竞赛

田径的竞赛类比赛的 100 米、200 米、400 米短跑,800 米、1 000 米、1 500 米、2 000 米中跑,3 000 米、5 000 米、10 000 米、20 000 米、30 000 米长跑,以及不同距离的障碍跑、跨栏跑、接力跑、竞走、马拉松、越野跑等;竞技游泳不同距离的自由泳、仰泳、蛙泳、蝶泳、混合泳、接力泳等;自行车运动中的争先赛、计时赛、团体赛、双人赛、个人追逐赛等自行车比赛和团体赛、个人计时赛、大组出发个人赛、大组出发团体赛、多日赛等公路自行车比赛等;以及不同人数、不同桨数、不同距离、有无舵手的皮划艇、赛艇的竞赛等体育竞赛项目,都是在争速度。这类比赛,由于采用将距离固定的办法,所以,实际上是在争时间,完成规定距离所需的时间愈短愈好,时间愈短说明速度愈快。上述这些争时间的竞赛,实际上是"争速度"的比赛。

但是,在以时间为奋斗目标的竞赛中,并不都是时间愈短愈好,有的体育运动项目,被争夺的时间愈长愈好(如航空模型——包括活塞发动机模型、无线电遥控模型和飞机、直升机模型的留空时间),因为这是"比耐力"的竞赛。

2. 以"距离"为奋斗目标的竞赛

田径项目的田赛比赛中的铅球、铁饼、标枪、链球等投掷项目,跳高、撑竿跳高、跳远、三级跳远等体育竞赛项目,都是在争夺将同重量器械投掷的最远距离,或是将运动员自身抛出的最远距离,距离远近代表力量的大小。在争夺最远距离的比赛中,铅球、铁饼、标枪、链球、跳远、三级跳远等,争的是水平距离,即使在投掷和起跳时保持一定的仰角,其目的仍是为了争取更远的距离,比赛中只测量其水平距离;而跳高、撑竿跳高争的是垂直距离,也就是愈高愈好。愈远愈好和愈高愈好,都是争夺距离的体育运动项目。同样,在以距离为奋斗目标的竞赛中,也不都是愈远愈好,只能说,在争夺"力量"优势的竞赛中,距离愈远愈好。有的项目则是距离愈近愈好(如射击——包括不同枪种、口径、发数、速度、姿势对固定目标或移动目标的射击、射箭、跳伞),因为这是比"准确"的竞赛。为了防止比准确的竞赛出现"极限成绩",保持项目有不断竞争的可能,采用增加难度、多发、多人等方式,所以其极限成绩实际上是不可能出现的。

3. 以"标准"为奋斗目标的竞赛

男子体操的自由体操、鞍马、吊环、纵跳马、双杠、单杠,女子体操的跳马、高低杠、平衡木、自由体操等体操运动项目;女子艺术体操的绳、圈、球、棒、带等世界韵律体操项目及单人、双人、多人的技巧等体育运动项目,都以标准动作为奋斗目标,都是以动作的难度和完成动作的质量、组织编排、印象等为奋斗目标,所做动作的难度愈大、动作愈新、完成同难度动作的质量愈好,给人们留下的印象愈好,成绩也就愈好。

4. 以"重量"为奋斗目标的不同体重、不同姿势的举重竞赛

所有上述这几类"竞争性体育竞赛",运动员们竭力争夺的时间、距离、标准、重量等某个时空参数的优势,都是一个明确的客观存在,都可以用特定的工具或仪器进行准确的测量,或者由有经验的裁判员进行判断(体操、韵律体操、技巧等项目),从而进行精确地对比。所有这些参数,都标志着竞争者的某些身体素质(速度、力量、耐力、灵巧、准确),属于"强度"比赛,竞争者之间不能干扰和破坏,主要是基于运动员自己的竞技水平和临场发挥,互相主要是心理上的、战术上的间接影响。竞争性体育竞赛在很多情况下可以多人、多队同时进行比赛。

虽然在具体的对比技术上也有一定的困难,如要求测量工具、仪器有较高的精密度,要熟练、准确地掌握测量技术等,但总的说来,这类项目的竞赛,无论在理论上还是在实践上,名次的产生都没有特别的困难。

(二)对抗性体育竞赛

从广义上来说,体育竞赛都具有对抗性,但是,我们这里讲的对抗性体育竞赛,是指直接对抗的体育竞赛。在对抗性体育竞赛中,竞赛双方都是在对方的直接干扰和破坏下,去争取实现自己的目的;同样,每一方也都在竭力干扰和破坏对方实现其目的的企图。绝大多数球类竞赛、各种棋类竞赛、击剑、摔跤、拳击、柔道、相扑、桥牌等等,都属于对抗性体育竞赛项目。对抗性体育竞赛项目也有不同的类别,以球类竞赛为例,又可以按照对抗形式的不同,分为有人身接触和没有人身接触两大类。

1. 没有人身接触的对抗性球类竞赛

乒乓球、排球、羽毛球、网球等球类竞赛项目是属于没有身体接触的对抗性体育竞赛。这类球类竞赛,双方通过改变球的运动状态——速度、力量、方向、路线、弧线、落点、旋转等来实现自己的目的和干扰、破坏对方实现其目的的企图。这类项目,双方各在各的本方场区和对方场区,而在两个相等且对称的场区之间隔有一个球网,每一方都只能在本方的场区内活动。双方都是使用各种方法手段把球击回到对方场区,迫使对方不能再将球打回本方而得分。这类比赛以双方达到一定的比分关系作为结束比赛、确定胜负的依据。一场比赛采用三级计分制——场、局、分(排球、乒乓球和羽毛球单项比赛),或者四级计分制——(乒乓球和羽毛球团体赛、网球单项比赛)。

2. 有人身接触的对抗性球类竞赛

球类竞赛中的足球、篮球、手球、冰球、水球、曲棍球等项目,都是属于有人身接触的对抗性球类竞赛,双方不仅通过改变球的运动状态(同样是速度、力量、方向、路线、弧线、落点、旋

转、旋转变化等），而且还用身体的某些部位去间接干扰和破坏对方实现其目的的企图，达到自己的目的，允许"合理冲撞"。

这类项目，比赛的双方虽均有自己的前、后场之分，但双方都同时活动在一个比赛场地上，比赛场地是公用的，一方的前场即为另一方的后场。双方都是使用"合法"的手段，将球射中对方的球门（或篮筐）。这类比赛，以时限作为结束比赛的依据，当比赛达到规定的时间时，以双方射中对方球门（或篮筐）的球数决定双方的胜负（篮球在不同情况下进球得分有差别）。由于时限是结束比赛的依据，比赛结果可能出现平局，一些项目为了消除平局的结局，采取增加延长期比赛、罚点球等办法，以保证每场比赛均能决出胜负。

三、体育竞赛方法的基本要求

体育竞赛是以争取优胜为直接目的，以运动项目为内容，根据规则进行个人或集体的体力、技能、心理的互相比赛。通过运动比赛，可以宣传体育运动，鼓舞人们参加体育锻炼，推动群众性体育运动的开展；检查教学和训练工作质量，总结交流经验，促进运动水平的提高；使观众受到高尚体育道德作风的熏陶与激励，振奋精神，增添乐趣，丰富和活跃业余文化生活。通过运动竞赛还可以加强国内各族人民之间的紧密团结，促进与世界各国人民之间的了解和友谊。我国把开展体育竞赛作为促进体育运动普及和提高的重要措施。为使体育竞赛能实现上述目的，必须对体育运动竞赛方法进行深入探讨。

组织体育竞赛时，应采取有效的措施和对策，解决好以下几个问题，以达到其基本要求。

（一）参加竞赛的各方在竞赛中应该获得最大限度的机会均等的条件

任何一个体育竞赛项目，参加竞赛的各方在比赛中应获得机会均等的条件，这是进行竞赛的起码的也是必要的条件和前提，只有在机会均等基础上的竞赛，才是公正的、合理的。对抗性体育竞赛由于比赛必须是一场一场进行的，而比赛的双方又受到直接制约，要实现这个基本要求，比竞争性体育竞赛要困难和复杂得多。竞赛中的机会均等的条件，应该包括两个方面的含义。

1. 在一"场"比赛中，双方应处于同等条件下进行比赛，双方机会均等的条件，主要反映在对比赛规则的执行上

其一，规则的内容适用于双方，规则对双方发生同样问题的判定原则应是完全一致的；其二，裁判员是公正的，对双方执行规则的尺度是相同的。这两点是保证双方在一场比赛中处于机会均等条件的基本内容。有一些较难掌握规则尺度的条文，如足球的越位、篮球的犯规、排球的持球、乒乓球的发球等，更应严加注意，不仅同一裁判对双方要尺度一致，而且在裁判员之间也要尺度一致。认为对双方同样严一些（或同样松一些），对双方仍是机会均等的，因而仍是公正的，是一种误解，只有准确地掌握了规则尺度，规则尺度的一致才是有意义的。

但是，要完全做到机会均等也是有难度的。如一方发球，另一方只能接发球（如乒乓球、羽毛球、排球、网球）或者不发球（如足球、篮球、手球、水球、冰球、曲棍球）。混合方位也是这样，因而规则中规定了交换发球，交换方位的具体条文。

2. 在一"次"竞赛中,竞赛的各方也应尽量处于同等的条件下进行比赛

在一次竞赛中,竞赛各方机会均等的条件,主要体现在比赛规程、比赛办法和比赛秩序上。这一点,比在一场比赛中保证双方机会均等的条件要难实现得多。即使在采用循环赛制时,要使比赛的各方在对付不同选手的秩序上,在比赛的进度与各场比赛之间的休息安排上,做到完全机会均等也是不可能的。在采用淘汰赛制或阶段比赛办法时,要使比赛的各方的对手机会也均等更是不可能了。显然,要保证竞赛各方在一次竞赛中机会相等,不仅比保证一场比赛中机会均等重要得多,也困难得多。

所以说,要求参加竞赛的各方应该获得机会均等的条件是合理的,但要求参加竞赛的各方获得绝对机会均等的条件又是不可能的,我们采用的竞赛方法、竞赛技术,应努力使参加竞赛的各方在竞赛中获得最大限度的机会均等的条件。

(二)比赛的结果应该符合或者基本符合各参赛者的技术水平

在众多的体育竞赛项目中,在很多项目实施机会均等的原则和比赛结果合理性两者之间是统一的,是没有矛盾的,许多竞争性体育运动项目即是。然而,在对抗性体育竞赛项目中,情况则大不相同了。由于对抗性体育竞赛项目没有统一标准(对手就是本方的标准),而且在很多情况下,采取以一小部分比赛取代全部比赛的办法,比赛在相当程度上出现了不合理性和强机遇性。在这种情况下,再把机会均等的条件绝对化,必然加剧比赛的不合理性,甚至使比赛结果失去意义。为弥补淘汰赛合理性差而采用的设立种子选手的办法,实际上是一种破坏机会均等的办法,问题是对抗性体育竞赛采用淘汰赛比赛办法时,各参加者机会均等的原则和比赛结果的合理性发生了矛盾。结论只能是:各参赛者在竞赛中应获得机会均等的条件这一条原则,不应该绝对化,也不可能绝对化,而应该是相对的,是若干条文并存的原则之一。或者说,竞赛的各方应该处于机会均等的条件下进行比赛,但是为了要准确合理地反映出参加比赛的各方的技术水平,比赛办法不可能、也不应该使比赛的各队处于完全机会均等的条件之下。

(三)比赛出现某些"意外"

从某种意义上讲,比赛出现某种"意外",正是对抗性体育竞赛生动性的反映,"意外"并不意外,不需要采用措施加以杜绝。

我们在体育竞赛的基本要求的第一点中,指出了参加竞赛的各方,在比赛中应该是机会均等的,但绝对的机会均等是不可能的,只能是最大限度地机会均等。

在体育竞赛基本要求的第二点中,我们又指出了比赛结果应该符合各参加者的技术水平,因而机会均等不仅不可能绝对化而且也不应该绝对化。采用使比赛结果尽量合理化的措施,本身正是削弱比赛各方机会均等的做法。

现在,我们又提出体育竞赛的第三条基本要求,比赛办法要允许出现某些"意外"的比赛结果。应该说,对抗性体育竞赛的成绩是参赛者基本技术、战术素养、身体素质、意志品德、心理训练、应变能力和临场发挥等各方面因素的综合结果,但仅此还不够,我们还必须正视和承认"机遇"的作用。我们不妨设想,如果各参赛者的技术水平都可以用一种简单的、明白无误的东西来表达,而比赛的结果总是和这种明确的技术水平概念相吻合,也就是说被认为技术水平高的总是名次列前,被认为技术水平差的总是名次靠后,这是永远不会变化的必然

结果,那么,这种竞赛还有什么现实意义。既然竞赛的结果一切都在预料之中,弱者还有什么必要和可能去谈比赛的信心和决心;强者还有什么必要和可能去谈认真对付每一场比赛,以防失手;观众还会有多大兴趣去观看一场在一开始就知道结果的比赛;这样的竞赛还有什么吸引力,还有什么生命力。

比赛的成绩可能和技术水平不完全相符,从某种意义上讲,正是竞赛生动性之所在、生命力之所在,不管强队、弱队,总还有可能去争取较好的成绩,都需要防止比赛的失败,这才可能表现出充分的竞争性,表现出对竞赛的高度兴趣和吸引力。比赛办法并不需要求得准确到不出任何"意外"的程度,要承认"机遇"的作用,承认在竞赛中出现的某些"意外","意外"并不意外。

上面讲的三条基本要求应该是并存的,应该辩证地去理解和处理它们之间的关系。真正理解和处理好这三条基本要求,对组织好任何一次竞赛都是十分重要的。研究体育竞赛方法,是组织和管理运动竞赛的必然要求,也是促进体育运动项目发展的重要手段之一。在体育竞赛实践中,理解和掌握体育竞赛方法,是每一个裁判员、教练员、体育教师、体育管理干部所必备的基本知识。

四、体育竞赛的基本方法

(一)循环制

循环赛的特点。第一,比赛场次多,接触对手多,有更多的互相学习、实战锻炼的机会。第二,最后排定的名次基本符合各队的实际运动水平,偶然性小。第三,不足的是比赛的时间长、占用场地多,参赛者数量多时不易采用;最后几轮的比赛可能会由于一些因素(为保存实力、人际关系等),出现消极比赛现象。

(二)单循环赛

所有参赛者相互都轮流比赛一次,最后按其在同一循环比赛中得分的多少排定名次的竞赛方法,称作单循环赛。

场数和轮数的计算两个参赛者相互比赛一次,称作一场比赛。计算循环赛比赛总场数,主要是便于根据实际比赛场数的多少,计划好比赛场地和时间、人力、物力的安排。单循环比赛场数的计算方法是:(X=比赛场数,N=参赛者数)单循环比赛场数 X=N(N-1)÷2。例如,8个队参加单循环赛,比赛的总场数是 8×(8-1)÷2=28 场所有参赛者都比赛完一场(包括轮空者),称作一轮比赛。计算循环赛的轮数,主要是根据不同项目比赛一轮所需要时间的不同(如足球比赛 1-2 天比赛 1 轮,乒乓球比赛则 1 天可以比赛 2-3 轮),来安排比赛日程。

比赛轮数的计算方法是:(Y=轮数,N=参赛者数),当参赛者是双数时,比赛轮数 Y=N-1。当参赛者是单数时,比赛轮数 Y=N。例如,8个队参加单循环比赛时,比赛轮数是 8-1=7 轮;5个队参加单循环赛时,比赛轮数是 5 轮。

1. 制定竞赛日程

(1)单循环赛编排比赛秩序表

① 比赛轮次的安排

　　单循环赛轮次的安排方法具有可变性的特征,不同项目可以根据自己的特点和需要,采用各种不同的轮转编排方法。经常采用的编排方法有如下。

　　时针轮转法。若参赛者为双数,一般都采用此法来编排各轮的比赛。如 6 队参加比赛,先选出 1、2、3、4、5、6 个位置号(序号),其第一轮比赛先将 1、2、3 号自上而下依次写在左侧,再将 4、5、6 自下而上与 3、2、1 号对应写在右侧,然后用横线分别将左右两个对着的号码连接起来,即为第一轮的比赛顺序。将第一轮比赛表中的 1 号固定不动,其余号码按逆时针方向轮转一个位置,即为第二轮比赛秩序,以后各轮次比赛秩序以此类推。若参赛者为单数,则在最后一个数后补个"0",各轮次仍按以上方法进行轮转,遇到"0"的参赛者,则这轮"轮空"休息,没有比赛。

　　顺时针轮转法。若参赛者是单数,如仍按逆时针轮转将会出现一些因轮空休息而带来的不合理现象,会造成其中某一队连续多次遇到的对手,都是前一轮轮空的队,使该队以劳待逸,疲于应付。例如,有 7 个队参赛时,6 号队在 7 轮比赛中,后 4 轮比赛全部与前一轮刚轮空休息的队进行比赛,这对 6 号队在体力上是不公平的。如果是 5 个队参赛,4 号队将遇到这种情况;如果是 9 个队参赛,8 号队也将遇到这种情况。克服这一不合理现象的方法是采用顺时针轮转法,其第一轮比赛与双数队相同,只在最后一个数后补"0"。第二轮是固定"0"号不动,其余号码按顺时针方向转动一个位置,各轮次以此类推。还可以采用固定右上角"0"号不动,其他号则用逆时针轮转来进行编排。

　　"大轮转、小调动"法。根据某种需要,如开幕式、闭幕式、节假日或东道主的特别需要等,可以在某种有规律性的轮转方法基础上,把部分比赛顺序加以调动。这种调动方法是多样化的,但必须有其内在的规律。在做比赛调整时,必须将整个轮次一起调整,决不能只将某轮次中的一场比赛调整到另一轮次中进行。例如,有 6 个队参赛,在安排比赛顺序前各队已排定位置,为使实力相当的各队在最后一轮比赛,使整个竞赛气氛达到最高潮,可以先排出最后第五轮的比赛顺序,再按逆时针轮转依次排出第四、三、二、一轮的比赛顺序。

　　② 参赛者定位

　　单循环赛根据参赛者数编排好轮次后,应将各参赛者安排进入比赛秩序表里,其定位方法有两种:

　　抽签的方法。在对参赛者的实力情况不了解或竞赛规程规定必须进行抽签时采用。抽签时,首先按参赛者数做好相应数目的号签,在号签上写上位置号;然后由参赛者随机进行抽签,抽到号码后即对号入座,排入秩序表内的相应比赛位置上。

　　名次法。将上一次比赛的名次作为各参赛者进入秩序表的号码如第一名为 1 号、第二名为 2 号、第三名为 3 号,以此类推,分别对号入座,排入秩序表内的相应比赛位置上

　　(2)制定竞赛日程表

　　比赛秩序表编排好后,把各轮次的比赛制定成竞赛日程表印发给参赛者。在制定竞赛日程表时应注意做到公平、合理,在场地(室内、室外等)、时间(白天、晚上等)和比赛间隙的休息时间等方面的安排上,力求各参赛者最大限度地机会均等。

　　2. 单循环赛成绩记录表

　　比赛成绩记录表的内容有比赛单位名称、比分(双方比赛结果)、积分、积分相等时排定名次的方法、名次等。体育竞赛项目众多,计算成绩的方法也各不相同,但都必须在竞赛规

程中将计分方法、确定名次的方法做明确地规定。特别是要把在有多个参赛者积分相同的情况下如何最后确定名次的方法说明清楚。

（三）双循环赛

所有参赛者相互之间都轮流比赛两次，最后按其在两个循环比赛中的得分多少排定名次的竞赛方法，称作双循环赛。

双循环赛的场数和轮数，均为单循环赛的一倍。双循环赛比赛轮次表的编排与单循环赛相同，只要排出第一循环的轮次表，第二循环可按表重复一次即可。也可重新抽签排定位置。第二循环的比赛如何进行，应在竞赛规程中明确规定。

（四）分组循环赛

当参赛者数量较多、比赛时间较短时，可以安排比赛分阶段进行。在第一阶段或多个阶段中把参赛者分成若干小组进行单循环赛，按其在小组循环比赛中的得分多少排定名次的竞赛方法，称作分组循环赛。

分组循环赛时，为了使各组运动员的水平接近，合理分组，一般采用"确定种子"分组或"蛇行排列"分组的办法。

1. 确定种子分组

"种子"即公众承认的运动成绩优秀者。种子的资格，竞赛组织者可以依据参赛者在上届比赛的名次或实际的运动水平来确定。种子的数目一般是组数的倍数。分组时首先将种子抽签平均分到各组中去，然后再抽签确定其他参赛者的组次和位置。例如，16支队参加比赛，设4名种子，分四组。先将4名种子随机抽签分入四个组，再将其他12支队随机抽签平均分入四组（签牌分为四组，每组有3个相同的签号）；如8名种子，则先将种子随机抽签分入四个组（如果需要也可以分批抽签：先抽4名，再抽4名），其他队再随机抽签进入各组。若8名种子的顺序是按照运动水平依次排列的，则可以用蛇形排列的方法将种子分入各组。

2. 蛇形排列分组

蛇行排列分组是将参赛者按照上届比赛的名次或参赛者实际运动水平从高至低依次排列，再依次衔接进行分组，这样分组各组的运动水平最为接近。例如，16个队分成4组，其蛇形排列分组的方法如下表（表11-3-1）。

表11-3-1

第一组	第二组	第三组	第四组
1	2	3	4
5	6	7	8
9	10	11	12
13	14	15	16

3. 确定名次

若分组循环赛的以后阶段比赛仍都采用单循环赛进行，则以最后阶段循环比赛的成绩排定名次。若比赛采用混合赛制,则以最后阶段所采用赛制的比赛成绩排定名次。

（五）积分循环赛（瑞士赛）

积分循环赛又称瑞士赛、积分编排制,是依据参赛者在比赛中的积分,逐轮编排比赛顺序,最后以参赛者积分的多少排定名次的竞赛方法。在棋牌类竞赛项目中经常采用。

1. 积分循环赛的特点

第一,比赛的场数和轮数较单循环赛要少,并且场数和轮数的安排比较灵活。第二,比赛结果的偶然性小,名次排列较合理、准确,并能较妥善解决比赛中经常出现的"平局"问题。第三,比赛过程中除第一轮外,其他各轮都由积分相同者、相近者编对比赛,对抗性强,争夺激烈。

2. 场数和轮数的计算

积分循环赛的比赛场数＝参赛数÷2×轮数例如,比赛有 16 名选手,赛 5 轮,共要进行 16÷2×5＝40 场比赛。积分循环赛的比赛轮数一般为单淘汰赛轮数的一倍。可根据比赛的时间长短、录取名次的多少,适当增减 1~2 轮,一般不要少于 7 轮。积分循环赛的轮数最好是单数,轮次的多少必须在比赛开始前确定并且公布。

3. 比赛顺序的安排

比赛开始前,先给参赛者编号,所编号码可按技术水平高低排定或自然排定。第一轮比赛的对手原则上是以强对弱,可以分为强组和弱组,互相抽签确定对手。参赛者最好是双数。

第二轮及其以后各轮比赛,根据参赛者比赛所得积分,由高到低按顺序抽签编排:首先积分相同者编对,其次积分相近者编对。已经相遇赛过的对手不再互相比赛,同单位的参赛者避免过早相遇。编对时,按单数轮次小号在前,双数轮次大号在前的秩序排列。

4. 先后手的确定

在棋牌比赛中,先后手(谁先走棋,谁后走棋)是十分重要的。参赛者之间执先的局数应尽量相等。比赛的先后手一般由参赛者双方抽签决定。单数轮次小号先抽,双数轮次大号先抽。

比赛的先后手也可用自然调节的方法。即先后手次数不等者相遇时,多后者执先;先后手次数相等者相遇时,则抽签决定先后手。

5. 积分循环赛的运用

积分循环赛的最后名次是按照所获得的分数来确定的,所以这种竞赛方法只限于按获胜场、局、分来判定比赛胜负的体育项目。

各轮比赛(除第一轮外)都是与上一轮比赛积分相同或相近的对手进行比赛,这就要求采用这种竞赛方法的项目,根据各自项目不同的特点,制定出相对合理的计分方法。

如果参赛者是单数时,可由承办单位"补双"。补上者,一般只记成绩,不计名次。另外还可以在第一轮将较弱的三个参赛者进行单循环赛。循环赛后计算他们相互比赛所得分数的一半,以便使他们的得分与其他参赛者的得分拉平。以后各轮均由得分接近的较弱的三个参赛者进行单循环赛。

（六）循环赛编排时的注意事项

参赛者进入比赛顺序的序号抽签和进入各组的分组抽签应尽量由参赛者亲自参加，以免对抽签的结果有所异议；若技术代表、竞赛部门代为抽签，则要注意公开、公平、公正。抽签结果确定后要尽快通知参赛者。

循环赛必须按轮次的顺序逐轮进行。每一轮次的比赛，必须全部结束，方可进入下一轮的比赛，这样才能使各参赛队的比赛进度保持一致。不可以在前一轮比赛尚未全部结束前，让下一轮某场次的比赛提前进行。即使因某种特殊原因，需要调整比赛时，也必须将整个轮次的所有比赛与另一轮次的所有比赛一起对调。否则会造成比赛队休息时间的不均等，还有可能提供一些被利用的"机会"，干扰比赛的结果。

注意各队在每场比赛结束后，有基本均等的休息时间。不同运动项目的比赛，场与场之间每队最低限度的休息时间是不相同的。其中足球的间隙时间最长；排球、篮球、手球等次之；乒乓球等小球项目则较短。编排时应注意保证各队的间歇时间，尽可能使比赛双方休息的时间相近，以防造成恢复体力时的不均等待遇。

对比赛条件、场馆、观众、时间的安排要统筹兼顾，使各队基本上达到条件均等。在安排比赛秩序时，各轮次都应有势均力敌、精彩激烈的比赛场次，将比赛逐步推向高潮。

（七）淘汰制

淘汰赛制（简称淘汰赛）是指所有参赛者按照排定的顺序进行比赛，胜者进入下一轮，负者退出此赛，直至产生最后一名获胜者（冠军）的竞赛办法。淘汰赛包括有：单淘汰赛、双淘汰赛和交叉淘汰赛等。

淘汰赛的分类和特点

淘汰赛有两种类型：一种是参赛者严格按照比赛秩序表的顺序，一对一进行比赛，胜者进入下一轮，负者退出比赛，直到最后产生冠军。这种形式多在球类、摔跤、拳击等对抗类竞赛项目的竞赛中采用。另一种是按一定的顺序，让参赛者逐个表现其成绩，可以在不同时间、不同地点用及格赛、预赛、复赛、决赛来淘汰差的，决出优胜名次。这种形式多在田径、游泳、举重等竞争类竞赛项目的竞赛中采用。

淘汰赛的特点是：

（1）可以在较短的时间内，较少的场地条件下，安排大量的参赛者进行比赛。

（2）比赛具有强烈的竞争性，激烈精彩。

（3）不足的是：参赛者学习、交流、锻炼的机会少；排定的名次有限；比赛的结果有一定的偶然性。

（八）单淘汰赛

参赛者失败一次即退出比赛，比赛直至产生最后获胜者的竞赛方法，称作单淘汰赛（又称单败淘汰赛）。

1. 场数和轮数的计算

单淘汰比赛场数＝参赛者数－1。例如，有32人参加单淘汰赛，共要比赛31场。单淘汰的比赛轮数＝所选择的作为号码位置数的2的乘方数的指数。单淘汰比赛的轮数与比赛中为参赛者选择的号码位置数有直接的关系。不论参赛者有多少,其选择的号码位置数必须是 2 的乘方数,所选定的号码位置数是 2 的几次方,比赛轮数就是几轮。例如,有 16 人参加比赛,选择的号码位置数是 16,16 是 2 的 4 次方,那么就有 4 轮比赛;有 32 人参加比赛,选择的号码位置数是 32,32 是 2 的 5 次方,那么就需要进行 5 轮比赛。

2. 选择号码位置数和分区

(1) 选择号码位置数

进行单淘汰比赛时,要给每个参赛者编上一个号码,安排一个比赛位置。单淘汰赛参赛者的号码位置数,必须是 2 的乘方数。常用的号码位置数是:23 - 8、24 - 16、25 - 32、26 - 64、27 - 128。例如,8 人参加比赛,8 恰好是 2 的乘方数,则选择 8 为号码位置数,每人一个号码,一个位置,比赛 3 轮结束。

若参赛者的人数不是 2 的乘方数,则选择最接近参赛者数的 2 的乘方数为号码位置数。例如,13 人参加比赛,则选择 16 为号码位置数,比赛 4 轮结束;28 人参加比赛,则选择 32 为号码位置数,比赛 5 轮结束。

(2) 分区

单淘汰比赛时要把号码位置分成几个相等的部分,称为"分区"。(图 11 - 3 - 1)把全部号码位置分成两半,每半区称作 1/2 区,又称作上半区、下半区;再把上半区和下半区各分成两半,每个区称作 1/4 区;再把每个 1/4 区分成两半,每个区称作 1/8 区,以此类推。

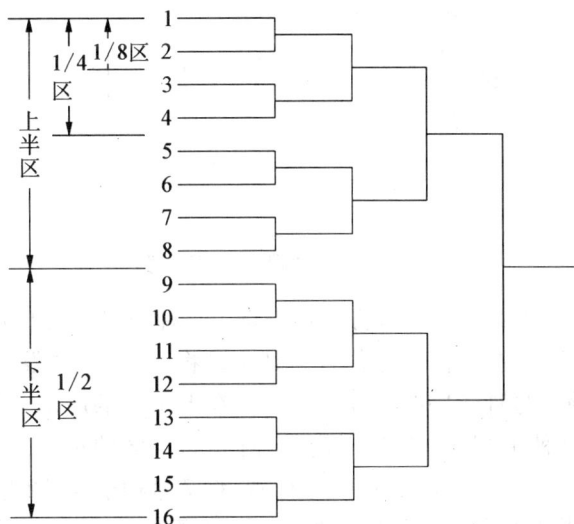

图 11 - 3 - 1　单淘汰赛分区表

3. 种子定位

(1) 查表定位

单淘汰比赛时,如果参赛者数恰好是 2 的乘方数,那就可以选择与参赛者数相同的数为号码位置数,使每个参赛者都有一个号码位置,两两相对进行比赛。但为了避免水平高的参赛者过早相遇、过早淘汰的不合理现象,在比赛前就必须设立"种子",种子资格可依据上届比赛的成绩或实际的运动水平确定;种子的数目应根据参赛者数目的多少来决定,一般也是2的乘方数;种子的序号按照其运动水平的高低依次排定。种子要公平、合理地分布到比赛的各个区中去,种子的号码位置,可以查"种子位置表"确定。

"种子位置表"的查法:按比赛所设种子数目,从表中依次逐行由左向右取出小于或等于比赛号码位置数的号码,这些号码就是种子定位的号码。例如,有120人进行单淘汰赛,必须选用128个号码位置。若设8名种子,则可从表中依次取出小于或等于128的8个号码位置:1、128、65、64、33、96、97、32,这些就是种子所在位置的号码。

(2)"跟种子"定位

除了查表给种子定位外,还可按照种子排位的高低,采用"跟种子"的方法将全部种子定位(图11-3-2),其结果与查"种子位置表"的种子定位是一致的。

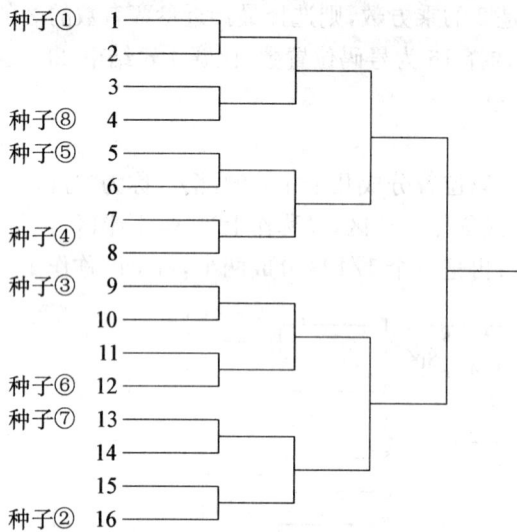

图11-3-2 "跟种子"定位表

如果设立4名种子,"跟种子"定位方法首先将1号种子定位在上半区的顶部1号位置,将2号种子定位在下半区的底部16号位置。其次是将3号种子"跟"2号种子定位在下半区的顶部9号位置,将4号种子"跟"1号种子定位在上半区的底部8号位置。如果设立8名种子,那就再将5号种子"跟"4号种子定位在同一1/4区的顶部5号位置,将6号种子"跟"3号种子定位在同一1/4区的底部12号位置,将7号种子"跟"2号种子定位在同一1/4区的顶部13号位置,将8号种子"跟"1号种子定位在同一1/4区的底部4号位置。若选择的号码位置数是64、128、256,种子的数目再多一些,也可以按照"跟种子"的规律进行种子定位的。

(3)"种子分级分批"定位

在实际运用中,"跟种子"定位方法有一定的局限,一是种子的排序比较复杂,再是种子的定位过于死板。现在在实际运用中普遍采用在"跟种子"定位方法基础上发展起来的"种子分级分批"定位的方法。

"种子分级分批"定位时,1号种子和2号种子的号码位置不变,3号种子和4号种子则随机抽签定位在 8 号和 9 号位置上,5 号、6 号、7 号、8 号种子也是各自随机抽签定位在 4 号、5 号、12 号、13 号位置上。这使得种子的定位更加合理、方便。

4. 轮空和抢号

(1) 轮空

当选择的号码位置数大于实际参赛者数目时,就会多出一些号码,空着没有参赛者进入。这就出现了"轮空"。轮空就是指在第一轮的比赛中有的参赛者没有对手,休息一轮。例如,13 人参加比赛,选择 16 为号码位置数,就会有 3 名参赛者在第一轮没有比赛,轮空(图 11-3-3)。轮空号码的位置,可以查"轮空位置表"确定。

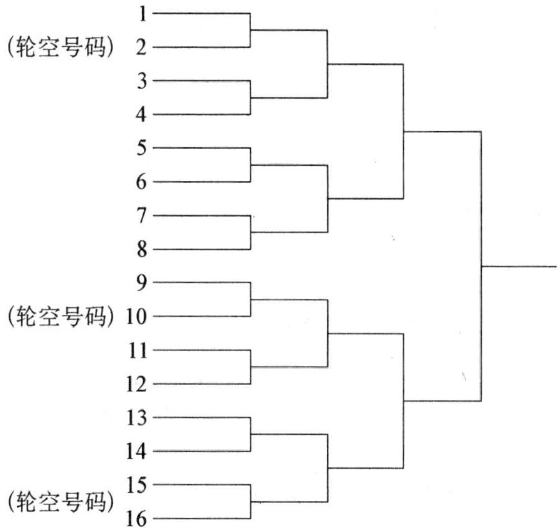

图 11-3-3 13 人单淘汰赛轮空号码位置表

"轮空位置表"的查法:选择最接近参赛者数的、较大的 2 的乘方数为号码位置数。并用该数减去参赛者数,得出的就是轮空数。然后按轮空数目,依次逐行由左向右取出小于比赛号码位置数的号码,这些号码就是轮空的号码。例如,有 120 人进行单淘汰赛,必须选用 128 个号码位置,128-120=8,即有 8 个位置没有参赛者。从表中依次取出小于 128 的 8 个号码位置:2、127、66、63、34、95、98,第一轮比赛这些号码位置是空的,与之相邻的参赛者则第一轮轮空。

(2) 抢号

当选择的号码位置数小于实际参赛者数目时,就出现了参赛者多,号码位置不够的情况,这样就需要在第一轮比赛前,安排一定场次的预选赛,将多出的参赛者淘汰,使实际参赛的人数与号码位置数相符,使每人都有一个号码位置。这就出现了"抢号"。

例如,19 名参赛者选择 16 为号码位置数,有 3 名参赛者没有比赛的号码位置,就必须有 6 名参赛者先进行 3 场预选赛,争夺 3 个号码位置,负者淘汰,胜者"抢"得号码位置,进入正式比赛。"抢号"比赛不算入比赛轮次。

抢号场数=参赛者数-号码位置数抢号的位置就是轮空的位置,抢号位置也可以查轮空表获得。例如,上例中的 3 个抢号位置数查表可得,是 2,15,10。实际上,抢号=轮空。

（3）"种子优先、序号在前的种子优先"轮空

采用"种子优先、序号在前的种子优先"轮空的方法，其轮空的位置与查"轮空位置表"是一致的。例如，有 4 个轮空位置，那么第 1 个轮空位置应在上半区顶部 1 号种子旁边的 2 号位置，第 2 个轮空位置应在下半区底部 2 号种子旁边的 15 号位置，第 3 个轮空位置应在下半区顶部 3 号种子旁边的 10 号位置，第 4 个轮空位置应在上半区底部 4 号种子旁边的 7 号位置。如有更多的轮空，则按"跟种子定位"的种子顺序在相应的种子旁边确定轮空的位置。

5. 抽签的方法

抽签是确定参赛者在淘汰赛中各自号码位置的一种方法。抽签的原则：把种子与种子合理分开，把同一单位的种子合理分开；把同一单位的参赛者均匀分布在各个区。抽签是组织编排工作中的重要环节之一，在可能的情况下，参赛者自己参加抽签。一般比赛的抽签工作，通常由技术代表、竞赛部门代抽。

在体育竞赛中，采用不同的竞赛方法，以及竞赛的规模和规格的不同，抽签的具体实施方法也有很大区别。尤其是个人项目竞赛的抽签，不但在理论上较复杂，而且在实践中，也是一项难度很大的工作。要做好淘汰赛个人竞赛项目的抽签工作，不但要熟悉抽签的理论，还要通盘熟知抽签的各项准备工作和具体实施方法。

（1）拟定抽签方案

竞赛规程中对竞赛办法的规定和各参赛单位的报名情况，是研究抽签方案的两个重要依据。因此，在接受报名和审核报名单的基础上，开始进行以下的工作。

在对参赛者进行资格审查后，统计出各个比赛项目的参赛者有多少，以供确定具体的编排方案和抽签方法。

确定比赛的号码位置数和"轮空"或"抢号"的位置。

确定种子数量和名单。

研究分区方案和抽签顺序及方法。根据参赛者数目情况，制定出相应的分区控制表。然后可依各参赛单位在竞赛规程中的排列顺序、报名时间的先后、种子数目的多少、参赛者的多少或单位字头的笔画数等方法，来确定抽签的顺序。

（2）准备抽签所需的用具

抽签用的"签卡"：包括"号签"，上面一书写位置号或组号；"名签"上面书写参赛者姓名、单位及在队内的技术序号；"区签"，包括上、下半区、1/4 区和 1/8 区，该签在抽区时可反复使用。但"号签"和"名签"，应每位选手一张。

抽签记录表：种子抽签和非种子抽签定位时，应将抽签结果当场记录在抽签记录表上，它是进行编排赛序的依据，也是核对抽签结果的唯一凭据。

分区控制表：每个项目都有其单独使用的分区控制表，正式抽签前应将分区控制表事先填好，便于根据表上人数依次抽签。

其他：存放签卡的小盒和盘子等。

（3）抽签人员分工

主签员：抽签的主要负责人，负责实施抽签，一般由裁判长担任。

号签员：与主签员配合进行具体抽签，掌握各种区签、名签与号签。

复核员：掌握抽签控制表，记录种子抽签进位和非种子进区情况，负责向主签员提示对

一些选手需要进行的不同控制。

记录员:记录各项抽签结果。

公告员:负责当场的宣告和公告工作。上述抽签工作人员,可根据竞赛规模大小而定。

（4）抽签和实施方法

种子的抽签与进位:按种子的号码位置抽签进入,也可以按种子实力水平排列顺序,直接将全部种子定位。

非种子的抽签与定位:按抽签方案确定的顺序,将各单位参赛者先分区,后定位。

各单位的参赛者要分批进行抽签:如先抽该单位 1、2 号运动员,分别进入上、下半区的一个 1/4 区;再抽该单位的 3、4 号运动员,分别进入没有 1、2 号运动员的另外两个 1/4 区;再将 5～8 号运动员分别抽入没有 1～4 号运动员的另外四个 1/8 区,以此类推。

控制平衡与复核检查:为使各单位的运动员都能合理分开,抽签时需要进行必要的控制来保持平衡;抽签后要检查种子是否合理分开,同单位运动员是否合理分开。

（5）附加赛

单淘汰赛最后的胜者为冠军,负者为亚军,两场半决赛的负者为并列第 3 名,四场 1/4 决赛的负者为并列第 5 名。当有的比赛需要决出第 3 名,有的比赛甚至要决出 1～8 名时,就需要进行附加赛。附加赛是单淘汰赛的延伸,以便扩大录取优胜名次的范围。

（九）双淘汰赛

参赛者失败两次,即退出比赛,比赛直至产生最后获胜者的竞赛方法,称作双淘汰赛(又称双败淘汰赛)。双淘汰赛有多种形式,常用的有冠亚军淘汰赛、两败淘汰赛。

1. 场数和轮数的计算

双淘汰比赛的场数是:2×参赛者数－3,双淘汰比赛的轮数是:胜方轮次与单淘汰相同,即比赛所选择的号码位置数 2 的乘方数的指数;负方轮次是:2 的乘方数的指数×2－2。例如,8 个人进行双淘汰赛时,胜方需比赛 3 轮,负方需比赛 4 轮,共比赛 13 场(图 11 - 3 - 4)。

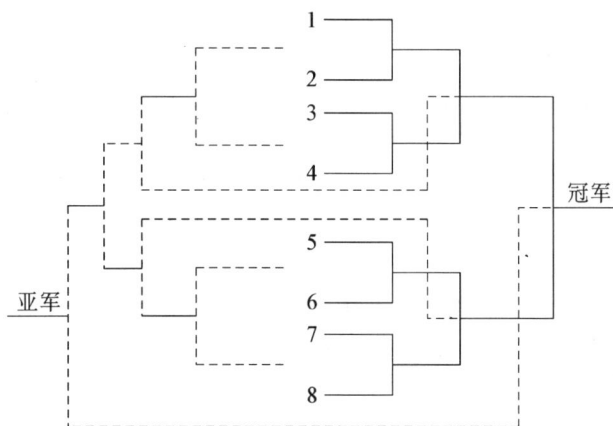

图 11 - 3 - 4　双淘汰赛秩序表

2. 冠亚军淘汰赛

冠亚军淘汰赛,即比赛的全胜者为冠军,负一场者为亚军。

3. 两败淘汰赛

是在冠亚军淘汰赛的基础上,安排全胜者与负一场者再比赛一场,若全胜者获胜,则比赛结束,若负一场者获胜,则还需要再加赛一场,直至其中一人两败被淘汰。

以上双淘汰的比赛秩序表采用不交叉排列法,是为了遵循上下半区的运动员不跨区比赛,直到决赛才相遇的原则和解决同单位运动员不要过早相遇的问题。

在体育竞赛中,不论采用哪一种双淘汰赛方法,都要在竞赛规程里写清楚,以避免在比赛进行中或者确定冠亚军时出现争议。

(十)交叉淘汰赛

将上一阶段比赛中不同名次的选手互相交叉进行比赛,胜者继续比赛,负者即被淘汰,称作交叉淘汰赛。

常见于第一阶段比赛将参赛者分成 A,B 两组进行单循环赛,决出小组全部名次;第二阶段 A,B 组的前 2 名进行交叉比赛,即 A 组第 1 对 B 组第 2,B 组第 1 对 A 组第 2 进行交叉比赛,两场比赛的胜者决出冠、亚军,负者被淘汰(或者负者决出 3~4 名)。

(十一)淘汰赛编排时的注意事项

单、双淘汰赛的抽签工作结束后,要对全部比赛的场次进行编排,即确定全部比赛的日期、时间和场地,这是一项十分重要和细致的工作。如何在规定的时间内,科学合理地在一定数量的场地上,按一定的秩序进行比赛,是需要经过认真考虑的。淘汰赛在编排时要注意:

在球类个人项目的淘汰赛中(如羽毛球、乒乓球等)由于竞赛项目和场次多,而且各单项比赛需要交叉进行,编排时容易出现重场、漏场和连场等问题,因此要注意全面检查,反复核对,杜绝差错。

无论是单淘汰赛或双淘汰赛,比赛都应逐轮进行,以保持比赛进度一致,当遇到有"抢号"场次时,应提早安排;遇到"轮空"场次时,则"轮空"后的一场比赛,可适当推后一些进行,这样可以保证运动员有足够的间隙时间休息。

安排好队和个人单项比赛的"决赛"。一项球类竞赛的"决赛"是整个比赛的最高潮,应安排在观众最多的时间和竞赛最后进行,而且最好是单独进行。为了确保比赛的效果,各项决赛的具体时间可以在决赛前再确定,不一定在赛前就排定,要尽量保证有更多的观众观看比赛。

凡属有兼项比赛的球类项目的淘汰赛中,编排方案应立足于假设选手在任何一个项目中的任何一场比赛中都有望取胜,以此来编排每个选手可能出现的最大比赛强度和极限量。注意不能突破规则和规程规定的该项目比赛的极限量。对于在一段时间中,可能进行两场或更多场次比赛的竞赛项目,选手在相邻两场比赛之间,应保证得到不少于规定的休息时间,同时也要避免过长的休息时间。

对于一个场馆内安排若干个比赛场地的小球个人项目竞赛,特别要注意科学、合理地使用比赛场地。场地设置的数量不宜频繁变动。一般是随着比赛进程逐步减少场地的数量,避免忽多忽少。比赛场地的安置,要便于四周观众观看,不能过多集中在某一侧。

(十二)混合制

混合赛制(简称混合赛)是循环赛制与淘汰赛制、佩奇赛制等在比赛中交叉使用的竞赛方法。比赛分两个或多个阶段进行,每一阶段所采用的赛制有所不同。

1. 混合赛制的特点

混合赛综合了循环赛和淘汰赛的优点,弥补了两者的不足,有利于参赛者相互交流,最大限度地减少比赛胜负的偶然性。同时,随着比赛的进程,比赛逐渐进入高潮,精彩激烈。

2. 先循环赛后淘汰赛

先采用循环赛,然后再采用淘汰赛是体育竞赛中最常用的一种混合赛竞赛方法。由于参赛者较多,考虑比赛结果的合理性和时间、场地等实际情况,首先安排参赛者进行分组循环赛,排定各小组的比赛名次,然后再根据竞赛规程的要求,录取规定的小组名次进入下一阶段的淘汰赛,决出全部比赛最后的名次。

例如,世界杯足球赛决赛阶段的比赛,第一阶段32支队分成8个小组进行单循环赛,然后录取每组的前2名,共16支队进入第二阶段的淘汰赛,最后决出全部比赛的1~4名。

3. 先淘汰赛后循环赛

这种混合赛在比赛中很少采用。往往在参赛者很多,又想使比赛结果相对更加合理时运用。例如,某一地区进行象棋选拔赛,报名数百人,第一阶段进行单淘汰赛,当比赛还剩下8~16人时,为使选拔的结果更加合理,选出的选手更强、更全面,则可以进行单循环赛,决出全部比赛最后的名次。

4. 混合赛决赛阶段的竞赛方法

混合赛最后阶段的比赛为决赛,经常采用的方法有:

(1)同名次赛

如上一阶段比赛分成两组,则由两组的第一名相互比赛,决出1~2名;由两组的第二名相互比赛,决出3~4名;以此类推,决出其他的名次。如上一阶段比赛分成四组(或更多组),则由四组的第一名采用单循环赛或其他竞赛方法进行比赛,决出1~4名。

(2)交叉赛

如上一阶段比赛分成A、B两组,则每组的前2名进行交叉比赛,即A组第1对B组第2,B组第1对A组第2进行比赛,两场胜者决出1~2名,两场负者决出3~4名;每组的3、4名,5、6名也按照上述方法相互进行交叉比赛,决出其余的名次。

如上一阶段比赛分成四组(或更多组),则要在竞赛规程中就明确规定相互交叉比赛的对手和位置。当上一阶段比赛结束,进入决赛阶段的参赛者即进入规程中所指定的位置进行比赛,最后决出比赛名次。有的比赛规定了一定的位置,由取得相关名次的参赛者抽签进入。

(3)分段赛

将上一阶段各组比赛的1、2名(或1、2、3名)分成一组进行比赛,决出所有名次;也可以将各组其他名次分段进行分组比赛,决出其余的名次。

第四节　体育竞赛的基本组织程序

一、竞赛前的准备工作

体育竞赛的目的就是增强人民的体质,提高运动技术水平,创造优秀的运动成绩,丰富社会文化生活。体育竞赛组织工作的成功与否将直接关系竞赛能否顺利进行与能否达到举办竞赛活动的目的。因此,体育竞赛的组织工作是非常重要的。

(一)确定组织方案

本单位体育竞赛计划的安排和有关方面的竞赛任务是确定组织方案的重要依据。

1. 竞赛的名称和目的任务

竞赛的名称和目的任务应根据竞赛的内容、性质、时间和规模来确定,同时要结合当时的形势和中心任务。现在有些比赛有赞助商赞助,在比赛冠名等方面要考虑他们的利益。

2. 竞赛的规模和时间

竞赛项目和参赛者的多少直接关系比赛场馆的需求和时间的长短。在比赛之前竞赛组织部门要根据竞赛项目的设立,对参赛者的数目要有充分地预计,以便确定竞赛的天数。

3. 拟订竞赛的组织机构

拟订和建立竞赛的组织机构是体育竞赛组织工作的重要环节。机构设置要合理、精练,职能划分要明确,要保证竞赛任务的圆满完成。各种竞赛的组织机构一般采用"组织委员会"(简称组委会)。组委会是在主办单位的领导下,由各方面代表组成,负责组织和领导竞赛的全部工作。组委会下设办公室、竞赛、新闻宣传、行政后勤、安全保卫等职能部门。

各职能部门的工作范围如下:

(1)组织委员会

组织委员会是竞赛组织工作的最高领导机构。其职能有:审议批准下设各机构的负责人及人员名单(包括确定仲裁委员、裁判长等);审议批准竞赛活动的各项实施方案以及裁决竞赛工作中出现的重大问题。

(2)办公室

办公室是竞赛组织工作的综合办事机构。其职能有:拟定竞赛有关文件;组织会议(包括开幕式、闭幕式);联络调控、文档管理以及接待等工作。

(3)竞赛处

竞赛处是竞赛组织工作的业务机构。其职能有:制订竞赛规程、组织报名、编排比赛日程、编印秩序册以及比赛进行中的组织管理工作和比赛结束后的工作。

(4)新闻宣传处

新闻宣传处是竞赛组织工作的宣传机构。其职能有;准备宣传材料、组织新闻传播、召开新闻发布会、思想教育和环境的布置等工作。

（5）行政后勤处

行政后勤处是竞赛组织工作的保障机构。其职能有：进行财物管理；负责场地器材、食宿、卫生、交通等工作的实施。

（6）安全保卫处

安全保卫处负责竞赛工作中的安全工作。其职能有：制定安全保卫计划、落实对竞赛设施生活设施的安全检查和保卫、维持赛场秩序、及时处理突发事件等工作。

大型竞赛活动还可根据需要增设接待处、场地器材设备处、电子技术处、集资处等机构。一般规模较小的竞赛活动或基层单位组织的竞赛，可以将新闻宣传并入办公室，将安全保卫并入后勤，组委会下设办公室、竞赛组和后勤组就可以了。

4. 经费预算

经费预算是执行经费开支的重要依据。各职能机构要根据本部门的需要，本着勤俭节约的精神，对自己的每一项经费开支进行认真预算，制定经济计划和严格管理的办法。经费预算可以留有一定的余地，以保证竞赛活动的顺利进行。

（二）制订竞赛规程

竞赛规程是根据竞赛计划而制订的有关体育竞赛的具体政策与规定。它是体育竞赛的指导性文件，也是竞赛组织者和参加者进行工作和比赛的法律性文件。因此，举行任何一项竞赛活动，首先必须制订竞赛规程。

1. 制订竞赛规程的依据

（1）依据体育竞赛计划

竞赛规程是多年度或本年度竞赛计划的延伸，它的内容要与竞赛计划的安排相适应。其内容可以根据现实的情况进行修正和补充，但不能脱离计划的安排。

（2）依据竞赛的目的和任务

竞赛规程的所有内容都是为了使竞赛活动得以顺利进行、圆满结束，都是为了使竞赛活动达到竞赛的预期目的。

（3）依据竞赛的客观条件

竞赛规程的制订要充分考虑本次竞赛的经费开支、场地设施、社会及本单位的需求和参赛者等有关人员的实际情况，同时也要与国际、国内有关竞赛的规律和要求相结合。

2. 制订竞赛规程的原则

（1）完整性原则

竞赛规程是管理竞赛和参与竞赛的法律性文件，制订竞赛规程时必须注意其完整性。竞赛规程的条文要规范，条款要清楚。防止出现内容遗漏、条款没有说明清楚的现象，以免给今后的竞赛工作带来麻烦。

（2）可行性原则

竞赛规程的内容既要考虑达到竞赛的目的，完成竞赛的任务，又要考虑到财力、人力、物力的开支、使用和时间的安排。同时竞赛项目安排是否合理、运动员的技术水平等也都是其考虑的范围。既要考虑竞赛内容的竞技性，又要考虑竞赛内容的群众性和娱乐性。竞赛规程的制订要做到切实可行。

（3）公平性原则

竞赛规程是所有参与竞赛活动的人们共同遵守和执行的规范和准则,其内容应使大家在客观条件相同的前提下进行公平竞赛。竞赛规程在制订时要充分考虑各方面的实际情况,保证公平竞争。规程一经确定,竞赛各方必须严格执行。如有细节确实需要进行修正、补充,也必须经组委会及竞赛部门审议批准后方可执行。

（4）连续性原则

竞赛规程中的时间安排、竞赛办法等内容,对于运动员训练周期的安排、运动水平的发挥都有着一定的关系。正规的、每年都要举行的比赛,竞赛规程不要做大的改动,以保持规程的连续性;基层比赛的规程一般也不要有大的改动,以保证竞赛的群众性与连续性。

3. 竞赛规程的内容

竞赛规程一般有下面的内容组成,各单位在制订竞赛规程时可以根据各自的具体情况对其内容进行取舍和补充。

（1）竞赛名称

根据竞赛的任务、性质和内容确定竞赛名称。名称要用全称,例如"中华人民共和国第十届运动会""××杯足球赛"。在竞赛的文件、会标及宣传材料等方面,名称要统一。

（2）目的任务

根据竞赛活动的要求,简要说明举办竞赛的目的和任务。例如增强人民体质,普及全民健身运动;交流教学训练工作经验,提高运动水平;奥运会选拔赛等。

（3）主办单位和承办单位

注明竞赛主办单位和承办单位,例如"全国足球甲级联赛"由中国足协主办,由各主场会员协会组成的联赛赛区委员会承办;"××杯三人足球赛"由××公司主办,由××公司承办。

（4）时间和地点

竞赛时间要明确比赛开始至比赛结束的年、月、日,如有的比赛安排有预赛、决赛的,要分别写明预、决赛的开始时间和结束时间;写明举办竞赛的具体地点。

（5）竞赛项目和组别

要明确竞赛设置的项目,如田径比赛共设那些项目以及所用器械的规格等;明确竞赛分哪些组别,各组设立哪些项目、要求等。

（6）参加办法

参加单位、人数和运动员资格明确哪些单位可以参加比赛,规定各单位领队、教练、工作人员人数和运动员人数;规定运动员的参赛资格和标准(如代表资格、运动等级、运动成绩等)。

当前,社会性比赛、系统内比赛举办较多,对运动员参赛资格的要求各不相同。特别是系统内、单位内的比赛,要对运动员的资格加以严格规定、审查,防止以假替真,造成比赛结果的混乱。

明确规定报名的开始与截止时间;规定报到的时间与报到须知。有的竞赛要明确每项比赛可以报几名运动员参加,每名运动员可以参加几项比赛等参赛的有关规定。有的竞赛的抽签时间和地点也可以在这里注明。

对服装、器材的要求明确规定服装的套数、颜色、号码尺寸;比赛器材的规格标准等。

（7）竞赛办法

确定比赛采用的规则。可以根据竞赛的不同性质对现行的规则做一定的修改和补充,但必须在竞赛规程中写清楚。

确定竞赛采用的竞赛制度。如循环赛、淘汰赛或是混合赛等。若比赛分阶段进行,要写清楚各阶段的竞赛制度、两阶段比赛的衔接办法、成绩计算和名次排列。

具体的编排原则和方法。如循环赛编排采用哪种轮转方法;单淘汰赛设立几名种子,怎么确定种子等。

明确计分方法和确定名次的方法。各种不同竞赛项目有不同的计分方法;接力、破纪录如何加倍计分;排列名次的方法以及积分相同时如何判定名次的方法;团体总分如何计算等。比赛中违反规定的处罚方法。如弃权的处理、违纪的扣分等。

（8）录取名次与奖励

规定竞赛录取名次和奖励的办法。包括对团体奖、单项技术奖、道德风尚奖等的奖励名额和各种奖项的奖励内容（奖杯、奖旗、奖状、奖章及奖金等）。

（9）裁判员

如需参赛单位选派裁判员的,要写明人数、等级及报到时间和学习时间。

（10）其他事项

对有关经费、交通、食宿等问题进行说明;未尽事宜,另行通知;规程解释权的归属单位。

（三）组织编排工作

了解和熟悉情况。学习竞赛规程和竞赛规则,了解竞赛的内容、形式、时间安排、比赛单位、组别、项目、参赛办法、奖励及计分方法;要掌握竞赛的场地器材情况和裁判员的人数、水平等情况。同时准备有关用具,绘制各种比赛用表。

检查报名情况,审查报名资格。检查报名是否逾期,检查各单位报名是否符合竞赛规程的规定。正规比赛,报名截止时间一到,即不接受任何报名。群众性的、基层的体育竞赛则要注意检查有无漏报、错报的情况,一经发现,要尽快与报名单位取得联系,及时补报和改正,以便让更多的人参与竞赛活动。要严格审查运动员的参赛资格,若有疑问,及时了解清楚,尽快做出处理,以保证竞赛的顺利进行。

编排号码对照表,统计各类参赛者的人数,填写竞赛表格和卡片编排运动员姓名号码对照表,号码顺序可以按各队报名先后的顺序排定,也可以按组委会规定的顺序排定。进行各项统计工作,如田径比赛需统计各单位参加人数;各项目的运动员人数和运动员兼项人数等,以便掌握情况,为编排工作做准备。按要求填写各种竞赛表格和卡片,卡片填写好经过核对后,按项目归类,以备编排时用。

编排竞赛秩序和制定竞赛日程。(1)编排竞赛秩序。编排竞赛秩序首先根据竞赛规程的规定和不同的竞赛项目及场地器材的情况,计算出比赛的需用时间。球类竞赛项目要计算场数和轮数;田径、游泳等竞赛项目则计算比赛单元、比赛场次。然后遵循各项竞赛的编排要求和编排方法将竞赛项目和参赛者安排到比赛的具体位置上,编排时通常是采用抽签的方法把参赛者定位或分组定位。各体育竞赛项目的不同,其抽签的实施方法也各不相同。竞赛秩序编排后,还要确定具体的比赛时间、地点、道次等,并在此基础上制定出竞赛日程。

（2）制定竞赛日程。编排和制定竞赛日程时要考虑各参赛者竞赛时间、场地的机会均等（例如，白天、晚上；室内、室外等）；要考虑比赛的密度、强度及休息时间的合理安排；要考虑各项目的交叉和衔接（例如，球类团体赛和各单项比赛的安排；田径、游泳比赛中的兼项）；要考虑比赛的精彩程度（各比赛项目预赛、决赛的安排要错开）。

（四）编印秩序册

竞赛秩序册是组织完成一次竞赛活动的综合性的完整文件。竞赛秩序册是竞赛的组织者组织管理比赛的依据，也是教练员、运动员、裁判员参加比赛的依据。它既是比赛的时间表与项目安排表，又是比赛的成绩册。竞赛秩序册要在比赛开始前发给参赛者。

竞赛秩序册一般有以下内容：

封面。封面内容有：比赛名称、时间、地点、主办单位、协办单位、赞助单位等。封面上要印有运动会会徽和"秩序册"三个大字。

目录。按顺序排列秩序册的所有内容。

竞赛规程和补充规定。它是组织和参加竞赛的指导性文件。

竞赛组织委员会成员名单和办事机构成员名单；各单项竞赛委员会、仲裁委员会成员名单和裁判长、裁判员名单。

各代表队名单。按有关规定顺序排列，内容有：队名、领队、教练、医生和运动员名单。运动员名单内容有：号码、姓名、出生年月日、身高、体重、民族和参赛项目等。

大会活动日程。包括运动员、裁判员报到的时间、训练的时间；组委会会议及裁判长、领队、教练员联席会议和有关抽签的安排；竞赛安排；比赛结束及离开时间；有关注意事项。

竞赛日程。具体明确各个比赛项目、各场比赛的时间、地点、比赛队、服装要求等。

各项竞赛分组。田径、游泳等竞赛项目需要分组分道。

比赛成绩表。绘制各种成绩表格，根据比赛的结果进行填写。

参赛各类人员统计表。

最高纪录或最好成绩。公布以往比赛最高纪录或最好成绩，例如，田径比赛可将单位、省、市、国家和世界纪录及创造者列表公布，以便与比赛中的成绩进行对照。

比赛场地平面图。

（五）检查竞赛场地和器材

赛前必须对场地和器材进行细致的检查，发现有不符合竞赛标准的要及时解决。如场地是否平坦、灯光是否符合要求、足球网是否有漏洞等。

（六）组织裁判员学习、安排赛前训练

竞赛前要组织裁判员学习，统一判罚尺度，保证严肃、认真、公正、准确地执行任务。有的比赛需要安排赛前适应性训练的，要考虑到各种不同场地、不同时间的机会均等。

（七）召开组委会及联席会议

召开组委会会议或裁判长、领队、教练员联席会议。由组委会成员介绍竞赛活动的组织工作情况；裁判长明确执行的规则及要求；听取意见和解决有关问题（例如，更换运动员、运动员号码错误等）；组织抽签，进行参赛者定位或分组定位。

二、竞赛期间的工作

（一）全局一致、各方协调

竞赛活动是一项综合性工程,组织竞赛、临场管理、宣传报道、后勤保障、医护保卫等工作缺一不可。竞赛的组织者要与竞赛的各个环节保持信息的畅通,要深入赛场,掌握第一手材料,加强各方面的协调配合,不断改进工作,保证对竞赛全局的控制。一旦发现问题,立刻进行解决,切实保证比赛的顺利进行。

（二）加强临场管理

临场管理是组织好体育竞赛的关键环节,它直接影响比赛的顺利进行。裁判员需要公正执法;运动员需要规范职业道德;工作人员需要做到热情服务。对临场比赛中出现的技术问题,对违反体育道德的现象,对场地器材、饮食卫生、安全保卫中可能出现的隐患都要及时发现,尽快地给予解决。竞赛组织者要提倡、表彰精神文明,鼓励拼搏进取,同时对违规违法的人或事要坚决、严肃处理,不得徇私,不得延误、影响比赛。

（三）完成成绩统计和处理工作

任何项目的竞赛都要对比赛的全过程及每个阶段的成绩做出准确的统计和记录,以此作为录取名次、决定比赛结果的依据。同时也便于成绩公告和汇编成成绩册。有的项目还要把上一阶段的比赛成绩作为下一阶段比赛编排分组的依据,必须尽快完成。成绩的统计和处理工作一定要做到准确、快捷。

（四）成绩公告

每项比赛结束后,各单项竞赛部门要将该项的比赛成绩尽快送交给大会竞赛部门,再由大会竞赛部门将各项成绩汇总,准确、快捷地印制、发送当日的成绩公报,使参加竞赛的单位、运动员和观众及时了解竞赛的进程和结果,以便进行分析研究与宣传报道。

三、竞赛结束工作

（一）排定名次,做好颁奖工作

比赛结束,竞赛部门要尽快核对各项比赛的成绩,排定名次,交裁判长在闭幕式上宣布。要根据竞赛规程的规定提前准备好奖品及奖金,以便在闭幕式进行颁奖。精神文明奖可在比赛进行中就开始评选,比赛结束时其评选活动也应结束,和其他奖项同时颁发。

（二）印发竞赛成绩册

竞赛组织者要对比赛的成绩进行审查核对,确认无误后装订成册,尽快发给各参赛单位。球类项目比赛的成绩可以在竞赛秩序册中记录下来,但如田径、游泳等项目的各赛次的成绩以及最后比赛的结果就需要有一本完整的成绩册。

（三）做好总结工作

竞赛活动结束以后,竞赛有关部门要对竞赛工作做一个全面、认真的书面总结,肯定成绩,找出不足,提出建议。总结上交给主办单位;同时要将竞赛的各种文件、记录表格、原始成绩等一起归类存档,以便今后查阅工作。

附录 高校学生《国家学生体质健康标准》测试项目及方法

一、《国家学生体质健康标准》的测试项目及评价指标

《国家学生体质健康标准》(以下简称《标准》)是国家学校教育工作的基础性指导文件和教育质量基本标准,是评价学生综合素质、评估学校工作和衡量各地教育发展的重要依据,是《国家体育锻炼标准》在学校的具体实施《标准》从身体形态、身体机能、身体素质和运动能力等方面综合评定学生的体质健康水平,是促进学生体质健康发展、激励学生积极进行身体锻炼的教育手段,是学生体质健康的个体评价标准。学校每学年对学生进行一次本标准的测试。

在实施《标准》的过程中,掌握各项目正确的测试方法是所有体育教师和测评人员迫切需要了解的内容。测试工作必然和所使用的测试仪器有一定的关系,现在测试器材多种多样,有全手工操作的,也有电子仪器。手工操作与电子仪器的操作流程不完全相同。如使用带有 IC 卡的测试仪器就可以减少测试人员的记录和计算工作。但无论使用何种仪器,对测试人员的基本的操作要求是一致的,以下对《标准》中各个项目基本的测试方法及其操作要求进行介绍。对于不同的测试器材,可参考相应测试器材的说明书。

(一)身高

1. 测试目的

测试学生身高,与体重测试相配合,评定学生的身体匀称度,评价学生生长发育的水平及营养状况。

2. 场地器材

身高测量计。使用前应校对 0 点,以钢尺测量基准板平面至立柱前面红色刻线的高度是否为 10.0 cm,误差不得大于 0.1 cm。同时应检查立柱是否垂直,连接处是否紧密,有无晃动,零件有无松脱等情况并及时以纠正。

3. 测试方法

受试者赤足,以立正姿势站在身高计的底板上(上肢自然下垂,足跟并拢,足尖分开成 60 度角),足跟、骶骨部及两肩胛区与立柱相接触,躯干自然挺直,头部正直,耳屏上缘与眼眶下缘呈水平位。测试人员站在受试者右侧,将水平压板沿立柱下滑,轻压于受试者头顶。测试人员读数时双眼应与压板水平面等高进行读数,记录员复述后进行记录。测试结果以厘米为单位,精确到小数点后一位。测试误差不得超过 0.5 cm。

4．注意事项

（1）身高计应选择平坦靠墙的地方放置，立柱的刻度尺应面向光源。

（2）严格掌握"三点靠立柱、两点呈水平"的测量姿势要求，测试人员读数时两眼一定与压板等高，两眼高于压板时要下蹲，低于压板时应垫高。

（3）水平压板与头部接触时，松紧要适度，头发蓬松者要压实，头顶的发辫、发结要放开，饰物要取下。

（4）读数完毕，立即将水平压板轻轻推向安全高度，以防碰坏。

（5）测量身高前，受试者应避免进行剧烈体育活动和体力劳动。

（二）体重

1．测试目的

测试学生的体重，与身高测试相配合，评定学生的身体匀称度，评价学生生长发育的水平及营养状况。

2．场地器材

杠杆秤或电子体重计。使用前需检验其准确度和灵敏度。准确度要求误差不超过0.1％，即每百千克误差小于0.1 kg。检验方法是：以备用的10 kg、20 kg、30 kg标准砝码（或用等重标定重物代替）分别进行称量，检查指标读数与标准砝码误差是否在允许范围。灵敏度的检验方法是：置100 g重砝码，观察刻度尺变化，如果刻度抬高了3 mm或游标向远移动0.1 kg而刻度尺维持水平位时，则达到要求。

3．测试方法

测试时，杠杆秤应放在平坦地面上，调整0点至刻度尺水平位。受试者赤足，男性受试者身着短裤；女性受试者身着短裤、短袖衫，站在秤台中央。测试人员放置适当砝码并移动游标至刻度尺平衡。读数以千克为单位，精确到小数点后一位。记录员复诵后将读数记录。测试误差不超过0.1 kg。

4．注意事项

（1）测量体重前受试者不得进行剧烈体育活动或体力劳动。

（2）受试者站在秤台中央，上下杠杆秤动作要轻。

（3）每次使用杠杆秤时均需校正。测试人员每次读数前都应校对砝码标重以避免差错。

（三）肺活量

1．测试目的测试学生的肺通气功能

2．场地器材电子肺活量计

3．测试方法

房间通风良好；使用干燥的一次性口嘴。肺活量计主机放置平稳桌面上，检查电源线及接口是否牢固，按工作键液晶屏显示"0"即表示机器进入工作状态，预热5分钟后测试为佳。首先告知受试者不必紧张，并且要尽全力，以中等速度和力度吹气效果最好。令被测试者面对仪器站立、手持吹气口嘴、面对肺活量计站立试吹 1 至 2 次,检查仪表有无反应,口嘴或鼻处是否漏气;学会深吸气(避免耸肩提气,应该像闻花式的慢吸气)。受试者进行一两次较平日深一些的呼吸动作后,更深地吸一口气,屏住气向口嘴处慢慢呼出至不能再呼为止,防止此时从口嘴处吸气,测试中不得中途二次吸气。吹气完毕后,液晶屏上最终显示的数字即为肺活量毫升值。每位受试者测三次,每次间隔 15 秒,记录三次数值,选取最大值作为测试结果。以毫升为单位,不保留小数。

4. 注意事项

(1) 电子肺活量计的计量部位的通畅和干燥是仪器准确的关键,吹气筒的导管必须在上方,以免口水或杂物堵住气道。

(2) 每测试 10 人及测试完毕后用干棉球及时清理和擦干气筒内部。严禁用水、酒精等任何液体冲洗气筒内部。

(3) 导气管存放时不能弯折。

(4) 定期校对仪器。

(四) 50 m 跑

1. 测试目的

测试学生速度、灵敏素质及神经系统灵活性的发展水平

2. 场地器材

50 m 直线跑道若干条,地面平坦,地质不限,跑道线要清楚。发令旗一面,口哨一个,秒表若干块(一道一表)。秒表使用前,应用标准秒表校正,每分钟误差不得超过 0.2 秒。标准秒表选定,以北京时间为准,每小时误差不超过 0.3 秒。

3. 测试方法

受试者至少两人一组测试。站立起跑,受试者听到"跑"的口令后开始起跑。发令员在发出口令同时要摆动发令旗。计时员视旗动开表计时,受试者躯干部到达终点线的垂直面停表。以秒为单位记录测试成绩,精确到小数点后一位,小数点后第二位数按非零进 1 原则进位,如 10.11 秒读成 10.2 秒记录。

4. 注意事项

(1) 受试者测试最好穿运动鞋或平底布鞋,不得穿钉鞋、皮鞋、塑料凉鞋。

(2) 发现有抢跑者,要当即召回重跑。

(3) 如遇风时一律顺风跑。

(五) 25 m×2 往返跑

1. 测试目的

本项目是 50 m 跑的替代项目,适合场地小的学校选测。

2. 场地器材

30 m 左右跑道若干条,每道宽 2~2.5 m,地面要平坦,地质不限,跑道线要清楚。在跑道两端画两条距离 25 m 的平行线,分别作为起(终)点线和折返线,并在折返线线内 1 m 处

插一根标杆(杆高 1.2 m 以上),作为折返标志。发令旗一面,口哨一个,秒表若干块(一道一表)。秒表使用前,应用标准秒表校正,要求同 50 m 跑测试。

3. 测试方法

测试分组进行,每组至少两人。每条跑道由一人记录。受试者站在起跑线后准备,听到"跑"的口令后开始起跑。折返时,受试者按逆时针方向绕过标杆,不得碰扶标杆,不得串道。测试人员在发出口令的同时开表计时。当受试者胸部到达终点线的垂直面时停表。以秒为单位记录测试成绩,精确到小数点后一位,小数点后第二位数按非零进 1 原则进位,如 10.11 秒读成 10.2 秒记录之。

4. 注意事项

(1) 折返时,受试者应当统一按逆时针绕杆往返跑,以避免两名或多名受试者在测试过程中冲撞受伤。

(2) 其他注意事项参见 50 m 跑的注意事项。

(六) 50 m×8 往返跑

1. 测试目的

该项目是 400 m 跑的替代项目。主要测试学生速度、灵敏及耐久力的发展水平。

2. 场地器材

50 m 跑道若干条,道宽 2~2.5 m,地面平坦,地质不限。在起(终)点线前 0.5 m 和 49.5 m 处各立一标杆,杆高 1.2 m 以上,立于跑道正中。秒表若干块,使用前校正,要求同 50 m 跑测试。

3. 测试方法

受试者至少两人一组进行测试。用站立式起跑。当听到"跑"口令后开始起跑,往返四次,往返跑时就逆时针方向绕过标杆,不得碰扶标杆,不得串道。测试人员发出"跑"口令的同时开表计时。当受试者胸部到达终点线的垂直面时停表。以分、秒为单位记录测试成绩,不计小数。

4. 注意事项

(1) 测试人员应向受试者报告剩余往返圈数,以免跑错距离。

(2) 其他注意事项和成绩记录方法同 400 m 跑。

(七) 800 m 或 1 000 m 跑

1. 测试目的

测试学生耐力素质的发展水平,特别是心血管呼吸系统的机能及肌肉耐力。

2. 场地器材

400 m、300 m、200 m 田径场跑道,地质不限,也可使用其他不规则场地,但必须丈量准确,地面平坦。秒表若干块,使用前需要校正,要求同 50 m 跑测试。

3. 测试方法

受试者至少两人一组进行测试,站立式起跑。当听到"跑"的口令后开始起跑。计时员看到旗动开表计时,当受试者的躯干部到达终点线垂直面时停表。以分、秒为单位记录测试成绩,不计小数。

注意事项和成绩记录方法同 50 m×8 往返跑。

(八) 立定跳远

1. 测试目的

测试学生下肢爆发力及身体协调能力的发展水平。

2. 场地器材

沙坑、丈量尺。沙面应与地面平齐,如无沙坑,可在土质松软的平地上进行。起跳线至沙坑近端不得少于 30 cm。起跳地面要平坦,不得有坑凹。

3. 测试方法

受试者两脚自然分开站立,站在起跳线后,脚尖不得踩线(最好用线绳做起跳线)。两脚原地同时起跳,不得有垫步或连跳动作。丈量起跳线后缘至最近着地点后垂直距离。每人试跳三次,记录其中成绩最好一次。以厘米为单位,不计小数。

4. 注意事项

(1) 发现犯规时,此次成绩无效。三次试跳均无成绩者,应允许再跳,直至取得成绩。

(2) 可以赤足,但不得穿钉鞋、皮鞋、塑料凉鞋参加测试。

(九) 掷实心球

1. 测试目的

测试学生的上肢爆发力

2. 场地器材

长度在 30 m 以上的平整场地一块,地质不限,在场地一端画一条直线作为起掷线。实心球若干,小学三至六年级测试球重为 1 kg,初中、高中、大学各年级测试球重为 2 kg。

3. 测试方法

测试时受试者站在起掷线后,两脚前后或左右开立,身体面对投掷方向,双手举球至头上方稍后仰,原地用力把球投向前方掷出。如两脚前后开立投掷,当球出手的同时后脚可向前迈出一步,但不得踩线。每人投掷三次,记录其中成绩最好的一次。记录以米为单位,取一位小数。丈量起掷线后缘至球着地点后缘之间的垂直距离。为了准确丈量成绩,应有专人负责观察实心球的着地点。

(十) 握力

1. 测试目的

测试学生上肢肌肉力量的发展水平。

2. 场地器材

电子握力计或弹簧式握力计。

3. 测试方法

受试者两脚自然分开成直立姿势,两臂自然下垂。一手持握力计全力紧握(此时握力计不能接触受试者的衣服和身体),记下握力计指针的刻度(或握力器所显示的数字)。用力手握两次。取最大值,以千克为单位,保留1位小数。

4. 注意事项

保持手臂自然下垂姿势,手心向内,不能触及衣服和身体。

(十一)引体向上

1. 测试目的

测试学生的上肢肌肉力量的发展水平。

2. 场地器材

高单杠或高横杠,杠粗以手能握住为准。

3. 测试方法

受试者跳起双手正握杠,两手与肩同宽成直臂悬垂。静止后,两臂同时用力引体(身体不能有附加动作),上拉到下颌超过横杠上缘为完成一次。记录引体次数。

4. 注意事项

(1) 受试者应双手正握单杠,待身体静止后开始测试。

(2) 引体向上时,身体不得做大的摆动,也不得借助其他附加动作撑起。

(3) 两次引体向上的间隔时间超过10秒停止测试。

(十二)坐位体前屈

1. 测试目的

测量学生在静止状态下的躯干、腰、髋等关节可能达到的活动幅度,主要反映这些部位的关节、韧带和肌肉的伸展性和弹性及学生身体柔韧素质的发展水平。

2. 场地器材

坐位体前屈测试计。

3. 测试方法

受试者两腿伸直,两脚平蹬测试纵板坐在平地上,两脚分开约10~15 cm,上体前屈,两臂伸直前,用两手中指尖逐渐向前推动游标,直到不能前推。测试计的脚蹬纵板内沿平面为0点,向内为负值,向前为正值。记录以厘米为单位,保留一位小数。测试两次,取最好成绩。

4. 注意事项

(1) 身体前屈,两臂向前推游标时两腿不能弯曲。

(2) 受试者应匀速向前推动游标,不得突然发力。

（十三）仰卧起坐

1. 测试目的

测试学生的腹肌耐力。

2. 场地器材

垫子若干块（或代用品）、铺放平坦。

3. 测试方法

受试者仰卧于垫上，两腿稍分开，屈膝呈 90 度角左右，两手指交叉贴于脑后。另一同伴压住其踝关节，以固定下肢。受试者坐起时两肘触及或超过双膝为完成一次。仰卧时两肩胛胛必须触垫。测试人员发出"开始"口令的同时开表计时，记录 1 分钟内完成次数。1 分钟到时，受试者虽已坐起但肘关节未达到双膝者不计该次数，精确到个位。

4. 注意事项

（1）如发现受试者借用肘部撑垫或臀部起落的力量起坐时，该次不计数。

（2）测试过程中，观测人员应向受试者报数。

（3）受试者双脚必须放于垫上。

（十四）篮球运球

1. 测试目的

测试学生综合身体素质和篮球基本技能水平。

2. 场地器材

测试场地长 20 m，宽 7 m，起点线后 5 m 设置两列标志杆，标志杆距左右边线 3 m。各标志杆距杆 3 m，共 5 排杆，全长 20 m，并列的两杆间隔 1 m。测试器材包括秒表（使用前应进行校正，要求同 50 m 跑）、发令哨、30 m 卷尺、标志杆 10 根（杆高 1.2 m 以上），篮球若干个。

3. 测试方法

受试者在起点线后持球站立，听到出发口令后，按指定方向单手运球依次过杆，高中学生和大学生每次过杆时需换手运球。发令员发令后开表计时，受试者与球均返回起终点线时停表。每名受试者测两次，记录其中成绩最好一次。以秒为单位记录测试成绩，精确到小数点后 1 位，小数点后第 2 位数按非零进 1 原则进位。

4. 注意事项

（1）测试中篮球脱手后，如球仍在测试场地内，受试者可自行捡回，并在脱手处继续运球，不停表。

（2）测试过程中出现以下现象均属犯规行为，取消当次成绩：出发时抢跑、运球过程中双手同时触球、膝盖以下部位触球、漏绕标志杆、碰倒标志杆、人或球出测试区域、未按要求完成全程路线、通过终点时人球分离等。

（3）受试者有两次测试机会，两次犯规无成绩者可重测直至取得成绩。

（十五）足球运球

1. 测试目的

测试学生足球基本技能水平。场地器材在坚实、平整场地或足球场上进行,测试区域长30 m,宽10 m,起点线至第一杆距离为5 m,各杆间距5 m,共设5 根标志杆,标杆距两侧边线各5 m。

2. 测试器材

包括足球若干个(测试用球应符合国家标准),秒表(使用前应进行校正,要求同50 m跑),30 m卷尺,5 根标志杆(杆高1.2 m以上)。

3. 测试方法

受试者站在起点线后准备,听到出发口令后开始向前运球依次过杆,不得碰杆。受试者和球均越过终点线即为结束。发令员发令后开始计时,受试者与球均返回终点线时停表。每人跑两次,记录其中成绩最好的一次成绩。以秒为单位记录测试成绩,精确到小数点后一位。小数点后第二位数按非零进1原则进位。

4. 注意事项

(1) 测试过程中出现以下现象均属犯规行为,取消当次成绩:出发时抢跑、漏绕标志杆、碰倒标志杆、故意手球、未按要求完成全程路线等。

(2) 受试者有两次测试机会,两次犯规无成绩者可再测直至取得成绩。

（十六）排球垫球

1. 测试目的

测试学生排球基本技能水平。

2. 场地器材

在坚实、平坦的场地或排球场上进行,大学的测试区域为3 m×3 m。测试用球应符有关国家标准。

3. 测试方法

受试者在规定的测试区域内原地将球抛起,个人连续正面双手垫球,要求手型正确、击球部位准确、达到规定的高度,球落地即为测试结束,按次计数。受试者每次垫球应达到的高度,男生为2.43 m,女生为2.24 m。每名受试者测试两次,记录其中成绩最好的一次。测试单位为次。

4. 注意事项

(1) 测试过程中如出现以下现象均只作为调整,不计次数:采用传球等其他方式触球、测试区域之外触球、垫球高度不足等。

(2) 为方便判定垫球高度,可将排球场的球网调整到相应的高度,或者在测试区域外相距0.5 m处插两根标杆,标杆顶端用橡皮筋或标志线相连,将标杆调整到相应的高度进行判定,测试时通过比较垫球的高度和球网或标志线的高度进行判定。

二、《国家学生体质健康标准》的测试操作方法

（一）《标准》的实施工作在教育部、国家体育总局的领导下，由各级教育行政部门管理，体育行政部门指导。《标准》由学校负责组织实施。各学校、各地教育行政部门应按照教育部、国家体育总局的统一部署和要求，采集、汇总、上报《标准》的有关数据。

（二）本《标准》应在校长领导下，由教务处（科）、体育教研部（体育组）、校医院（医务室）、学生工作部、辅导员（班主任）协同配合，共同组织实施。《标准》的测试应与学生的健康体检有机结合，避免重复测试。各测试项目的成绩，由体育教研室（体育组）汇总，并按照《标准》的要求评定成绩、确定等级，记入《学生体质健康标准登记卡》，在毕业时放入学生档案。

（三）学生达到《标准》良好等级及以上者，方可评为三好学生、获奖学金（高等学校）；达到优秀成绩者，方可获奖学分（高等学校或实验新高中课程标准的学校）。对《标准》测试成绩不及格者，在本学年度准予补考一次，补考仍不及格，则学年评定成绩不及格。学生毕业时《标准》成绩达到 60 分为及格，准予毕业；《标准》成绩不及格者，高等学校按肄业处理。

（四）奖励与降低分数的办法

1. 属下列情况之一者，奖励 5 分，不同项可累计加分

（1）早操、课间操和课外体育锻炼出勤率达到 98％以上，并认真锻炼者；

（2）获等级运动员称号者；

（3）参加校运动会及以上体育比赛获名次者；

（4）学生体育干部在组织各项体育活动中，工作认真负责者。

2. 对体育课、早操、课间操、课外体育锻炼无故缺勤，一年累计超过应出勤次数 1/10 或因病、事假缺勤，一学年累计超过 1/3 者，其《标准》成绩应记为不及格，该学年《标准》成绩最高记为 59 分。

（五）因病或残疾学生，可向学校提交免予执行《标准》的申请，经医生证明，体育教研室（体育组）核准后，可以免予执行《标准》，所填表格存入学生档案。

（六）各地教育、体育行政部门对本地各级各类学校实施《标准》的情况，要认真检查监督，定期抽查，并进行通报，对弄虚作假、徇私舞弊者，给予批评教育，情节严重者，给予行政处分。

（七）为使《标准》的实施更加科学、准确、简便易行，各学校选用的测试器材必须是经国家质量监督部门检测达到测试要求的合格产品，同时应积极创造条件使用计算机，努力做到管理的科学化、现代化。

（八）各级各类学校在试行本《标准》时，《大学生体育合格标准》《中学生体育合格标准》《小学生体育合格标准》即不再施行，与此同时，《标准》成绩即作为《国家体育锻炼标准》达标成绩。

（九）各省、自治区、直辖市教育行政部门，可以根据本办法，制订具体实施意见。

（十）本办法由教育部负责解释。

参考文献

[1] 张振县,卿洪华主编. 大学生体育与健康教程[M]. 长沙:中南大学出版社. 2016.

[2] 梅素琴主编. 体育与健康[M]. 长沙:中南大学出版社. 2014.

[3] 黄俊主编. 体育与健康[M]. 武汉:湖北科学技术出版社. 2014.

[4] 李河江,王刚主编. 体育[M]. 杭州:浙江大学出版社. 2012.

[5] 刘晓辉主编. 体育与健康[M]. 北京:北京理工大学出版社. 2014.

[6] 范承玲著. 体育的模样[M]. 武汉:武汉大学出版社. 2017.

[7] 周文军,方达泉,孙林峰主编. 大学体育教程[M]. 长沙:中南大学出版社. 2016.

[8] 陈荣,曹社华,罗小平主编. 高校体育指导教程[M]. 南昌:江西人民出版社. 2016.

[9] 朱萍主编. 体育舞蹈[M]. 杭州:浙江大学出版社. 2016.

[10] 谭晓兰主编. 体育与健康[M]. 北京:北京理工大学出版社. 2017.

[11] 董芹芹编著. 体育项目管理[M]. 武汉:华中科技大学出版社. 2018.

[12] 文雄,裴进主编. 大学体育[M]. 重庆:重庆大学出版社. 2015.

[13] 李楠,唐照华,景志辉. 大学体育[M]. 成都:电子科技大学出版社. 2016.

[14] 华宝元,李铎,王海波主编. 体育理论知识教程[M]. 成都:电子科技大学出版社. 2017.

[15] 何文革编. 体育训练与康复研究[M]. 石家庄:河北人民出版社. 2018.

[16] 尹立波著. 休闲体育运动文化与实践[M]. 北京:新华出版社. 2017.

[17] 刘彬主编. 体育与健康[M]. 上海:上海财经大学出版社. 2012.

[18] 谢宇主编. 体育竞技[M]. 天津:天津科技翻译出版公司. 2012.

[19] 鲍志萍著. 体育知多少[M]. 哈尔滨:黑龙江教育出版社. 2014.

[20] 邱慧芳主编. 太极拳[M]. 长春:吉林科学技术出版社. 2009.

[21] 程健主编. 太极拳[M]. 长春:吉林大学出版社. 2009.

[22] 李志辉主编. 太极拳[M]. 广州:广东高等教育出版社. 2006.

[23] 朱晓龙编著. 健美操[M]. 杭州:浙江大学出版社. 2014.

[24] 支二林,李伟亮主编. 短跑 中长跑[M]. 长春:吉林出版集团有限责任公司. 2008.

[25] 谭路,王新国编著. 中长跑训练法[M]. 北京:中国轻工业出版社. 1993.

[26] 钱铁群,吕萍编著. 基层田径比赛组织方法[M]. 北京:人民体育出版社. 2000.

[27] 陈志刚,翟翔,鞠复金主编. 乒乓球[M]. 哈尔滨:东北林业大学出版社. 2004.

[28] 李德成,林素朴主编. 武术教学培训教材 第2分册[M]. 郑州:河南科学技术出版社. 2014.

[29] 白永正,权黎明著. 武术散打教学与训练[M]. 北京:北京体育大学出版社. 2004.

图书在版编目(CIP)数据

大学体育与健康 / 李伟主编. —南京：南京大学
出版社，2019.7(2020.10 重印)
ISBN 978-7-305-22504-8

Ⅰ.①大… Ⅱ.①李… Ⅲ.①体育－高等学校－教材
②健康教育－高等学校－教材 Ⅳ.①G807.4②G647.9

中国版本图书馆 CIP 数据核字(2019)第 149867 号

出版发行 南京大学出版社
社 址 南京市汉口路 22 号 邮 编 210093
出 版 人 金鑫荣

书 名 **大学体育与健康**
主 编 李 伟
责任编辑 甄海龙 蔡文彬 编辑热线 025-83592146
照 排 南京开卷文化传媒有限公司
印 刷 南京人民印刷厂有限责任公司
开 本 787×1092 1/16 印张 15.75 字数 383 千
版 次 2019 年 7 月第 1 版 2020 年 10 月第 3 次印刷
ISBN 978-7-305-22504-8
定 价 39.00 元

网 址:http://www.njupco.com
官方微博:http://weibo.com/njupco
官方微信号:njupress
销售咨询热线:(025)83594756